Hans Michael Engelke

FRANKREICHS TOURENHIGHLIGHTS

Die 40 besten Motorradtouren der Grande Nation

TVV Touristik Verlag

Hans Michael und Angelika Engelke sind begeisterte Motorradjournalisten und Fotografen.

Frankreich mit all seiner landschaftlichen und kulturellen Vielfalt ist für Kiki, die beste Sozia der Welt, und mich der Traum schlechthin zum Motorradfahren. Immer wenn wir überlegen wohin, kommt uns zuerst Frankreich in den Sinn. Seit fast 30 Jahren hat uns die Grande Nation in ihren Bann gezogen und einen großen Teil unserer unzähligen Motorradkilometer haben wir in den abwechslungsreichen Regionen dieses tollen Landes hinter uns gebracht.

Ob auf den weit über 2000 Meter hohen Pyrenäen-Pässen oder auf dem 2715 Meter hohen Col de la Bonette in den Seealpen, ob auf den aussichtsreichen Küstenstraßen der Côte d'Azur oder den unzähligen Passstraßen des Jura – überall finden sich in Frankreich grandiose Motorradstrecken, die zu kurzweiligen Touren mit jeder Menge Fahrspaß laden.

Reizvoll ist aber auch die nördliche Hälfte unseres Nachbarlandes. Normandie und Bretagne sind interessante Ziele, die es zu entdecken gilt, Elsass und Vogesen liegen praktisch vor der Haustür. Und egal, wo wir in Frankreich unterwegs sind, wir finden immer wieder etwas Neues.

Schon im frühen Frühjahr klettern im Süden die Temperaturen in die Höhe, es grünt und blüht in allen Ecken. Und während wir zu Hause noch frieren und frösteln, lockt in der Provence bereits die Sonne und auf so manchen idyllischen Dorfplätzen stehen bereits die Stühle und Tische vor den Straßencafés. Auch wenn der eine oder andere Pass noch unter einer dichten Schneedecke liegt, lässt es sich im Tal schon perfekt touren.

Viel Platz und Einsamkeit

Frankreich ist riesig und seine Fläche ist bedeutend größer als Deutschland. Dennoch leben dort weniger Menschen. Das bedeutet im Umkehrschluss viel Platz und Einsamkeit. So ist es tatsächlich. Selbst im Sommer waren wir schon in den Gebirgen Frankreichs auf vielen einsamen Routen fast alleine unterwegs, haben an entlegenen Aussichtspunkten alleine und in aller Ruhe unser Picknick genossen und sind auf menschenleeren Nebenstrecken über lange Zeit und auf vielen Kilometern niemandem begegnet.

Die in diesem Buch beschriebenen Touren sind ein bunter und abwechslungsreicher Mix aus vielem, was Frankreich so zu bieten hat. Natürlich ist es nur ein Auszug; es gibt noch unzählige weitere, spannende Touren und Routen. Aber es ist von allem und garantiert für jeden etwas dabei.

Frankreich mit dem Motorrad – da sollte auch jeder glücklich werden. Ob Reiseenduro, Sportler oder Cruiser, ob auf Asphalt oder auf unbefestigten Wegen, ob kurze, entspannte Ausflüge oder Mammut-Etappen und Pass-Marathon, in der Grande Nation sollte jeder sein Motorrad-Eldorado finden.

Le savoir-vivre

Aber es sind ja nicht nur die reizvollen Strecken und die faszinierenden Landschaften, die Kiki und mich so begeistern. Le savoir-vivre, die Kunst, das Leben zu genießen – sie wird den Franzosen im Allgemeinen zugeschrieben. Und auch, wenn es vielleicht nur ein Vorurteil ist, im positiven Sinne versteht sich, das genussvolle Zelebrieren der Speisen, knusprige Baguettes, köstliche Weine und würzige Käsesorten verkörpern für uns ebenso den lebensbejahenden Stil der Franzosen wie die gemütlichen Cafés und Bars oder die fast überall vorhandenen einladenden Picknickplätze.

Wir mögen den toleranten und sympathischen Menschenschlag in Frankreich. Längst vorbei sind die Zeiten, in denen sich Franzosen und Deutsche misstrauisch und mit Antipathie begegneten. Wir zumindest haben in all den Jahren unserer Frankreich-Touren niemals schlechte Erfahrungen gemacht. Und das wohlgemerkt, obwohl wir nur einige wenige Brocken der Landessprache beherrschen; die reichen bereits.

Übrigens, der Motorradfahrer trifft in Frankreich meist auf eine ganz andere Akzeptanz als in Deutschland. Regelmäßig erleben wir, dass der Autofahrer vor uns extra weit rechts fährt um das Überholen zu ermöglichen. Auch vor einer roten Ampel wird dem heranrollenden motorisierten Zweiradfahrer gerne Platz gemacht, damit der als erster durchstarten kann. Und im Stau erwartet niemand, dass ein Motorradfahrer stehend in der Hitze schwitzt. Vive la France!

Wir würden uns sehr freuen, wenn wir es auch mit diesem Buch schaffen, den einen oder anderen Motorradfahrer für dieses schöne Land begeistern zu können. Wir sind überzeugt, wer sich einmal auf unsere französischen Nachbarn eingelassen hat, wird immer wiederkommen und mehr entdecken wollen – so wie wir. Und wer weiß, vielleicht wird es ja auch bald einen weiteren Frankreich-Band geben. Spannende Ziele gibt es ja noch genug.

Wir laden euch herzlich ein, einen Blick auf unsere Internetseite **www.engelke.tv** zu werfen. Dort erfahrt Ihr auch, ob und wo wir gerade unterwegs sind. Vielleicht treffen wir uns dann ja mal irgendwo auf den Straßen Europas oder vielleicht sogar in Frankreich – es würde uns freuen!

Bis dahin, wir wünschen eine gute Reise und ganz viel Spaß in der Grande Nation,

Hans Michael und Angelika Engelke

40 Frankreichtouren

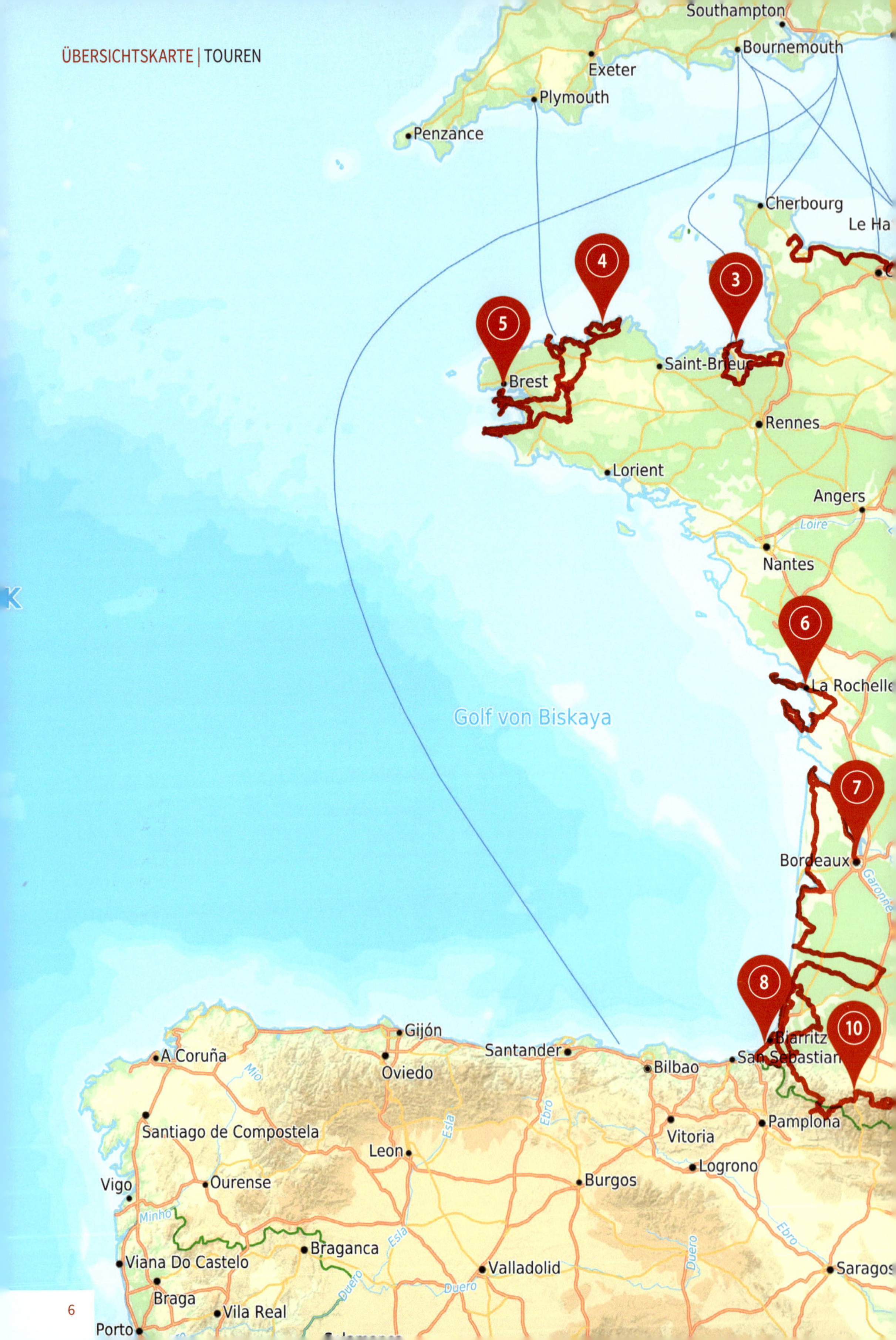
Southampton
Bournemouth
Exeter
Plymouth
Penzance
Cherbourg
Le Ha
4
3
5
Saint-Brieuc
Brest
Rennes
Lorient
Angers
Loire
Nantes
6
La Rochelle
Golf von Biskaya
7
Bordeaux
Garonne
8
10
Biarritz
Gijón
A Coruña
Santander
Oviedo
Bilbao
San Sebastian
Mio
Ebro
Esla
Santiago de Compostela
Vitoria
Pamplona
Leon
Logrono
Vigo
Ourense
Burgos
Minho
Esla
Duero
Ebro
Braganca
Viana Do Castelo
Valladolid
Saragos
Braga
Duero
Vila Real
Porto

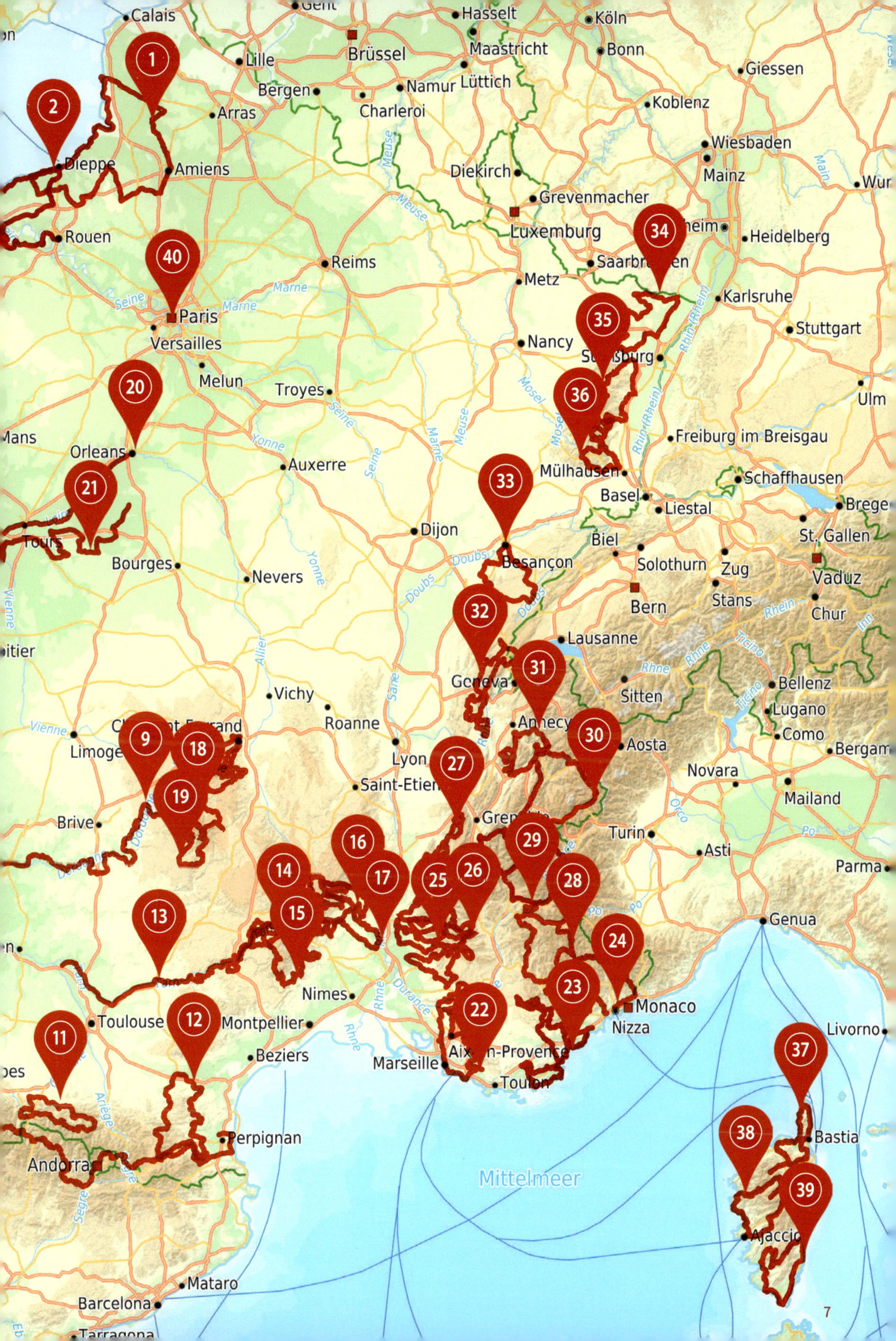
Calais
Gent
Hasselt
Köln
Brüssel
Maastricht
Bonn
Lille
Giessen
Bergen
Namur
Lüttich
Charleroi
Arras
Koblenz
Wiesbaden
Mainz
Dieppe
Amiens
Diekirch
Grevenmacher
Luxemburg
Heidelberg
Rouen
Reims
Saarbrücken
Metz
Karlsruhe
Paris
Versailles
Stuttgart
Nancy
Straßburg
Melun
Troyes
Ulm
Freiburg im Breisgau
Orleans
Auxerre
Mülhausen
Schaffhausen
Basel
Liestal
Tours
Dijon
Biel
St. Gallen
Besançon
Solothurn
Zug
Bourges
Nevers
Vaduz
Bern
Stans
Chur
Lausanne
Genève
Sitten
Bellenz
Vichy
Lugano
Roanne
Annecy
Como
Aosta
Limoges
Lyon
Novara
Saint-Etienne
Mailand
Grenoble
Turin
Brive
Asti
Parma
Genua
Nimes
Monaco
Nizza
Toulouse
Montpellier
Livorno
Beziers
Aix-en-Provence
Marseille
Toulon
Bastia
Perpignan
Andorra
Mittelmeer
Ajaccio
Mataro
Barcelona
Tarragona
Seine
Marne
Yonne
Meuse
Mosel
Marne
Rhein (Rhein)
Doubs
Saône
Rhône
Loire
Allier
Vienne
Dordogne
Durance
Ariège
Segre
Rhone
Ticino
Inn
Po
1
2
40
20
21
34
35
36
33
32
31
30
9
18
19
27
16
17
14
15
25
26
29
28
13
24
23
22
11
12
37
38
39

Combe **Laval**

Der im Vercors in den steilen Fels gesprengte Streckenabschnitt Combe Laval zwischen dem Col de la Machine und dem Col Gaudissart gehört zu den spektakulärsten Bergstraßen der Welt. Zwischen den urigen Felsentoren und Überhängen geht es gleich neben der Straße bis zu 600 Meter senkrecht in die Tiefe.

GPS 44.992196, 5.333843

AW
WU77

Col **d‘Aubisque**

Der 1709 Meter hohe Tour-de-France-Dauerbrenner Col d‘Aubisque verbindet in einer Traum-Landschaft die Départements Pyrénées-Atlantiques mit den Hautes-Pyrénées. Nicht umsonst zählt die Passstraße D 918 zu den schönsten Gebirgspässen in den französischen Pyrenäen.

GPS 42.976542, -0.339796

Mont **Ventoux**

Die Fahrt auf den markanten 1912 Meter hohen Mont Ventoux in den provenzalischen Voralpen ist ein besonderes Erlebnis, das lange in Erinnerung bleibt. Der Géant de Provence, der Gigant der Provence, ist einfach ein Muss!

GPS 44.173447, 5.277024

AW
W 43

Grand Canyon **du Verdon**

Die legendäre D 23 bei La Palud-sur-Verdon, die Route des Crêtes oberhalb des Verdon-Canyons, zählt zu den schönsten Straßen Frankreichs. Die Streckenführung ist spektakulär, die Ausblicke unvergleichlich.

GPS 43.748034, 6.328624

Französische Berglandschaften sind perfektes Motorradrevier.

La Grande Nation

Frankreich, die große Nation, bietet dem Motorradfahrer eine riesige Vielfalt. Hier sind Abwechslung und Fahrspaß garantiert.

Frankreich ist flächenmäßig das größte Land der Europäischen Union. Bezogen auf die Einwohnerzahl steht es nach Deutschland auf Platz zwei. Im geografischen Europa nimmt es nach Russland und der Ukraine die drittgrößte Fläche ein. Frankreichs Hauptstadt ist Paris, das mit 2,2 Millionen Einwohnern die fünftgrößte Stadt der EU ist.

Frankreich ist zentralistisch organisiert, in der gesamten Metropolregion Paris leben über 12,5 Millionen Menschen. Das bedeutet, dass etwa ein Fünftel aller Franzosen im Großraum Paris wohnt.

Bedingt durch seine politische und kulturelle Stellung war Frankreich im 17. und 18. Jahrhundert in einer Führungsrolle für Europa. Mit der Französischen Revolution von 1789 und in den darauf folgenden zehn Jahren begann die immer wieder von Rückschlägen begleitete Demokratisierung Europas. Frankreichs Kolonialgeschichte begann in Nordamerika und endete in Afrika. Noch heute gibt es französische Überseegebiete, zumeist ehemalige französische Kolonien wie Guadeloupe, La Réunion oder Martinique. In Übersee-Frankreich leben etwa 2,8 Millionen Menschen.

Form eines Sechsecks

Die Fläche Frankreichs innerhalb Europas – in der folgenden Beschreibung sind die französischen Überseegebiete ausgenommen – beträgt etwa 550 000 Quadratkilometer. Die Fläche Deutschlands liegt zum Vergleich bei rund 360 000 Quadratkilometern. Die Form Frankreichs ähnelt grob einem Sechseck. Aufgrund seiner Größe und Lage weist das Land sehr unterschiedliche Landschaftsformen auf.

Die beiden mächtigsten Gebirge sind die Pyrenäen im Süden des Landes an der Grenze zur Iberischen Halbinsel und die französischen Alpen im Südosten des Landes an den Grenzen zu Italien und der Schweiz. Mittig im Süden des Landes liegt außerdem das mächtige Zentralmassiv zwischen dem Rhônetal und dem Flachland der Gascogne. Weitere herausragende Gebirgslandschaften sind der Jura im Osten an der Grenze zur Schweiz sowie die Vogesen, die, getrennt durch das Tal des Rheins, dem deutschen Schwarzwald gegenüber liegen. Der höchste Berg Frankreichs und zugleich Europas ist der 4 810 Meter hohe Mont Blanc in den Savoyer Alpen südlich des Genfer Sees.

Frankreich hat gemeinsame Grenzen mit Spanien, Andorra, Italien, Monaco, der Schweiz, Deutschland, Luxemburg und Belgien. Im Südosten des Landes liegt die Mittelmeerküste, im Westen und Südwesten die Küste zum Atlantik. Im Nordwesten grenzt Frankreich gegenüber England an den Ärmelkanal, oberhalb von Calais an die Nordsee. Mit 1 004 Kilometern Länge ist die Loire der längste Fluss Frankreichs, die Loire fließt wie die 777 Kilometer lange Seine nur durch Frankreich. Die 647 Kilometer lange Garonne entspringt wenige Kilometer hinter der Grenze in

Schöne Plätze gibt es in Hülle und Fülle.

Spanien, bei Bordeaux vereint sie sich mit der 482 Kilometer langen Dordogne zur Gironde. Zwei weitere bedeutende Flüsse sind die Rhône, die in der Schweiz entspringt und in das Mittelmeer mündet sowie der Rhein, der im Elsass die natürliche Grenze nach

Freundlicher Vierbeiner in den Cevennen.

Deutschland markiert. Als größter See Frankreichs gilt der Genfer See, mit rund 580 Quadratkilometern gilt er als der größte See Westeuropas.

Besonders interessant sind Frankreichs Kanäle. So lässt sich der über 240 Kilometer lange Canal du Midi zwischen Toulouse und Sète hervorragend mit einem gemieteten Hausboot befahren. Er gilt zudem als älteste künstliche Wasserstraße Europas und bauliches Meisterwerk.

Rund 55 Prozent der Fläche Frankreichs werden landwirtschaftlich genutzt. Das sind etwa 23 Prozent der gesamten landwirtschaftlich genutzten Fläche der EU. Gleichwohl geht die Zahl der landwirtschaftlichen Betriebe stark zurück. Die Zahl der in der Landwirtschaft Beschäftigten hat sich seit 1988 mehr als halbiert, der Anteil der Landwirtschaft am Brutto-Inlandsprodukt beträgt gerade noch 1,7 Prozent. Während nur noch weniger als vier Prozent der Erwerbstätigen in der Landwirtschaft arbeiten, sind es in der Industrie rund ein Viertel und im Dienstleistungsbereich sogar rund 72 Prozent. Extrem wichtig für Frankreich ist der Tourismus, das Land gilt als eines der weltweit meistbesuchten Länder. Weit über zwei Millionen Arbeitsplätze hängen am Tourismus.

MOTORRADFAHREN IN FRANKREICH

Für uns ist Frankreich immer wieder eine Offenbarung. Durch die vielen unterschiedlichen Landschaftsformen, die mächtigen Gebirge und die faszinierenden Küstenlinien finden sich Abertausende spannender und abwechslungsreicher Kilometer an echten Traumstrecken. Zudem haben wir in Frankreich nur positive Erfahrungen gemacht, was das Miteinander angeht. Die Zeiten der Vorbehalte gegenüber Deutschen sind seit Langem vorbei.

Frankreich ist ein Eldorado für Motorradfahrer. Dennoch gilt es, zwei, drei Dinge zu beachten. In den französischen Berglandschaften kann so ziemlich hinter jeder Kurve etwas lauern: eine Kuh, ein Wildschwein oder einfach nur ein ungeschickt geparktes Auto. Hier empfiehlt sich bei aller Begeisterung für die Landschaft eine gewisse Aufmerksamkeit. Nicht zu unterschätzen sind übrigens auch die Entfernungen im Gebirge. Auf mehr als einen Fünfziger-Schnitt zu kommen ist schwer und auch nicht unbedingt ratsam, schließlich möchte man ja auch etwas sehen.

Ums Tanken muss man sich eher weniger Gedanken machen, das Tankstellennetz ist relativ gut ausgebaut. Es sollten jedoch immer ein paar kleine Scheine in der Geldbörse stecken. Die Tanken sind oft geschlossen und die Automaten akzeptieren des Öfteren keine deutschen Karten, wohl aber Zehner- und Zwanziger-Scheine.

Von wenigen Ausnahmen abgesehen gilt, dass der französische Autofahrer deutlich mehr Rücksicht gegenüber dem Motorradfahrer walten lässt, als in Deutschland. Es wird oft weit rechts gefahren, um ein Überholen zu ermoglichen, an den Ampeln und im Stau wird meist Platz zum Durchfahren gelassen. Man bedankt sich dafür durch eine Geste mit dem Bein. Das Grüßen untereinander wird großgeschrieben, man darf auch gerne beim Moppedtreff miteinander kommunizieren.

Verkehrsvergehen in Frankreich können richtig teuer werden. Während das Parken auf dem Bürgersteig oder an sonstigen exponierten Orten zumeist toleriert wird, kosten Geschwindigkeitsübertretungen eine Menge Geld. Wer mit mehr als 50 Stundenkilometern zu viel geblitzt wird, darf schon mal 1 500 Euro berappen. Und Vorsicht, französische Bußgelder über 70 Euro werden auch in Deutschland eingetrieben.

Folgende Temporegeln gelten für Motorradfahrer: Innerorts 50, außerorts 80, auf Schnellstraßen 110, bei Nässe aber nur 100, auf Autobahnen 130, bei Nässe nur 110. Achtung: Wer noch keine zwei Jahre den Führerschein besitzt, darf auf der Autobahn maximal 110 fahren, auf Schnellstraßen 100 und auf sonstigen Straßen außerorts nur 80.

Wichtig: Pro Person muss eine Warnweste mitgeführt und im Pannenfall getragen werden, sonst

Im Frühjahr lockt die Blütezeit.

Frankreich, ein wahrgewordenes Kurveneldorado.

sind 90 Euro fällig. In Frankreich besteht Handschuhpflicht für Motorradfahrer, die Handschuhe müssen mit einem CE-Zeichen versehen sein – wenn nicht, siehe oben. Die Umweltplakette, die sogenannte Crit'Air Vignette, ist mittlerweile für verschiedene Umweltzonen eingeführt. Diese hier alle zu beschreiben würde den Rahmen sprengen, eine aktuelle Übersicht und alle Infos dazu gibt es unter **www.adac.de.**

Theoretisch muss jeder Kraftfahrer in Frankreich einen sogenannten Alkoholtester mitführen. Da die Missachtung dieser Vorschrift allerdings kein Bußgeld nach sich zieht, kann man sich das sparen. Die Vorschrift, reflektierende Kleidung zu tragen, ist mittlerweile wieder aufgehoben, eine Änderung nicht in Sicht.

KAFFEE BESTELLEN IN FRANKREICH

Kiki und ich sind kaffeesüchtig – keine Moppedtour ohne Pause im Café, und in Frankreich sowieso. Aber Achtung, wer in der Grande Nation einfach nur „un café, s'il vous plait" ordert, erhält eine kleine Tasse mit einem starkem, schwarzem Kaffee, quasi einen Espresso. Den bekommt man übrigens auch, wenn man „un café noir" oder „un expresso" sagt.

Wem der zu klein ist, bittet um „un café double". Ist im Prinzip das Gleiche, aber größer. Genau das Gegenteil wäre „un café serré". Der entspricht einem Ristretto in Italien, will heißen, ein Espresso, aber nur mit der halben Menge des Wassers, also ein heftiger, wohlschmeckender Koffein-Schuss.

„Un américain" entspricht am ehesten dem bei uns üblichen Kaffee, es ist ein mit heißem Wasser gestreckter Espresso. Ganz anders „un café au lait" Das ist ein Kaffee mit viel Milch, der üblicherweise in einer Schale oder großen Tasse serviert wird. Der Franzose tunkt dann schon mal gerne ein Croissant hinein. „Un café crème" ist dann eher die normalgroße Variante mit Milch.

Ebenfalls mit Milch wird „une noisette“ serviert. Das ist ein Espresso, der mit einem Kännchen warmer Milch kommt. Natürlich gibt es auch „un cappuccino“, der der italienischen Variante mit geschäumter Milch gleicht. Bisweilen erhält man stattdessen aber auch einen Kaffee mit Sahne.

Für uns undenkbar, aber es gibt ihn: „un déca“: die koffeinfreie Version. Jeder der obigen Variationen lässt sich auch damit ordern. Also zum Beispiel „Un café crème déca“.

In diesem Sinne: „à votre santé!“ - „auf deine Gesundheit!“

KULINARISCHES

Es ist eine Binsenweisheit – die gehobene Küche, die Haute Cuisine, hat ihren Ursprung in Frankreich. Die französische Kochkunst ist weltweit berühmt und ein unverzichtbarer Bestandteil der französischem Kultur. Im Jahr 2010 wurde das „gastronomische Mahl der Franzosen“ nicht umsonst von der UNESCO auf die Liste des immateriellen Kulturerbes gesetzt.

Seinen Anfang nahm der Siegeszug der französischen Küche im 17. Jahrhundert, als sich viele der europäischen Adelshäuser am französischen Hof orientierten. Das klassische Menü, bestehend aus Suppe, Hauptgericht und Dessert stammt ebenso aus Frankreich wie die Menüfolgen mit gleich mehreren Gängen.

Aber so einfach lässt sich die französische Küche gar nicht definieren. So groß wie das Land, so groß ist auch die Vielfalt. Klar, für die französischen Weine, für die fantastischen Käsesorten, für das Baguette sowie für die zahlreichen Soßen ist Frankreich

Keine Moppedtour ohne Pause im Café.

Frankreichs Wochenmärkte bieten Frisches …

bekannt, aber die regionalen Küchen unterscheiden sich zum Teil erheblich.

Während etwa in der Normandie, dem Land der Milch und des Apfels, gerne Kalbfleisch, rahmige Käse, Butter, Calvados und Cidre verwendet werden, präferieren die Bretonen die auf den salzigen Wiesen gezüchteten Lämmer, deren Fleisch den typischen Salzgeschmack aufweist. Das weiter südlich liegende Périgord glänzt mit Trüffeln und Gänsen. Geht es weiter in den Süden, wird es an der Küste mediterran, im Inland eher deftig.

Die mediterrane Küche der Provence definiert sich unter anderem durch aromatische Kräuter, fruchtige Tomaten und Paprika oder Auberginen und natürlich durch reichlich Knoblauch und Olivenöl. Aus dem Languedoc, der interessanten Region zwischen Rhône und Garonne, stammen herzhafte Eintopfgerichte mit Bohnen und Kräutern, Speck und Fleisch. Die Bourgogne dagegen weiß mit den berühmten Charolais-Rindern, Weinbergschnecken und Geflügelgerichten zu überzeugen.

Die hervorragenden Weine finden sich dabei nicht nur in den Gläsern wieder, sondern auch in den verschiedensten Weinsoßen. Selbst Paris hat seine ganz eigene Spezialität, aus der Landeshauptstadt stammt die Zwiebelsuppe. Die galt ihrer preiswerten Zutaten über eine lange Zeit als echtes Arme-Leute-Essen. Nicht fehlen darf bei den regionalen Spezialitäten natürlich das Elsass. Von hier stammen die leckeren Flammkuchen sowie zahlreiche Sauerkrautgerichte und leckere Eintöpfe.

Zu jedem Essen gehören auch Getränke, in Frankreich ist die Vielfalt auch in dieser Beziehung groß. Selbstredend sind da natürlich die französischen Weine genannt, die einen ausgezeichneten Ruf haben. Schon die Römer brachten vor über 2000 Jahren den Weinbau in das Land und aus

Regionen wie der Provence, dem Burgund oder Bordeaux stammen ausgezeichnete Tropfen.

Es sind aber nicht nur die edlen Weine, auch der Champagner erfreut sich eines ganz exzellenten Rufes. Nur Schaumweine, die auch wirklich aus dem Gebiet der Champagne kommen, dürfen sich Champagner nennen. Zudem gelten für sie ganz besondere Qualitätsstandards. Ebenfalls eine geschützte Herkunftsbezeichnung trägt der Cognac. Der französische Branntwein stammt ausschließlich aus einer genau festgelegten Region um die gleichnamige Stadt und aus bestimmten Rebsorten.

Unser Tipp: Vor Ort einfach mal einen guten Cognac als Cocktail probieren. Zum Beispiel als fruchtige Variante mit Himbeersirup und frischem Orangensaft oder als Espresso-Cocktail.

Richtig lecker und frisch schmeckt übrigens auch der kalt genossene Cidre aus der Normandie. Das ist eine Art Apfelwein mit einem relativ kurzen Gärungsprozess. Alkoholarm, süß und aufgrund des höheren Kohlensäuregehalts angenehm spritzig und erfrischend. Der eher liebliche „Cidre doux" kommt mit zwei Volumenprozent Alkohol, der herbere „Cidre brut" hat üblicherweise vier Prozent.

Aus Frankreich nicht wegzudenken ist natürlich auch der Pastis. Die bekanntesten Marken sind Ricard und Pastis 51. Der anishaltige Likör, übrigens auch mit geschützter Bezeichnung, wird meist mit Eis und fünf Teilen Wasser auf einen Teil Pastis genossen. Experimentierfreudige Köche verwenden den Pastis übrigens inzwischen auch für raffinierte Gerichte wie Tomaten- oder Fischsuppen oder Pilzgerichte. ◂

... und viele lokale Spezialitäten.

Tour 1 Picardie

Rund um die Somme

Dass man auch im hohen Norden Frankreichs schöne Strände und interessante Ziele findet, beweist eine Reise an die Somme.

LE TOUQUET-PARIS-PLAGE Das Seebad mit seinem riesigen Strand liegt an der Mündung des Küstenflusses Canche in den Ärmelkanal rund 40 Kilometer südlich von Boulogne-sur-Mer an der Côte d'Opale, der sogenannten Opalküste. Jeden Februar donnern in dem Bade- und Luftkurort die Motoren, denn dann starten alljährlich weit über 1000 Endurofahrer zum berühmten Sandrennen am Strand, der drei Stunden dauert. Die Zuschauermenge erreichte zuletzt fast eine halbe Million Menschen, damit gilt die Rally Enduro du Touquet als eine der größten Motorsportveranstaltungen der Welt.

SAINT-VALERY-SUR-SOMME Das sympathische Hafenstädtchen ist eines unserer Lieblingsziele im Norden Frankreichs. Es liegt direkt an der Mündung der Somme. Der Fluss ist gleichzeitig Namensgeber des Dépar-

Bis über 100 Meter ragt die Steilküste in die Höhe.

Monumental ist die Kathedrale von Bayeux.

ner Gesamtlänge von 2141 Metern eine der größten Schrägseilbrücken der Welt. Allein die Durchfahrtshöhe für die Ozeanriesen, die unter der Fahrbahn hindurchfahren, beträgt 56 Meter. An der Mautstelle, die Brücke finanziert sich über Gebühren, freuen wir uns über die Extraspur für Zweiradfahrer, auch für motorisierte. Besonders groß ist die Freude, als wir sehen, dass Motorradfahrer gar nichts zahlen müssen. Es gibt doch noch Gerechtigkeit auf der Welt.

Der Weg hoch auf die Brücke hinauf lässt das Gefühl aufkommen, in den Himmel zu starten. Der Blick ist phänomenal. In gut 60 Metern Höhe gleiten wir über die Seine hinweg. Am südlichen Ende der Brücke stellen wir die Adventure ab und gehen ein gutes Stück zu Fuß zurück. Es gibt einen schmalen Fuß- und Radweg, nur durch ein hüfthohes Geländer von der Tiefe getrennt. Ein Schild zu Beginn verbietet, zur eigenen Sicherheit nicht das Trottoir zu verlassen. Klingt logisch, in welche Richtung auch?

Hafenstadt an der Seine

Erschöpft vom steilen Brückenaufstieg schwingen wir uns bald wieder auf die BMW und folgen den Schildern nach Honfleur. Klare Sache, die Hafenstadt an der Mündung der Seine gehört für uns zu einer der schönsten Städte Frankreichs. Die mehrstöckigen, alten

Gebäude, die das Hafenbecken malerisch einrahmen, die Straßencafés, die zum Relaxen laden, die bunten Boote, die im Wasser schaukeln, schaffen eine unvergleichliche Atmosphäre.

Beliebt bei Künstlern

Schon im 19. Jahrhundert haben sich hier zahlreiche Künstler eingefunden, es gibt ein entsprechendes Museum und auch heute noch stehen regelmäßig Maler mit ihren Staffeleien am Rand des Hafens und lassen sich inspirieren. Kiki und ich wandern noch ein bisschen durch die verwinkelten, kleinen Gassen der Stadt.

Wenig später rollen wir durch Trouville und Deauville, die beiden mondänen Badeorte. Hier gehören Ferraris genauso zum normalen Straßenbild wie der Bentley oder der Rolls-Royce. Protzige Villen wechseln sich mit fürstlichen Hotels ab. Wir folgen der Küste und nach einem letzten Abstecher nach Caen erreichen wir sie dann endlich: die berühmten unendlich langen Normandie-Strände.

Juno Beach und Gold Beach, Omaha Beach und Utah Beach nennen sich die Küstenabschnitte in Anlehnung an die Invasion der Alliierten am 6. Juni 1944. Nach dem D-Day haben sich diese Namen eingebürgert und bis heute gehalten. Überhaupt treffen wir immer wieder auf Relikte dieser unseligen Zeit. An zahlreichen Abschnitten der Strände bis zur Halbinsel Cotentin wird an das Geschehen von 1945 erinnert. Ausgediente Sherman-Panzer und anderes antiquiertes Kriegsgerät mahnen als Denkmal; es gibt Bunkermuseen, Ausstellungen, historische Orte.

Heute ist es an den goldgelben Küstenabschnitten ungleich freundlicher. Immer wieder führt die Straße entlang der Küste, an der lauschige Strände zum Baden locken. Und eines ist auf jeden Fall sicher, in der Normandie waren wir nicht zum letzten Mal. ◂

Wider dem Krieg: Denkmal in Graye-sur-Mer.

INFOS ZUR TOUR

CHARAKTERISTIK

Klar, die Normandie ist kein bergiges Land, trumpft nicht mit Pässen auf und gilt nicht gerade als Kurveneldorado. Macht aber nichts – denn dafür ist sie eine abwechslungsreiche Region mit hochinteressanten Ausflugszielen und bildschönen Küstenstädtchen. Dementsprechend sind die Straßen der Normandie ruhig und entspannt zu befahren, hier wird relaxt und gereist – ideal zum Cruisen und Entspannen. Zeit fürs Picknick am Strand und für den Café au Lait im Straßencafé inklusive.

PÄSSE DER TOUR

Pässe? Nicht in der Normandie!

ÜBERNACHTUNG

Hotel Normandy
Avenue Gambetta 4, F-76400 Fécamp
Recht ansprechendes Hotel mit nettem Restaurant und Bar, nur fünf Minuten vom Strand und Hafen entfernt, eigener Parkplatz, freundlicher Service.
www.restaurant-hotel-normandy.com
GPS 49.758407, 0.376544

Flower Camping la Chênaie 3 Étoiles
rue Henry Simon, F-76111 Yport
Angenehmer, nicht zu großer Campingplatz mit Pool und Snack-Bar, nur wenige Minuten vom Ort und vom Strand entfernt, nette Atmosphäre.
www.camping-normandie-yport.com
GPS 49.732783, 0.321751

Dormy House
Route du Havre, F-76790 Étretat
Sehr ansprechendes Haus direkt über dem Strand von Étretat, tolle Anlage, nettes Frühstück, sehr gemütlich.
www.dormy-house.com
GPS 49.706194, 0.201778

KOMBINATIONSMÖGLICHKEITEN

Diese Route lässt sich perfekt mit der Tour 1 durch die Picardie verbinden. Vielfahrer umrunden die komplette Cotentin-Halbinsel im Westen der Normandie oder verbinden die Region mit einem Besuch der Klosterinsel Mont-Saint-Michel im Süden im Département Manche. Diese sind teilweise in den Touren 3 bis 5 beschrieben.

TOUREN-STECKBRIEF

STARTORT
Rouen (49.445510, 1.079952)

ZIELORT
Sainte-Mère-Église (49.408878, -1.317869)

STRECKENLÄNGE
ca. 455 km

DAUER DER TOUR
9 Stunden, schöner ist zweitägig mit einer Übernachtung

ROADBOOK
Rouen, Forêt de Roumare, Jumièges, Forêt de Brotonne, Vieux-Port, Quillebeuf-sur-Seine, Marais Vernier, Pointe de la Roque, Pont de Tancarville, Saint-Romain, Criquetot, Étretat, Yport, Fécamp, Dieppe, Quiberville, Yvetot, Pont de Normandie, Honfleur, Trouville, Deauville, Juno Beach, Gold Beach, Bayeux, Omaha Beach, Utah Beach, Sainte-Mère-Église

HIGHLIGHTS
Die abwechslungsreiche Küstenstraße zwischen Dieppe und Fécamp gibt immer wieder einen tollen Panorama-Blick aufs Meer frei (49.919323, 1.040852 Aussichtspunkt bei Hautot-sur-Mer).

Die Überquerung der Seinemündung über die Pont de Normandie in luftiger Höhe ist ein ganz besonderes Erlebnis (49.435673, 0.273505).

Côte Picarde
Parc ornithologique du Marquenterre
Fort-Mahon
Cayeux-sur-Mer
Ault
Le Tréport
Eu
Criel-sur-Mer
Collégiale N.-D. et St-Laurent
St-Martin-en-Campagne
Estran - Cité de la mer
DIEPPE
Château-musée
Varengeville-sur-Mer
Phare d'Ailly
Arques-la-Bataille
Envermeu
Dampierre-St-Nicolas
Londinières
Offranville
Château de Miromesnil
St-Valéry-en-Caux
Veules-les-Roses
Veulettes-sur-Mer
Sassetot-le Mauconduit
Cany-Barville
Fontaine-le-Dun
Côte d'Albâtre
Abbatiale
Fécamp
Palais Bénédictine
Falaise d'Amont
Étretat
Falaise d'Aval
Valmont
Abbaye
Ourville-en-Caux
St-Laurent-en-Caux
Pays de Caux
Longueville-sur-Scie
Torcy-le-Grand
Neufchâtel-en-Bray
Pommeréval
Forêt d'Eawy
Bellencombre
Val-de-Saâne
Doudeville
Hericourt-en-Caux
Fauville-en-Caux
Yerville
Tôtes
Maucomble
St-Saëns
Bosc-Mesnil
Criquetot-l'Esneval
Goderville
Bruneval
Port pétrolier du Havre-Antifer
St-Jouin
St-Martin-aux-Arbres
Parc zoologique
Clères
St-Martin-Osmonville
Buchy
Yvetot
Pavilly
Bolbec
Bolleville
Abbaye de St-Wandrille
Barentin
Fontaine-le-Bourg
Abbatiale
Montivilliers
Octeville-s.-Mer
Église N.-D.
Caudebec-en-Caux
Le Houlme
Mont-St-Aignan
Préaux
Blainville-Crevon
Gonfreville l'Orcher
St-Romain-de-Colbosc
Lillebonne
Notre-Dame-de-Gravenchon
Parc Naturel Régional des Boucles de la Seine Normande
Le Trait
Duclair
Palais de Justice
Cathédrale N.-D.
Martainville
LE HAVRE
Port
Pont de Normandie
Pont de Tancarville
St-Martin-de-Boscherville
Canteleu
St-Ouen / St-Maclou
Darnétal
Abbaye de Jumièges
Sotteville-l.-R.
ROUEN
Forêt de Lyons
Berville-sur-Mer
Marais Vernier
Seine
Abb.St-Georges
Le Grand-Quevilly
Bonsecours
Boos
Bourg-Beaudouin
Honfleur
Ste-Catherine
Trouville-sur-Mer
Corniche Normande
Deauville
St-Maclou
Bourneville
Bosquet
la Bouille
Grd. Couronne
St-Étienne-du-Rouvray
Abb. de Fontaine-Guérard
Fleury-s.-A.
Beuzeville
St-Gatien-des-Bois
Hippodromes
Pont-Audemer
Bourg-Achard
Chât.d.Robert-le-Diable
Oissel
Pont-St-Pierre
St-Aubin-lès-Elbeuf
Pont-l'Évêque
Montfort-sur-Risle
Bourgtheroulde-Infreville
Pont-de-l'Arche
Écouis
Epaignes
Caudebec-lès-Elbeuf
Val-de-Reuil
Collégiale N.-D.
Annebault
Bonneville-la-Louvet
Abbaye du Bec
Elbeuf
Beaumont-en-Auge
le Breuil-en-Auge
Cormeilles
Pont-Authou
le Bec-Hellouin
Église N.-D.
Vironvay
Bonnebosq
Valsemé
Lieurey
Brionne
Chât.d.Champ de Bataille
Louviers
Moyaux
Basilique Ste-Thérèse
CERZA Zoo
Bazoques
Harcourt
Iville
Cathédrale
la Rivière-
le Neubourg
Houetteville
Gaillon
Pays d'Auge
Baie de Seine
A29
A13
A131
A150
A151
A28
E05
E44
E402
N27

Tour 3 Bretagne Nord-Ost

Zurück ins Mittelalter

„Typisch bretonisch“ ist das Motto dieser Tour, die außerdem einen kurzem Besuch in der Normandie bietet.

Die Klosterburg Mont Saint Michel liegt auf einer Insel (oben).

CANCALE Am Hafen findet man viele einladende Cafés und Restaurants, Spezialität in Cancale sind ganz klar die Austern. Schließlich ist der Ort für seine Austernzucht bekannt.

Bei Ebbe fällt das gesamte Hafenbecken trocken: Das ist ein Schauspiel der besonderen Art. Ein Motorrad-Parkplatz befindet sich direkt am Leuchtturm, um zu ihm zu gelangen, muss man durch den ganzen Hafen fahren.

D 155/D 797 Die Küstenstraße von Cancale nach Pontorson. Man fährt durchgängig am Strand entlang und genießt so immer den Blick auf den Mont-Saint-Michel.

MONT SAINT MICHEL Kurzer Besuch in der Normandie, zu der der Klosterberg eigentlich gehört.

Einen schönen Blick genießt man von einer Windmühle. Vor Beauvoir führt rechts ein Sträßchen den Hügel hoch.

Der Aussichtspunkt ist ausgeschildert. Auf die Insel geht es vom vorgelagerten Parkplatz nur per pedes, Kutsche oder Bus. Dort angekommen wird man zunächst überwältigt vom Touristen-Gewimmel. Am besten die breiten Wege meiden und die Insel über die Treppen und Gässchen erkunden.

D 576 Die Straße führt von Pontorson nach Dol de Bretagne und bietet ein leichtes kurviges auf und nieder. Sie ist schön flüssig zu fahren, liegt in einer tollen Landschaft und präsentiert sich teilweise sehr aussichtsreich.

DOL-DE-BRETGAGNE Sehenswerte mittelalterliche Altstadt mit schönen Fachwerkbauten rund um die Grand-Rue-des-Stuarts.

MENHIR DU CHAMP-DOLENT Hier findet sich ein 9,5 Meter hoher Hinkelstein aus den Zeiten von Asterix und Obelix. Es ist kaum vorstellbar, das dieser Koloss ohne moderne Technik transportiert und aufgestellt werden konnte. Er ist der Größte der Bretagne.

LA BOURBANSAIS Herrliche Schlossanlage aus dem 16. Jahrhundert mit angrenzendem Tierpark.

DINAN Auf einem Felsplateau thront die mittelalterliche Stadt über der Rance. Sie ist fast vollständig von einem Mauerwall mit etlichen Wehrtürmen und Stadttoren umgeben. Die typisch bretonische Stadt ist mit ihren Fachwerkhäusern und verwinkelten Gassen als Ville d'Art et d'Histoire ausgezeichnet.

D 12 Kaum zurück auf dem Motorrad, könnte man in Port de Dinan gleich wieder anhalten und sich in eines der gemütlichen Cafés am Hafen setzten. Entlang der Rance geht es kurvig hoch und runter bis zum Gezeitenkraftwerk an der Flussmündung in Saint-Malo.

SAINT-MALO Ein Besuch der alten Freibeuterstadt darf auf keinen Fall fehlen. Nur durch einen Damm ist die aus dem Mittelalter stammende Stadt mit dem Festland verbunden. Motorradparkplätze gibt es an der Stadtmauer, auf der man die Ville Close mit der mächtigen Kathedrale St. Vincent in einer Stunde zu Fuß umrunden kann. ◂

Geschäftiges Treiben in der Altstadt von Dinan

Cafés und Restaurants in der Hafenstadt Cancale.

TOUREN-STECKBRIEF

BASISORT
Cancale (48.670950, -1.854890)

STRECKENLÄNGE
ca. 190 km

DAUER DER TOUR
1 Tag

ROADBOOK
Cancale, Port Mer, Le Verger, Saint-Malo, Saint-Servan-sur-Mer, Trégonde, Dinan, Saint-Solen, Pleugueneuc, Meillac, Bonnemain, Menhir de Champ-Dolent, Baguer-Pican, Pontorson, La Croix Avranchin, Courtils, Pontorson, Saint-Georges-de-Gréhaigne, Cancale

ÜBERNACHTUNG
Le Petit Porcon

F-35350 Cancale / St Méloir des Ondes

Komfortable Zimmer, herzhaftes Frühstück mit hausgemachten Produkten und ein Schuppen, in dem mehrere Motorräder abgestellt werden können. Kein Abendessen im Haus, jedoch gibt es etliche Restaurants im Ort und am Hafen.

www.lepetitporcon.com

(48.653994, -1.874476)

Der gewaltige Hinkelstein
in Menhir de Champ Dolent.

Grande Île
les Huguenans
Îles Chausey
Golf de Granville
Coudeville-sur-Mer
Bréville-sur-Mer
Longueville
Donville-les-Bains
Anctoville-sur-Boscq
Granville
Pointe du Roc
Yquelon
la Maison Brûlée
Malicorne
St-Planchers
Pieuré de l'Oiselière
St-Jean-des-Champs
St-Pair-sur-Mer
Hudimesnil
le Loreur
le Mesnil-Rogues
le Mesnil-Villeman
la Meurdraquière
St-Sauveur-la-Pommeraye
Equilly
Folligny
Hocquigny
Beau-champs
Champrepus
la Haye-Pesnel
le Tanu
la Mouche
St-Ursin
St-Aubin-des-Préaux
St-Pierre-Langers
Anc. Abb. de la Lucerne
la Lucerne-d'Outremer
Champcervon
la Duretière
le Petit Kairon
Jullouville
Hipp. la Cale
Bouillon
Édenville
le Bourgeais
St-Michel-des-Loups
la Rochelle-Normande
les Chambres
Ste-Pience
Carolles
Cabane Vauban
Angey
Sartilly
le Luot
Champeaux
St-Jean-le-Thomas
Montviron
Sublìgny
le Tilleul
Lolif
Chavoy
Ronthon
Champcey
la Pierre de Herpin
Falaises de Champeaux
Dragey-Ronthon
Bacilly
Marcey-les-Grèves
St-Jean-de-la-Haize
Avranches Nord
Château de Brion
Vains
Ponts
Avranches
Bec d'Andaine
Genêts
Anc. Prieuré de St-Léonard
Hipp. les Grèves
Mon. Patton
la Chaussée
le Val-St-Père
St-Martin-des-Champs
Pointe du Grouin du Sud
le Gué de l'Epine
le Moulinet
le Mont-St-Michel
le Mont-Saint-Michel
Bas-Courtils
Céaux
Pontaubault
Rozel
Ducey
Baie du Mont
Saint Michel
Pointe du Grouin
Île des Landes
Port-Mer
le Verger
Basse Cancale
Pointe de Chaîne
St-Jouan
Cancale
Terrelabouët
Pointe Vauléraut
Château de Vauléraut
les Portes Rouges
St-Benoît-des-Ondes
Vildé-la-Marine
la Gouesnière
Hirel
le Vivier-sur-Mer
Cherrueix
le Lac
la Fresnais
les Gasniers
Notre-Dame de l'Espérance
St-Broladre
St-Marcan
Palluel
Roz-sur-Couesnon
Hipp. d'Anse de Moidrey
St-Georges-de-Gréhaigne
BASSE-NORMANDIE
BRETAGNE
Polders
Ossuaire Allemand
Courtils
Mesgnier
Huisnes-sur-Mer
la Rive
Beauvoir
Ardevon
Servon
Précey
Poilley
Les Pas
Tanis
Moidrey
Brée
Crollon
Juilley
Mont-St-Michel
le Bois Rouland
Lillemer
Mont-Dol
Châteauneuf-d'Ille-et-Vilaine
la Ville Boulay
Roz-Landrieux
Dol-de-Bretagne
Baguer-Pican
Sains
Mont-Rouault
Curey
Vergoncey
Macey
Pontorson
Cormeray
la Croix-Avranchin
Villiers-le-Pré
Ville Chérel
Pleine-Fougères
la Guinguette
Boucey
Aucey-la-Plaine
Vessey
la Daviais
St-James
Château de la Paluelle
Miniac-Morvan
Plerguer
Baguer-Morvan
Menhir de Champ Dolent
Epiniac
la Boussac
Vieux-Viel
Sougéal
Sacey
Carnet
Argouges
la Barre
Golf de St-Malo
les Cours Paris
le Vieux Bourg
St-Léonard
Golf des Ormes
Trans-la-Forêt
le Gué Ferrier
Montanel
la Ville Jole
le Tronchet
Landal
Château de Landal
Broualan
Port Miniature de Villecartier
le Val
Poelley
Tressé
Cobac-Parc
Bonnemain
Forêt Dom. de Villecartier
la Fontenelle
Coglès
Pierre-Plesguen
Lanhélin
Étang de Trémignon
Terre Rouge
le Haut de la Lande
St-Ouen-la-Rouërie
Antrain
la Villais
la Selle-en-Coglès
le Rocher Abraham
le Plessis Margat
Lourmais
Cuguen
les Loges
Château de la Balue
Château de Bonne Fontaine
Chât. du Rocher Portail
Lauviais
Trémeheuc
les Trois Croix
Bazouges-la-Pérouse
Tremblay
la Beucherais
le Rocher du Portail
Meillac
Château de la Bourbansais
Zoo
Combourg
Noyal-sous-Bazouges
Ardilloux
St-Brice-en-Coglès
St-Étienne-en-Coglès
Lanrigan
Rimou
Vilhaudreux
la Pierre Aigüe
St-Léger-des-Prés
Marcillé-Raoul
Château du Logis
la Chapelle-aux-Filtzméens
Romazy
Chauvigné
St-Marc-le-Blanc
le Haut Teillay
St-Domineuc
Travoux
St-Rémy-du-Plain
Château du Moulinet
Baillé
Trémagouët
Québriac
Dingé
le Hiaume
Base de Loisirs
St-Christophe-de-Valains
le Tiercent
St-Hilaire-des-Landes
Château de la Haye
Bois de Soubon
Étang de Boulet
Sens-de-Bretagne
Vieux-Vy-sur-Couesnon
Château de la Bélinaye
St-Sauveur-des-Landes
Tinténiac
la Plousière
Feins
St-Ouen-des-Alleux
Montmuran
Château Montmuran
Bazouges-sous-Hédé
Montreuil-sur-Ille
Neuville
Sautoger
St-Marc-sur-Couesnon
Andouillé

Tour 4 Bretagne Nord-West

Im Hinterland

Hier gibt es einen Pass, dem zwar die Höhe fehlt, dafür bietet er ein Traum-Panorama über die Monts d'Arrée.

TRÉGUIER Das Zentrum der historischen Bischofsstadt bildet der Dom Saint-Tugdual. Er gilt als eine der schönsten gotischen Kirchen der Bretagne. Viele Restaurants und Cafés laden außerdem zum Boxenstopp in der gemütlichen Altstadt oberhalb des Flusses Jaudie ein.

LANNION – MORLAIX Nun folgt ein Strecken-Highlight der Tour. Kurz hinter Lannion fährt man direkt am langen Strand Lieue de Grève entlang. Später – an der Côte des Bruyères– genießt man einen Hauch von Highlands mit herrlichen Ausblicken auf den Atlantik. Eine Strecke für den Touristen-Modus.

Tipp: In Terenez wartet ein kleines Café zwischen Hafen und Strand auf durstige Motorradfahrer.

SAINT-POL-DE-LÉON Der Ortskern wird von der gotischen Kathedrale

Auf der Halbinsel Plougrescant befindet sich das meist fotografierte Haus der Bretagne.

Saint-Paul-Aurélien dominiert. Sie stammt aus dem 13. und 16. Jahrhundert und ist vollständig erhalten. Unterhalb, am langen Strand, führt ein langer Damm zur vorgelagerten Rocher Sainte-Anne. Erklimmt man den kleinen Hügel, genießt man zu Belohnung den herrlichen Ausblick über die gesamte Baie de Morlaix bis hin zum Hafen von Roscoff. Einkehrtipp: Die Hamburger des kleinen Strandcafés zu Beginn des Damms sind sehr zu empfehlen.

Viadukt im Zentrum von Morlaix.

ROSCOFF Wichtiger Fährhafen nach England und Irland mit romantischen Gassen und Häusern aus dem Mittelalter und Seeräuber-Flair. Sehenswert ist auch die Kirche Notre-Dame-de-Croaz-Batz mit einem der schönstenKirchtürmederBretagne.Am Hafen laden viele Cafés und Restaurantszum Verweilenein.Etlicheschöne Badestrände umgeben den Ort.

MORLAIX – ABBAYE DU RELEC Durch dichten Wald führt uns die D 769 immer leicht bergauf und kurvenreich in die Monts d'Arrée – eine fast irreale Landschaft. Fahrspaß pur. Die D 111 führt uns weiter zu sehenswerten Klosteranlage Abbaye du Relec.

COL DE TRÉDUDON In den Höhenlagen der Monts d'Arrée ändert sich das Landschaftsbild dramatisch. Das Panorama auf den windgepeitschten, fast baumlosen Hochflächen ist überwältigend. Besonders schön ist die Aussicht vom 361 Meter hohen Col de Trédudon.

HUELGOAT Der Ort liegt romantisch an einem kleinen See und bietet sich als kurzer Stopp an. Die Wälder rund um Huelgoat sind ein beliebtes Wanderrevier. Die weitere Strecke bis zur Kuste verläuft abwechslungsreich aber ohne Highlights durch safte Hügel. Aussichtsreiche und Abschnitte durch den Wald wechseln sich stetig ab. ◂

Die fast baumlosen Hochlflächen in Monts d'Arrée.

TOUREN-STECKBRIEF

BASISORT
Tréguier (48.787180, -3.230634)

STRECKENLÄNGE
ca. 306 km

DAUER DER TOUR
1 Tag

ROADBOOK
Tréguier, Lannion, Saint-Michel-en-Grève, Saint-Efflam, Plougasnou, Primel-Trégastel, Plouezoc'h, Locquénolé, Saint-Pol-de-Léon, Roscoff, Lanvéguen, Morlaix, Le Fumé, Col de Trédudon, Huelgoat, Liorzou, Trémel, Saint-Michel-en-Grève, Lannion, Servel, Trégastel-Plage, Perros-Guirec, Porz-Brugalé, Tréguier

ÜBERNACHTUNG
Les Hortensias
17 rue de la Mairie
F-22660 Trévou-Tréguignec
Fünf Schlafzimmer mit Bad und WC,Terrasse, Gartenlounges, Grill. Alles umgeben von einem ummauerten Garten. Für Biker vollständig geschlossene Parkplätze. Kostenloser Wifi-Zugang.
www.leshortensias22.fr
(48.814616, -3.358649)

Fahrt entlang der Côte de Bruyères.

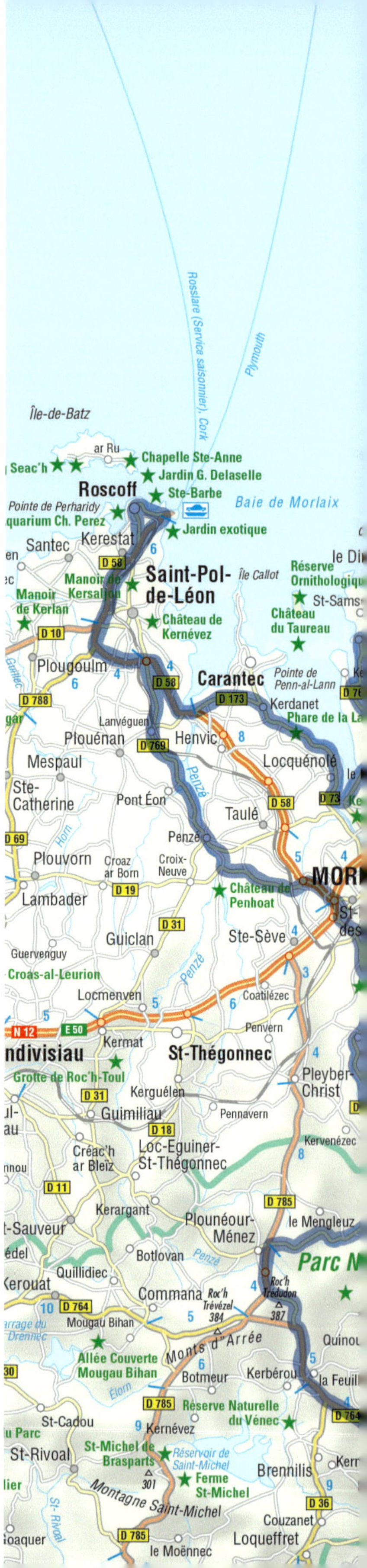

Réserve Naturelle des Sept Îles
Île de Malban
Île Plate
Phare des Sept Îles
Île aux Moines
les Sept Îles
Côte de Granit Rose
Pointe de Carn
Île Tomé
Île Baëlanec
Maison de Plougrescant
Porz Bugalé
Le Roudour
Plougrescan
Port-Blanc
Buguélès
Aquarium Marin
Trégastel-Plage
Ploumanac'h
Perros-Guirec
Trévou-Tréguignec
St-Gonéry
Landrellec
Ste-Anne
la Clarté
Kergall
Keralio
la Roche Jaune
Île Grande
Trégastel
Trélévern
Penvénan
Station Ornithologique
Louannec
Plouguiel
Kerautret
Cathédrale St-Tugdual
Penvern
St-Uzec
Planétarium
St-Quay-Perros
Mabiliès
St-Nicolas
Camlez
Tréguier
Château de Kerduel
Kermaria-Sulard
Minihy Tréguier
Trébeurden
Pleumeur-Bodou
Coatréven
Lochrist
Pointe de Bihit
Lannion
le Rusquet
Trézény
la Roche-Derrien
Troguéry
Baie de Lannion
Beg-Léguer
Servel
Lanmérin
Langoat
Hengoat
Pointe de Séhar
Locquémeau
Léguer
St-Marc
Primel-Trégastel
Pointe Runglaz
Loguivy
Rospez
le Yaudet
Ty Poas
Pommerit-Jaudy
Ploëz
Pointe du Corbeau
Kéravilin
Ploulec'h
Buhulien
Quemperven
St-Jean-du-Doigt
Prajou
Pt. de Locquirec
Trédrez-Locquémeau
Keranroux
Lanvézéac
Mantallot
Moguérou
Locquirec
Kerjean Huellan
Ploubezre
Caouënnec-Lanvézéac
Kerrod
Runan
Corvez
Notre-Dame de Joies
St-Michel-en-Grève
Ploumilliau
Chap. de Kerfons
Berhet
Confort
Trévoazan
Guimaëc
le Clandy
Kerfons
Kerel
Prat
Coatascorn
Kergreiz
St-Efflam
la Lande
Manoir de Kerauzern
Cavan
Kernitron
Lanmeur
Plestin-les-Grèves
Tonquédec
Tréduder
Kerauzern
Bardérou
Kernalégan
Trézélan
Brélidy
Kerinec
Pen ar Guer
Château de Lesmaës
Plouzélambre
Keraudy
le Run
Lannéven
Bois de la Roche
Plouégat-Guérand
Château de Rosanbo
l'Armorique
les Sept Saints
Kervern
Pluzunet
Landebaëron
Bégard
Château de Kervézec
Lanvellec
le Vieux-Marché
le Loc'h
Guénézan
Kermoroc'h
Garlan
Trémel
Plufur
Plouaret
Botlézan
Lanleya
Château de Kermerzit
St-Nicolas
Lez Elaouën
Trégrom
St-Éloi
St-Laurent
Ste-Geneviève
Pédernec
le Vieux Poirier
Uzel
la Trinité
Notre-Dame de Lorette
la Gare
Kerléo
Ménez Bré
Maudez
Kermarc
la Chapelle-du-Mur
Plouégat-Moysan
la Gare
St-Carré
Plounérin
Pavédir
Keranfloc'h
St-Hervé
Plouisy
Plouigneau
Tromorgant
la Croix-de-Pierre
le Ponthou
Keramanac'h
Plounévez-Moëdec
Louargat
Locmaria
St-Jean
St-Eutrope
ar Réchou
Tréglamus
Kermadec
Grâces
St-Éloy
Plounévez-Moëdec
Kervoénou
Château de Kerano
Plourin-lès-Morlaix
Plougonven
St-Modez
Botsorhel
Kerroué Braz
Moulin de Traou Hi
Loc-Envel
Belle-Isle-en-Terre
Pen an Coat Bleiz
Guernalin
Guerlesquin
Loguivy-Plougras
Plougras
Kerviou
le Danouët
Manoir de Mezédern
Keranguéven
Kergalaon
Gurunhuel
Moustéru
le Dresnay
Lannéanou
Croaz Christ
Croaz ar Rouz
Beffou
Croaz Joncour
Kermoyec Vraz
St-Jean
Kerambellec
Coadout
le Cloître-St-Thégonnec
Lan Meur
Quénéquélen
Belle Vue
Kergouan
Coat Form
Créac'h-Pluen
Treusvern
Plougonver
Kergorre
Kervézec
Pengalet
Kerambuan
Bouillard
Kermeur
Louscoat Huellan
la Croix Kermen
Logoray
la Chapelle-Neuve
Rochers du Cragou
Kersauz
Lohuec
Pont-Melvez
Guerduel
Bourbriac
Bolazec
Kergorn Braz
le Gollot
St-Houarneau
Régional
Aulne
Pestivien
Kernon
Hellés
Bulat-Pestivien
Cosquer-Jehan
Kernévez
Scrignac
Kerdaniel
Calanhel
la Croix Rouge
Quefforc'h
Lesmaës
Lavaquer
Berrien
Liorzou
Plourac'h
St-Treffin
Kerbalen
Trefflay
St-Norgant
Armorique
Quénéguen
Kerbouzard
Callac
Maël-Pestivien
Forêt de St-Ambroise
Lemézec Izella
Lestrédiec
Burtulet
Kerscouarc'h
Mago
St-Ambroise
Trévénec
Landerc'h
Plusquellec
le Bourg Neuf
St-Servais
Kervao
le Liorzou
Toull Bleï
Kermorvan
Coat Maël
Kerien
Huelgoat
Locmaria-Berrien
le Guilly
Carnoët
Landujen
Kerbernès
Kersollec
St-Gildas
Château de Rosviliou
Peumerit-Quintin
Étang de Kerne Uhel
Kerhello
Les Arbres du Monde au Huelgoat
la Mine
le Croaz-Hent
Coat Cléven
Duault
la Croix Tasset
le Guiaudet
Poullaouen
Pont Lochrist
Blérem ar Sal
St-Antoine
la Boissière
Gorges du Corong
St-Nicodème
Saint-Antoine
Lanrivain

Tour 5 Bretagne-West

Von Pointe zu Pointe

Die Bretagne ist auch ein Land der Kaps. Unzählige dieser landschaftlich reizvollen Aussichtspunkte liegen an ihrer Westküste.

POINTE DU RAZ Vom Wind kahl gefegte Felsen und der Atlantik, der pausenlos und teilweise spektakulär gegen eben diese Felsen anrennt, prägen das Bild. Der Pointe du Raz ist eines der Touristenmagnete der Bretagne. Wer die 15 Minuten Fußmarsch vom Großparkplatz scheut, nutzt den kostenlosen Shuttle-Bus zum Leuchtturm. Von dort erblickt man als erstes den mitten im Meer auf einem Felsen thronenden Leuchtturm La Vielle. Dahinter kommt bei klarem Wetter dann auch noch die Île de Sein und der Phare Ar Men in Sicht.

CAMARET-SUR-MER Der hübsche kleine Hafenort hat Flair. Von den einladenden Restaurants am Hafenbecken kann man das bunte Treiben beobachten, im Hintergrund erspäht man Tour Vauban und die Kapelle Notre-Dame-de-Rocamadour, neben dem sehenswerten Schiffsfriedhof.

Fischerhafen in Camaret sur Mer.

POINTE DE PENHIR Manche empfinden den Pointe de Penhir als noch schöner als den Pointe du Raz. Eindrucksvoll ist der Aussichtspunkt auf der steil ins Meer abfallenden Steilküste allemal. Sehenswert ist auch das Militärdenkmal auf halber Strecke zwischen der Pointe und Camaret.

POINTE DES ESPAGNOLS Alte Wehranlagen mit toller Aussicht auf die gegenüberliegende Stadt Brest.

CROZON Die Altstadt lohnt sich für einen kleinen Stadtbummel. Im Ortsteil Morgat befindet sich das touristische Zentrum mit Hafen, vielen Café und einer Bucht mit schönstem Sandstrand. Eine Attraktion sind die Les Grottes de Morgat. Die größte Grotte kann man bei einem Bootsausflug bewundern, sie wurde auf 80 Meter Länge und 15 Meter Höhe vom Atlantik aus der Steilküste gehölt.

MENEZ-HOM Den kleinen Abstecher von der D 887 auf den 330 Meter hohen Aussichtsgipfel sollte man sich unbedingt gönnen.

MONTAGNE-SAINT-MICHEL Schöner Aussichtsgipfel an der D 785 mit kleiner Kapelle und Rundblick von der Küste in die Monts D'Arree.

Kapelle Sainte-Marie-du-Ménez-Hom in Plomodiern.

D21 BRASPARTS – LE FAOU Die Panorama-Straße am Rande der Monts D'Arree ist fast durchgehend sehr aussichtsreich und flüssig zu fahren. Lohnender Stopp: Auf halber Strecke gibt es einen Picknickplatz an einer sehenswerten Kirchenruine.

LOCRONAN Das romantische Städtchen empfängt den Besucher in einem für die Bretagne einmaligen Stadtgebilde. Rund um den gepflasterten Grand Place reihen sich die alten Steinhäuser, in der Mitte thront die eindrucksvolle St-Ronan-Kirche. Willkommen im Mittelalter, ein Pflicht-Stopp auf dieser Tour.

DOURANENEZ Wuselige Altstadt mit vielen Geschäften, ein paar gute Restaurants am Hafen und ein Museumshafen mit alten Schiffen. ◂

Militärdenkmal am Pointe de Penhir.

TOUREN-STECKBRIEF

BASISORT
Audierne (48.02344, -4.53856)

STRECKENLÄNGE
ca. 337 km

DAUER DER TOUR
1 bis 2 Tage

ROADBOOK
Audierne, Primelin, Pointe du Raz, Pointe du Van, Poullan-sur-Mer, Douarnenez, Plonévez-Porzay, Sainte-Marie-du-Ménez-Hom, Crozon, Rostudel, Crozon, Kréon/Pointe de Dinan, Crozon, Pointe de Penhir, Lanvernazal, Pointe des Espagnols, Roscanvel, Quélern, Tal ar Groaz, Le Faou, Brasparts, Kernévez, La Feuillée, Châteauneuf-du-Faou, Laz, Groaz Brenn, Lothey, Cast, Locronan, Ploaré, Confort, Audierne

ÜBERNACHTUNG
Hotel au Roi Gradlon
3 Avenue Manu Brusq
F-29770 Audierne
Panoramablick auf das Meer vom Panoramarestaurant mit sehr gutem Essen, sehr freundliches und aufmerksames Personal, herzhaftes Frühstück. Garage für das Motorrad. Der Chef ist Biker.
www.auroigradlon.com
(48.011824, -4.543242

Kurvenreich geht es auf der Halbinsel Crozon zu.

Lesneven
Morlaix
Landivisiau
St-Thégonnec
Plabennec
Landerneau
Brest
Guipavas
Le Relecq-Kerhuon
Plougastel-Daoulas
Loperhet
Daoulas
Sizun
Commana
Parc Naturel Régional d'Armorique
Monts d'Arrée
Montagne Saint-Michel
Brasparts
Le Faou
Rade de Brest
Crozon
Argol
Telgruc-sur-Mer
Ménez Hom
Châteaulin
Pleyben
Châteauneuf-du-Faou
Vallée de l'Aulne
Baie de Douarnenez
Douarnenez
Locronan
Quéménéven
Briec
Edern
Coray
QUIMPER
Ergué-Gabéric
Rosporden
Plogastel-St-Germain
Ploéven
Plomodiern
Plonévez-Porzay
Pont-de-Buis-lès-Quimerch
Landrévarzec
Océanopolis
Botmeur
Brennilis
Loqueffret
Plonévez-du-Faou
Pouldreuzic
Plozévet
Ploneour-Lanvern
Landudec
Gourlizon
Guengat
Plogonnec
Ty-Ru
Elliant
St-Évarzec
Pluguffan
Plomelin
Gouesnach
Fouesnant

Tour 6 La Rochelle

Auf Austern-Jagd

Die romantische Atlantikküste rund um die Hafenstadt La Rochelle gilt als Zentrum der Austernzucht.

Ob es an den Sandstränden liegt oder an den Salzgärten – ihre Lieblingsinsel nennen die Franzosen gerne **RÉ LA BLANCHE**, übersetzt: die Weiße Ré. Von La Rochelle aus gelangt man über eine 2,9 Kilometer lange und mautpflichtige Brücke hinüber zur Insel. Dort gehören der Bummel durch den schnuckeligen Hauptort Saint-Martin-de-Ré sowie ein Teller frischer Austern zum absoluten Muss.

Zurück auf dem Festland hat die Maschine bald wieder Pause, denn ein Spaziergang durch die historische Hafen- und Festungsstadt La Rochelle ist angesagt. Mittelalterliche Gebäude, die alte Börse und das holperige Kopfsteinpflaster versetzen einen in die Zeit der Raddampfer und Segelschiffe zurück. Den schönsten Blick auf die Silhouette hat man von der Hafeneinfahrt aus, die im Mittelalter mit einer dicken Kette versperrt war.

Per Brücke geht es auf die Île de Ré.

Ebenfalls auf eine lange maritime Vergangenheit blickt **ROCHEFORT** zurück, das man nach einem ausgedehnten Schlenker durch die flache, sandige Landschaft des Départements Charente-Maritime erreicht. Am Lauf der Charente gelegen, gefällt die gemütliche Stadt mit beeindruckenden Bauten aus mehreren Jahrhunderten und ihrem Arsenal, in dem sich damals die königliche Seilerei und eine Werft für Segelschiffe befanden. Das Arsenal ist heute als Museum angelegt und kann besichtigt werden.

Vorbei an den für die Region typischen auf hohen, dünnen Holzgestellen stehenden Fischerhütten, geht es hinaus zum malerischen Austernhafen **PORT-DES-BARQUES**. Von dort aus kann man bei Ebbe per Bike zum Inselchen Île Madame hinüberfahren. Einsame Buchten und herrliche Ausblicke sind der Lohn eines kurzen Spaziergangs über die Insel.

Ebenfalls einen Halt wert ist **HIERS-BROUAGE**, nur ein kurzes Stück südlich gelegen. Der Ort mit seiner von Richelieu erbauten Festung gilt als einer der schönsten Frankreichs. Die Anlage mit ihren 400 Metern Seitenlänge beherbergte eins 6000 Soldaten, die inzwischen von Künstlern verdrängt wurden.

Die Stadtmauer von Hiers-Brouage.

Den Schlussspurt unserer Tour durch die Charente-Maritime bildet eine Rundfahrt über die **ÎLE D'OLÉRON**. Die große Schwester der Île de Ré ist 34 Kilometer lang und 12 Kilometer breit –und damit nach Korsika die zweitgrößte französische Insel. Einmal über das **VIADUC D'OLÉRON** übergesetzt, rollt man genüsslich an feinsandigen Stränden entlang, bummelt durch den Hafen von **LA COTINIÈRE**, bestaunt die bunten Holzhütten von **LE PORT DES SALINES** und kehrt schließlich auf einen Teller Austern in einer Bar ein. Denn die Île d'Oléron gilt unter Feinschmeckern als erste Adresse für Meeresfrüchte. ◂

Schmucker Hafen von La Rochelle.

TOUREN-STECKBRIEF

BASISORT
La Rochelle (46.158010, -1.150550)

STRECKENLÄNGE
ca. 225 km

DAUER DER TOUR
1-2 Tage

ROADBOOK
La Rochelle, Rivedoux-Plage, La Flotte, Saint-Martin-de-Ré, Ars-en-Ré, Les Prises, Ars-en-Ré, Les Grenettes, La Rochelle, Aytré, La Jame, Cigogne, Les Tres Moulins, Rochefort, Soubise, Port-des-Barques, Île Madame, Port-des-Barques, Saint-Froult, Hiers-Brouage, Le Chapus, Le Château-d'Òléron, Saint-Dennis-d'Òléron, Chaucre, Le Grand Village-Plage, Marennes, Rochefort, Muron, La Rochelle

ÜBERNACHTUNG
Hotel Le Champlain
30 Rue Rambaud
F-17000 La Rochelle
Charmante alte Villa mit wunderschönem Garten im Herzen der Stadt La Rochelle. Geräumige Zimmer und sehr gutes Frühstück. Nahe dem Alten Hafen gelegen. Das Motorrad parkt im angrenzenden Parkhaus gegen Gebühr.
www.hotelchamplain.com/fr
(46.163527, -1.154527)

Blick auf Saint-Martin de Ré, den Hauptort der Insel.

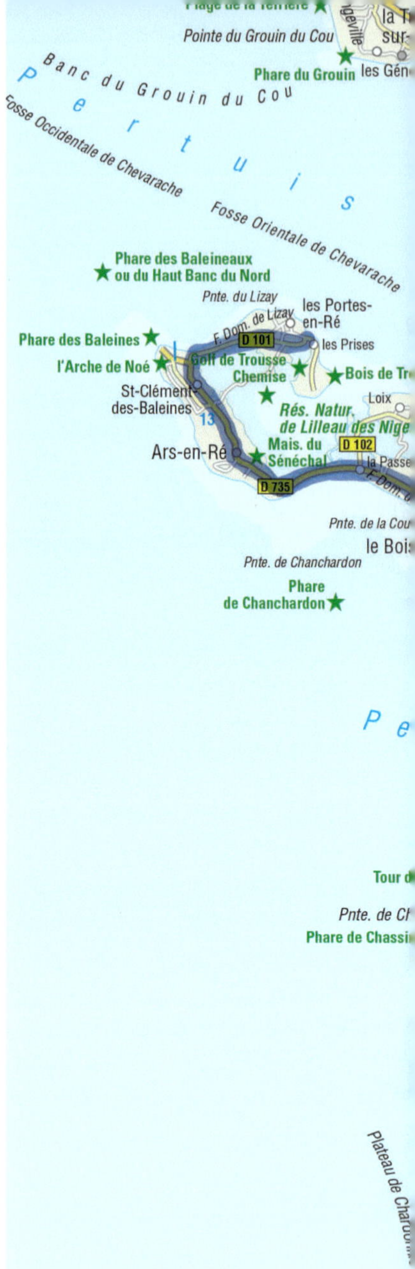

LA ROCHELLE
ROCHEFORT
Marans
Nieul-sur-Mer
Lagord
Puilboreau
Aytré
Angoulins
Châtelaillon-Plage
Fouras
Tonnay-Charente
Marennes
la Tremblade
Bourcefranc-le-Chapus
le Château-d'Oléron
St-Pierre-d'Oléron
Dolus-d'Oléron
St-Georges-d'Oléron
Île d'Oléron
Île d'Aix
Île Madame
Rivedoux-Plage
la Flotte
St-Martin-de-Ré
Ste-Marie-de-Ré
l'Aiguillon-sur-Mer
St-Michel-en-l'Herm
la Faute-sur-Mer
Charron
Esnandes
Marsilly
Périgny
Dompierre-sur-Mer
Aigrefeuille-d'Aunis
Surgères
Muron
Breuil-Magné
Loire-les-Marais
Échillais
St-Agnant
Soubise
Port-des-Barques
St-Nazaire-sur-Charente
Brouage
Hiers
St-Just-Luzac
Pont-l'Abbé-d'Arnoult
Champagne
St-Jean-d'Angle
Courçon
Ferrières
Nuaillé-d'Aunis
Longèves
Andilly
Villedoux
Ste-Soulle
Vérines
St-Sauveur-d'Aunis
Croix-Chapeau
Salles-sur-Mer
Thairé
Ballon
Ciré-d'Aunis
Landrais
Anse de l'Aiguillon
Réserve Naturelle Baie de l'Aiguillon
Réserve Naturelle de Moëze-Oléron
Rés. Natur. du Marais d'Yves
Pertuis d'Antioche
Rade des Basques
Fort Boyard
Fort Liedot
Fort Enet
Fort la Pointe
Pointe de Maumusson
Plage le Grand Village
la Grande Plage
Côte Sauvage Plage
Charente
Sèvre Niortaise
Canal de Marans à la Rochelle
N 11
N 237
E 601
E 602
A 837
D 137
D 939
D 733
D 728

Tour 7 Aquitanien

Für Genießer

„Leben wie Gott in Frankreich" lautet das Motto dieser Tour zwischen den Weingebieten Bordeauxs und den Pyrenäen.

GIRONDE Rund um den Mündungstrichter der Gironde, der von den Flüssen Garonne und Dordogne gespeist wird, gedeihen dank des kalkhaltigen Bodens die wohl weltbesten Weine. Die interessanten und bildhübschen Weingüter des Médoc laden rechts und links der Straßen zum Besuch und zum Verkosten, natürlich nach der Tour.

BORDEAUX Die Hauptstadt der Region Nouvelle-Aquitaine ist unbedingt einen Besuch wert. Die historische Altstadt innerhalb der Stadtmauern ist nicht umsonst UNESCO-Welterbe. Hier, zwischen Place du Grand Théâtre und Place de la Victoire, liegt auch die interessante Fußgängerzone Rue Sainte-Catherine. Besonders beeindruckend sind die alten Häuserzeilen entlang der Garonne.

D 218 Die Straße windet sich durch die unendlichen Kiefernwälder der fran-

Die Strände Aquitaniens sind scheinbar endlos.

zösischen Atlantikküste. Sie beginnt im quirligen und interessanten Hafen- und Badeort Arcachon und führt am riesigen See Étang de Biscarrosse vorbei, in dem sich herrlich baden lässt. Hier lohnt sich sich auch ein Besuch im kurzweiligen Wasserflugzeugmuseum von Biscarrosse.

DUNE DU PILAT Die Dune du Pilat befindet sich südlich von Arcachon direkt an der Atlantikküste und ist mit 110 Metern Höhe die größte Wanderdüne Europas. Der Blick von der riesigen Sandfläche auf das Meer und die Wälder ist extrem eindrucksvoll.

FORÊT DES LANDES Die weite Fläche des aquitanischen Beckens war bis zum 18. Jahrhundert undurchdringlicher Sumpf. Durch eine intensive Aufforstung entstand danach der größte zusammenhängende Wald Frankreichs: der Forêt des Landes. Jahrzehntelang lebte man von Land- und Forstwirtschaft, Harzgewinnung und Schafzucht. Die Fahrt durch die unendlichen Kiefernwälder offeriert unzählige Überraschungen. Zur Pause und ins Café lädt die nette „Stadt der drei Flüsse“: Mont-de-Marsan.

Das opulente Weingut Château Pichon Longueville bei Pauillac liefert jährlich 420 000 Flaschen.

BIARRITZ Das beliebte und mondäne See- und Heilbad im Süden der französischen Atlantikküste überzeugt mit fantastischen Stränden, tollen Bauten und einem herrlichen, sommerlichen Flair. Von hier aus lassen sich auch fantastische Motorradtouren in die Pyrenäen starten, die man von hier aus schon sehen kann: Gleich im Süden des ehemaligen Walfängerhafens ragen die ersten Gipfel in den Himmel. ◂

Die Küste ist extrem abwechslungsreich

TOUREN-STECKBRIEF

STARTORT
Bordeaux (44.837450, -0.579000)

ZIELORT
Biarritz (43.481815, -1.559296)

STRECKENLÄNGE
ca. 550 km

DAUER DER TOUR
2 Tage

ROADBOOK
Bordeaux, Blaye, Soulay, Carcans, Arcachons, Biscarrosse, Mimizan, Roquefort, Mont-de-Marsan, Vieux-Boucau-les-Bains, Bayonne, Biarritz

ÜBERNACHTUNG
ROC Hôtel
200-202 Boulevard de la Plage
F-33120 Arcachon
Sehr freundliches Haus mit gemütlichem Garten, nettem Frühstück und klasse Service. Strand, Restaurants, Bars und Zentrum sind in unmittelbarer Nähe und zu Fuß schnell erreichbar.
www.roc-hotel.fr
(44.662583, -1.164560)

Biarritz ist ein mondäner Badeort mit Flair.

Phare de Cordouan
Pointe de Grave
Phare de Grave
Port Bloc
Phare St-Nicolas
Le Verdon-sur-Mer
Port du Verdon
Plage Meschers-sur-Gironde
Meschers-sur-Gironde
Port Maran
Port de Verdon-sur-Mer
Plage le Verdon-sur-Mer
Plage Talmont-sur-Gironde
Talmont-sur-Gironde
Soulac-sur-Mer
Plage de Soulac-sur-Mer
Aérodrome de Soulac-sur-Mer
Talais
Grayan-et-l'Hôpital
Dunes de Lahian
St-Vivien-de-Médoc
Château la Grande Canau
Phare de Richard
Dignac
Valeyrac
Vensac
Moulin de Vensac
Aérodr. de Vendays-Montalivet
Montalivet-les-Bains
Plage de Montalivet-les-Bains
Vendays-Montalivet
Queyrac
Bégadan
Couquèques
St-Christoly-Médoc
Dunes du Mourey
Gaillan-en-Médoc
Prignac-en-Médoc
Civrac-en-Médoc
Lesparre-Médoc
Tour de la Ville
Ordonnac
Queyzans
St-Yzans-de-Médoc
Château Loudenne
St-Seurin-de-Cadourne
St-Germain-d'Esteuil
Théâtre Gallo-Romain
Beyzac Chât.
St-Corbian
St-Estèphe
St-Isidore
Naujac-sur-Mer
Dunes de la Saudine
Forêt Domaniale du Flamand
Forêt Domaniale d'Hourtin
Chât. Reysson
Vertheuil
Lugagnac
Cissac-Médoc
Chât. Lafite
Mouton Rothschild
Pauillac
Hourtin Plage
Contaut
Dunes des Grands Monts
Hourtin
Hourtin-Port
Étang d'Hourtin et Étang de Carcans
Lachanau
Phare d'Hourtin
St-Sauveur
Aérodrome de Lesparre St-Laurent-Médoc
St-Lambert
St-Julien-Beychevelle
Domaine de Lagunan
Forêt Domaniale les Landes de Picard-de-St-Laurent-et-Benont
St-Laurent-Médoc
Bombannes
Carcans
Base Départementale de Sports et Loisirs
Carcans-Plage
Port Miniature de Maubuisson
Maubuisson
Domaine de Pipeyrous
les Landes du Bernada
Listrac-Médoc
Moulis-en-Médoc
Réserve Naturelle de l'Étang de Cousseau
Brach
Castelnau-de-Médoc
Margaux
Cantenac
Lacanau-Océan
Plage de Lacanau-Océan
Lacanau
Étang de Lacanau
Forêt Domaniale de Lacanau
Ludon-Médoc
Le Pian-Médoc
Parempuyre
Ste-Hélène
Salaunes
St-Aubin-de-Médoc
Le Taillan-Médoc
Blanquefort
Forêt Communale du Bétout
Saumos
Le Temple
Le Porge
Forêt Com. du Porge
Camp de Souge
Martignas-sur-Jalle
St-Médard-en-Jalles
Eysines
Bruges
Le Bouscat
Le Haillan
Mérignac
Bordeaux
Cenon
Lormont
Floirac
Pessac
Talence
Bègles
Gradignan
Villenave-d'Ornon
Cestas
Canéjan
Léognan
Dom. de la Saussouze
Dunes de Lescourasse
Forêt Domaniale de Lege et Garonne
Centre d'Information
C.A.E.P.E. de St-Jean d'Illac
St-Jean-d'Illac
Aéroport de Bordeaux-Mérignac
Domaine de Calvin
Bois de Berganton
Bois de Lubec
Lège-Cap-Ferret
Réserve Naturelle des Prés Salés d'Arès Lège-Cap-Ferret
Arès
Aérodrome d'Andernos-les-Bains
Vest. Gallo-Romaine
Andernos-les-Bains
Le Port de Cassy
Blaye
Citadelle de Blaye
Bourg
St-André-de-Cubzac
Ambarès-et-Lagrave
Bassens
Carbon-Blanc
Gémozac
Pons
Mirambeau
St-Ciers-sur-Gironde
Étauliers
St-Savin
Saugon
Cartelègue
POITOU-CHARENTES
AQUITAINE
la Gironde
la Garonne
la Dordogne
Chenal de Grande Navigation
Médoc
Golfe de Gascogne

Côte d'Argent
Gascogne
Forêt Dom. de Mimizan
Forêt Dom. de Lit-et-Mixe
Annexe du C.E.L. de Captieux
Pays Basque
Mt. Achuléguy
BAYONNE
BIARRITZ
ANGLET
TARNOS
Boucau
Capbreton
Soorts-Hossegor
Seignosse
Ondres
St-Vincent-de-Tyrosse
St-Martin-de-Seignanx
Soustons
Vieux-Boucau-les-Bains
Messanges
Moliets-et-Maa
Léon
St-Girons-en-Marensin
Lit-et-Mixe
St-Julien-en-Born
Mézos
Magescq
ST-PAUL-LÈS-DAX
Peyrehorade
Hasparren
Ustaritz
Cambo-les-Bains
Mouguerre
Urt
Bidart
Guéthary
Arbonne
Ascain
Sare
Roquefort
Langoiran
Cadillac
Podensac
Preignac
Landiras
Villandraut
Bazas
Captieux
A63
A64
A65
A641
A62

Tour 8 Côte Basque

Bei den Basken

Auf verträumten Küstenstraßen und knackigen Gebirgsetappen geht es durch den westlichen Teil der französischen Pyrenäen.

Blick auf Biarritz, eins der bekanntesten Seebäder der Welt.

Bis Mitte des 19. Jahrhunderts war es ein Fischerdorf. Dann kam Napoléon III. und mit ihm der französische und europäische Adel. Seitdem ist **BIARRITZ** eines der bekanntesten Seebäder der Welt. Und eines der schönsten dazu. Deshalb steht vor dem Start zur Tour ein Bummel durch die Stadt mit ihren herrlichen Villen aus der Belle Époque auf dem Programm. An feinsandigen Stränden entlang geht es später aus Biarritz hinaus südwärts nach Saint-Jean-de-Luz. In dessen Hafen und Altstadt gehört die Baskenmütze ebenso zum Alltag wie die typisch baskische Architektur entlang der Strandpromenade. Auch hier wieder der Tipp: Motor aus, Helm ab, eine Runde zu Fuß.

Das Ortsschild von Urrugne fliegt vorbei, dann geht es in Sachen Motorradspaß ans Eingemachte. Kurvenreich, schmal und wenig befahren schlängelt sich die Bergstraße in die westlichen Ausläufer der Pyrenäen hinein. Im malerischen Ort **ASCAIN** sammeln sich rund um den Fronton, den zentralen Pelota-Platz, die Cafés und Kneipen. Und die Baskenmützenträger. Nirgendwo zeigt es sich besser, wie die Basken das Leben verstehen.

Das ehemalige Schmugglerdorf **SARE** bildet den Auftakt zur motorradgerechten Besteigung des Col de Saint-Ignace. Nur 169 Meter hoch, aber mit allen Wassern gewaschen. Griffiger Belag, Fahrspaß pur. Vom Sattel führt eine hölzerne Zahnradbahn hinauf zum 900 Meter hohen Rhune, einem für die Basken symbolträchtigen Berg.

Anschließend zirkelt die Route über das hübsche **CAMBO-LES-BAINS** Richtung Norden und folgt anschließend dem Lauf des Adour nach **PEYREHORADE**. Beherrscht wird dieses gemütliche 3500-Einwohner-Städtchen von seinem aus dem 16. Jahrhundert stammenden **CHÂTEAU DE MONTRÉAL**.

Weiter entlang des Flusses Adour. Guter Belag, sanfte Kurven, viel Landschaft. **SAUBUSSE** taucht auf. Der alte Handelshafen mit seiner Steinbrücke entwickelte sich im Laufe der Jahrhunderte zum modernen Thermalbad. Einige Geraden folgen, oft von überraschend auftauchenden Kurven unterbrochen, dann schmecken wir in **VIEUX-BOUCAU-LES-BAINS** wieder die salzige Luft des Atlantiks. Ein 30 Kilometer langer Sandstrand, ein lauschiger Badesee, ein historischer Kern – dass der Ort bei Badegästen so beliebt ist, liegt auf der Hand. Unterbrochen von Abstechern ans Meer, geht es nun hauptsächlich durch die typischen Kiefernwälder der französischen Atlantikküste.

Der Badeort **CAPBRETON** wartet mit seiner hölzernen Seebrücke auf, die alte Stadt **BAYONNE** mit ihrer herrlichen Kathedrale Notre Dame. Und einem zentralen Platz mit Cafés, Kneipen und Baskenmützen. Der richtige Ort für einen Abschluss-Kaffee vor der Rückfahrt nach Biarritz. ◂

Vieux-Boucau-les-Bains am 130 Kilometer langen Sandstrand der südlichen Aquitaine.

Auch dichte Pinienwälder prägen diese Region.

TOUREN-STECKBRIEF

BASISORT
Biarritz (43.481815, -1.559296)

STRECKENLÄNGE
ca. 218 km

DAUER DER TOUR
1 Tag

ROADBOOK
Biarritz,Saint-Jean-de-Luz, Urrugne, Berroueta, Ascain, Sare, Cherchebruit, Dancharia, Cambo-les-Bains, Urcuray, Mougerre, Urt, Saubusse, Lissalde, Hastinggues, Peyrehorade, Saubusse, Soustons, Vieux-Boucau-les-Bains, Seignosse, Capbreton, Tarnos, Bayonne, Biarritz

ÜBERNACHTUNG
Relais Fast Hôtel
1350 Avenue de Bayonne
F-64210 Bidart
Günstig gelegenes Hotel mit 40 Zimmern in der Nähe der A63 (Ausfahrt 4). Perfekt für einen Zwischenstopp. Etwa 5 Minuten südlich von Biarritz. Kleine komfortable Zimmer, gutes regionales Essen. Personal gibt gerne Tipps zu Sehenswürdigkeiten der Umgebung.
www.fasthotel.com
(43.449999, -1.561888)

Am Col de Saint-Ignace startet die Zahnradbahn auf den Berg La Rhune.

Moliets-Plage
Moliets-et-Maa
Messanges-Plage
Messanges
la Grande Plage
Arènes Vieux-Boucau
Vieux-Boucau-les-Bains
Étang de Soustons
Soustons
Magescq
Azur
Plage des Casernes
Plage du Penon
Atlantic Park
Seignosse
Plage des Estagnots
Lac d'Hossegor
Hossegor
Soorts-Hossegor
Port de Capbreton
Phare Capbreton
Capbreton
St-Vincent-de-Tyrosse
St-Geours-de-Maremne
N.-D. de Fatima
ST-PAUL-LÈS-DAX
Église St-Paul-lès-Dax
Musée de Borda
Fontaine Chaude
DAX
Cathédrale Notre-Dame
Anc. Gallo-Rom
Chapelle des Miracles
Aérodrome de Dax-Seyresse
Bains de Saubusse
Saubusse
Tercis-les-Bains
Moulin de Bénesse
Bénesse-Maremne
Plage de Labenne
Labenne-Océan
Aquatic Landes
Parc Animalier
Labenne
la Pinède des Singes
Ondres-Plage
Ondres
Château de Larroque
Aérodrome de Tarnos
TARNOS
Adour
Castillon
Boucau
Musée de Bonnat
Citadelle de Bayonne
ANGLET
BAYONNE
Biarritz
Musée Basque
Aéro. de Biarritz-Bayonne-Anglet
St-Martin-de-Seignanx
Château de St-Martin
Château de Lannes
St-Barthélemy
Chât. de Camiade
Parc de la Maison Mayou
Château le Miey
Château de Montpellier
Peyrehorade
Hastingues
Château d'Aspremont
Château de Montréal
Orthevielle
Port-de-Lanne
Anc. Abbaye d'Arthous
Domaine du Lac
Guiche
Urt
Urcuit
Anc. Abbaye des Prémontrés
Croix de Mouguerre
Mouguerre
Briscous
Bidache
Château de Gramont
Chapelle d'Ordios
Labastide-Villefranche
Villefranque
Ustaritz
Chapelle St-Sauveur
Hasparren
Monastère des Bénédictis
Château de Belzunce
Musée Delmeure d'Edmond Rostand
Cambo-les-Bains
Base de Loisirs
Espelette
Pont d'Amotz
Ainhoa
St-Pée-sur-Nivelle
Larressore
Itxassou
Louhossoa
Grottes d'Isturits et d'Oxocelhaya
Mendionde
Hélette
Site Archéologique d'Elhigna
Parc Animalier
Pont Noblia
Mt. Atchuléguy
Pont de Quinquil
St-Palais
Orthez
Cagnotte
Pouillon
St-Lon-les-Mines
Bélus
A63
A64
A641
Pays Basque

Tour 9

Entlang der Dordogne

Wasserwanderung

Die spannende Tour entlang der wild sprudelnden Dordogne macht jede Menge Spaß. Abwechslungsreich geht es durch enge, verwinkelte Bergtäler und bald darauf über kurvenreiche, schnelle Landstraßen. Rechts und links liegen urige Dörfer, in denen die Zeit stillzustehen scheint. Hier lässt sich fantastisch touren und das schöne Frankreich so richtig genießen.

Historische Bürger- und Fischerhäuser in Argentat.

Kiki und ich sitzen irgendwo an einem der Hänge der kegelförmigen Berge südwestlich von Clermond-Ferrand und genießen die Aussicht. Wir sind auf der Suche. Auf der Suche nach der Quelle der Dordogne. Die soll sich in der Nähe des Puy de Sancy befinden. So eine richtige Quelle ist es allerdings gar nicht. Die beiden sprudelnden Bergbächlein Dore und Dogne bilden gemeinsam den Ursprung der Dordogne, eines der beliebtesten Wassersport- und Wasserwander-Reviere Frankreichs.

Würden wir es jetzt ganz genau nehmen mit unserer Suche, müssten wir die Motorradstiefel gegen Wanderschuhe tauschen und uns zu Fuß auf die Socken machen – hinauf auf die Spitze und die steilen Hänge des Puys de Sancy. Wandern? Nicht wirklich! Wir wollen Moppedfahren.

Entlang der Dordogne

Noch ein letzter Schluck aus der Wasserflasche, dann stürzen wir uns mit der BMW entlang der Berghänge wieder hinab. Es geht Richtung Westen, grob dem Lauf der Dordogne folgend. Wir durchqueren la Tour d'Auvergne, das ländliche Idyll. Zwischen den Häusern aus grauem Stein sind nur wenige Menschen unterwegs. Alte Mütterchen mit riesigen Einkaufstaschen, die gerade die Zutaten für das Mittagessen vom Markt holen und drei oder vier ältere Herren, mit viel Muße unterwegs zum täglichen Schwatz auf dem Dorfplatz. Ruckzuck verschwindet das Dorf im Rückspiegel und über schmalen Asphalt pendeln wir hinunter in die Gorges d'Avèze, wo die Dordogne sich noch wild sprudelnd und plätschernd als echter Wild- und Bergbach darstellt.

Gleich hinter Singles, nicht mehr als ein steinernes Weiler, mutiert die Dordogne vom glucksenden Gewässer zum ruhigen See. Ab hier beginnt die lange Kette von Stauseen. Vorbei mit dem rauschenden Weißwasser. Ab sofort gibt es dafür noch mehr Stille und Beschaulichkeit. Bei Monestier-Port-Dieu lasse ich die GS am Ufer ausrollen und stelle kurz den Motor ab. Das leise Ticken des abkühlenden Motors wird nur von kräftigem Vogelgezwitscher übertönt.

Argentat liegt direkt am Ufer der Dordogne.

Aussichtspunkt oberhalb des Stausees Barrage d'Argentat.

In Bort-les-Orgues ist erst mal Schluss mit der Einsamkeit. Geschäftiges Treiben auf den Straßen, bunte Schaufenster für fast jeden Bedarf, einladende Straßencafés. Als Zugabe, nur eine Handvoll Kilometer entfernt, liegt das mächtige Château de Val. Einst beherrschte das wehrhafte Schloss von einem hohen Felsvorsprung herab das Tal der Dordogne.

Mit dem Fluten des Stausees Barrage de Bort-les-Orgues wandelte sich das Gemäuer zum Wasserschloss, nur wenige Meter von den schwappenden Wellen entfernt. Wer mag, lässt sich im Château durch festliche Säle und getäfelte Räume führen oder besucht die Ausstellungen und Konzerte innerhalb der dicken Mauern. Als Kontrastprogramm stechen gleich nebenan die Ausflugsboote in See.

Entlang der schmalen Sträßchen der Auvergne folgen wir weiter der Dordogne und rollen bald durch la Roche-Canillac. Der kleine Ort liegt zweigeteilt tief versteckt irgendwo in den Wäldern westlich des Flusses. Wie im Mittelalter fühlen wir uns oben in La Roche Haute, dem oberen Teil des Dorfes. Rund um den kleinen, obligatorischen Marktplatz mit seiner mächtigen Linde als Mittelpunkt, dominiert grauer Stein in allen Schattierungen.

Steinerne Dächer

Die befestigte Kirche mit ihren wehrhaften Mauern und dem rustikalen Portal steht gleich gegenüber dem steinernen Dorfbrunnen. Die niedrigen Häuser ducken sich unter dem schweren Dach aus Steinplatten, umgeben von ebenfalls steinernen, mit dich-

Im historischen Zentrum von La Roche Canillac.

tem Moos bewachsenen mannshohen Mauern. Unten in la Roche Basse drängen sich die kleinen Häuser noch enger zusammen, bilden einen Schutzwall um den winzigen Dorfplatz, nur durchbrochen von engen, rumpeligen Gassen, gepflastert mit grobem Stein.

Argentat, wenige Minuten flussabwärts, überrascht uns als muntere, aber dennoch idyllische Kleinstadt. Die Gorges de la Dordogne führen uns geradewegs hinein und ich kurve gleich hinunter ans Dordogne-Ufer. Hier an den alten Kais, wo früher die Boote der Fischer lagen, stehen noch deren alte, bildschöne Fachwerkhäuser. Urige Gasthäuser und gemütliche Restaurants locken mit ihren Terrassen, leckeren Speisen und erfrischenden Getränken.

Auch gegenüber, auf der anderen Seite der Dordogne, hat sich die alte Bausubstanz bis heute gehalten. Und so fällt der Blick, den man hier abends bei einem guten Glas Wein oder einem leckeren Essen umherschweifen lässt, auf uraltes Gemäuer, hölzerne Giebel und Erker und steinerne Architektur.

Sympathisches Fleckchen

Ein paar Kilometer haben wir heute noch vor uns. In Argentat halten wir uns an die Schilder in Richtung Beaulieu-sur-Dordogne, folgen der D 12 und setzen etwa auf halber Strecke zwischen den beiden Orten

TIPP DES AUTORS

Bergerac In der sympathischen Stadt gleich an den Ufern der Dordogne endet diese Tour. Sie ist die zweitgrößte im gleichnamigen Département Dordogne und ein Besuch lohnt sich. Es gibt einige nette Gässchen, einladende Cafés und ein interessantes Tabakmuseum. Sehr zu empfehlen sind übrigens die regionalen Weine, die sich nicht nur in den Bars des Städtchens probieren lassen. Man kann sie auch in dem einen oder anderen Laden kaufen – unsere Empfehlung.

Überall in Bergerac finden sich Statuen des berühmten Cyrano de Bergerac, des Dichters mit der großen Nase. Außer der Namensgleichheit hatte Cyrano allerdings gar nichts mit Bergerac zu tun. Der große Aufklärer und Erfinder des Science-Fiction-Romans war wohl selber nie hier Er gab sich den Namenszusatz im Zusammenhang mit seinem gleichnamigen Gut in der Nähe von Paris. Wie auch immer, für das Städtchen Bergerac hat sich die Namensähnlichkeit gelohnt.

GPS 44.848056, 0.483403 (Dordogne-Brücke im Zentrum)

den Blinker. Hier liegt, gleich am Ufer der Dordogne, der Campingplatz Le Vaurette. Ein sympathisches Fleckchen, lässt sich hier doch gleich am Wasser das Zelt aufbauen. Da der Platz ziemlich außerhalb und ganz alleine, aber dafür umso schöner liegt, geht es hier auch sehr ruhig und beschaulich zu. Außer dem leisen Plätschern der Dordogne, den lockenden Rufen eines Käuzchens und dem leisen Rauschen des Windes in den Blättern der schattenspendenden Bäume dringt nichts in unsere Ohren.

Noch während am nächsten Morgen das Kaffeewasser in der Kanne brodelt, haben wir schon das Zelt verpackt. Kiki und mich drängt es, die Dordogne weiter zu erkunden. Ihr Lauf und ihr Aussehen ändern sich ab Argentat deutlich. Aus der schier endlosen Kette von Seen wird ab hier ein herrliches Kanurevier. Unschwer zu erkennen, schließlich gibt es hier in fast jedem größeren Ort und auch entlang des Flusses jede Menge Kanu- und Kajakverleiher.

Beliebtes Moppedrevier

Die Dordogne ist ein beliebter Wanderfluss, technisch nicht wirklich anspruchsvoll, dafür aber umso abwechslungsreicher. Uns zieht es weiter die Dordogne hinunter. Links glitzert das Wasser in der Sonne, rechts strahlen wilde Margeriten, Mohnblumen und knatschgelbe Sumpfdotterblumen um die Wette. Dösende Kühe liegen im hohen Gras, schauen uns eher gelangweilt hinterher. Sie sind Motorradfahrer gewöhnt, die D 12 ist beliebtes Moppedrevier.

Eines der schönsten Dörfer Frankreichs – ganz offiziell darf sich

Ruinen der Tours de Merle bei Saint-Geniez-o-Merle.

Manche Wege sind schmal an der Dordogne (oben). Rocamadour ist ein Wallfahrtsort mit viel Geschichte (unten).

Carennac mit diesem Titel schmücken. Kein Wunder, kaum ein französisches Dorf bietet solch ein malerisches Stadtbild. Ich steuere die BMW mitten hinein in die engen Gassen, unter ausladenden Balkonen und zwischen antiken Gemäuern hindurch. Windschiefe Wände, riesige steinerne Tore und der alte Innenhof der Abtei machen den mittelalterlichen Eindruck komplett.

Im Schatten des gewaltigen Kirchenportals setzen wir uns auf die Stufen, lassen alles auf uns wirken.

Carennac entlässt uns Richtung Nordwesten, immer entlang der Dordogne. Eingekeilt zwischen Wasser, Bergen, bröckeligen Steinmauern und uralten Häusern lassen wir das Dorf hinter uns. Hinter dem Cirque de Floirac, einem wilden Schwung des Dordognetals, kehren wir dem Fluss den Rücken und ich steuere hinauf in die Höhenzüge rund um Rocamadour.

Beliebter Wallfahrtsort

Was die Vulkangipfel der Auvergne einst für die Kelten war, das ist Rocamadour für die Christen: eine Stätte des Seelenheils und der Wunder. Nicht weniger als sieben Kirchen stehen in dem kleinen Ort, der sich an die steilen Abhänge oberhalb der Alzou-Schlucht schmiegt. Seit Hunderten von Jahren pilgern Wallfahrer hierher, erhoffen sich himmlische Gnade und Vergebung. Kein Wunder, hinter vorgehaltener Hand munkelt man von zahlreichen Wundern, die sich hier ereignet haben sollen, von Glocken, die plötzlich von selber schlagen und allerlei anderem Aberglauben.

Wie auch immer, Rocamadour bietet einen grandiosen Anblick und ist nicht nur für Wallfahrer ein lohnendes Ziel. Na ja, und nicht zuletzt gibt es ja auch noch den Rocamadour, den herzhaften, kleinen Ziegenkäse aus der Region. Den gibt es hier natürlich reichlich und einmal im Jahr wird ihm mit dem Käsefest in Rocamadour gehuldigt. Fürs Picknick verschwindet ein Exemplar in unseren Boxen, gleich neben dem knusprigen Baguette.

Über Payrac geht es wieder hinunter ins Tal. Wildes Gekurve entlang der D 673 eröffnet die Etappe. Wir teilen uns die Strecke mit einigen anderen Moppedfahrern. Hinunter an die Dordogne geht es dann sogar zweispurig über die N 20. Auch schön, macht mal wieder Spaß im fünften Gang ums Eck zu fegen. Unten im Tal begleiten wir wieder relaxt den Fluss, lassen uns den lauwarmen Fahrtwind

An kurvenreichen Nebenstrecken mangelt es hier nicht.

ins Gesicht wehen und rollen auf La Roque-Gageac zu. Eingezwängt zwischen Dordogne und steilen Felswänden, stehen dicht gedrängt die schmalen Häuser. Dazwischen enge Gassen, steile Treppen und urige Wege. Am Flussufer parke ich die GS in der langen Reihe abgestellter Moppeds.

Wichtiger Handelsplatz

Wir schlendern entlang der Fassaden, steigen die hohen Treppen hinauf, genießen den Blick über den Fluss, auf dem die Ausflugsboote unterwegs sind. Sie sind den alten Lastkähnen, den Gabarres, nachempfunden und bieten kleine Flusstouren mit großen Aussichten. La Roque-Gageac war einst ein wichtiger Handelsplatz

Highlight an der Dordogne: der Ort La Roque-Gageac.

für die Flussschifffahrt. Die Kähne mit ihren flachen Böden transportierten Unmengen Waren entlang des Flusses. Oben auf den Stiegen kommen wir ganz schön ins Schwitzen. Für Gänsehaut dagegen sorgt das Denkmal unterhalb der riesigen Felsen über uns. 1957 lösten sich hier gewaltige Felsbrocken, stürzten in die Tiefe und begruben einige Häuser bis hinunter ans Wasser unter sich. Der Blick nach oben beschleunigt unsere Schritte.

Mächtiges Schloss

Nur ein paar Kilometer weiter liegt Beynac-et-Cazenac. Im Wettbewerb der schönsten Dörfer an der Dordogne liegt es mit Sicherheit ganz vorne. Auch hier schmiegen sich die alten, steinernen Häuser dicht an die Felswand. Über ihnen, hoch oben auf den Felsen, wacht seit dem 12. Jahrhundert das mächtige Schloss über das enge Tal der Dordogne. Immer gerader wird die Straße. Je weiter wir nun nach Westen kommen, umso weniger werden die wilden Schwünge und Kurven der Dordogne.

Bergerac, die zweitgrößte Stadt des Département Dordogne, ist dann schließlich auch das Ziel und das Ende unserer Dordogne-Tour. Die Dordogne ist hier aber noch nicht zu Ende. Ziemlich träge und ungerührt wälzt sie sich von hier aus weiter, quer durch Aquitanien, trifft sich bei Bordeaux mit der Garonne und gemeinsam fließen die beiden als Gironde dann in den Atlantik. Aber der schönste Teil der Dordogne, der mit den vielen Kurven, den Bergen, den schönsten Dörfern Frankreichs und vielen Überraschungen mehr, der endet beim Cingle de Trémolat. ◂

INFOS ZUR TOUR

CHARAKTERISTIK

Kleine, kurvenreiche und sehr schöne Bergstraßen wechseln sich mit schnelleren Etappen auf gut ausgebauten Landstraßen mit nicht unbedingt weniger Kurven ab. Die verwinkelten Bergstrecken stellen zum Teil etwas höhere Ansprüche an die Erfahrung der Motorradreisenden. Vor allem im Frühjahr oder nach etwas heftigeren Regenfällen kann schon einiges an Sand, Steinen und Blattwerk auf den Asphalt gespült werden. Dann heißt es aufpassen!

PÄSSE DER TOUR

Gleich zu Beginn führt der 964 Meter hohe Col de la Ventouse hinter Clermont-Ferrand über die nordsüdlich verlaufende Vulkankette Chaîne de Puy. Einige weitere Bergübergänge haben durchaus Pass-Charakter, sind aber nicht als solche gekennzeichnet oder benannt.

ÜBERNACHTUNG

Camping Le Vaurette
Monceaux-sur-Dordogne, F-19400 Argentat
Freundlicher Campingplatz direkt an der Dordogne mit Pool, Bars, Laden und Kanuverleih, schöne Lage zwischen Argentat und Beaulieu.
www.vaurette.com
GPS 45.045929, 1.884332

Hotel Le Relais des Puys
Route de la Baraque 59
F-63870 Orcines
Sehr nettes, motorradaffines Hotel mit 36 Zimmern, Garagen und Werkstatt, dessen Wirt selber Motorrad fährt. Sehr zu empfehlen.
www.relaisdespuys.com
GPS 45.779801, 3.021720

Auberge des Platanes
Le Bourg, F-24250 La Roque-Gageac
Freundliches Hotel mitten im Ort am Flussufer mit Restaurant, gemütlicher Bar, Terrasse und engagiertem Team.
www.aubergedesplatanes.com
GPS 44.825493, 1.183226

KOMBINATIONSMÖGLICHKEITEN

Diese Tour lässt sich nicht direkt und lückenlos mit anderen Touren dieses Buches kombinieren, es finden sich aber im Umfeld zahlreiche Optionen zur Verlängerung, zum Beispiel südöstlich in Richtung Ardèche oder Cevennen. Nachzulesen in den Touren 15, 16 und 17.

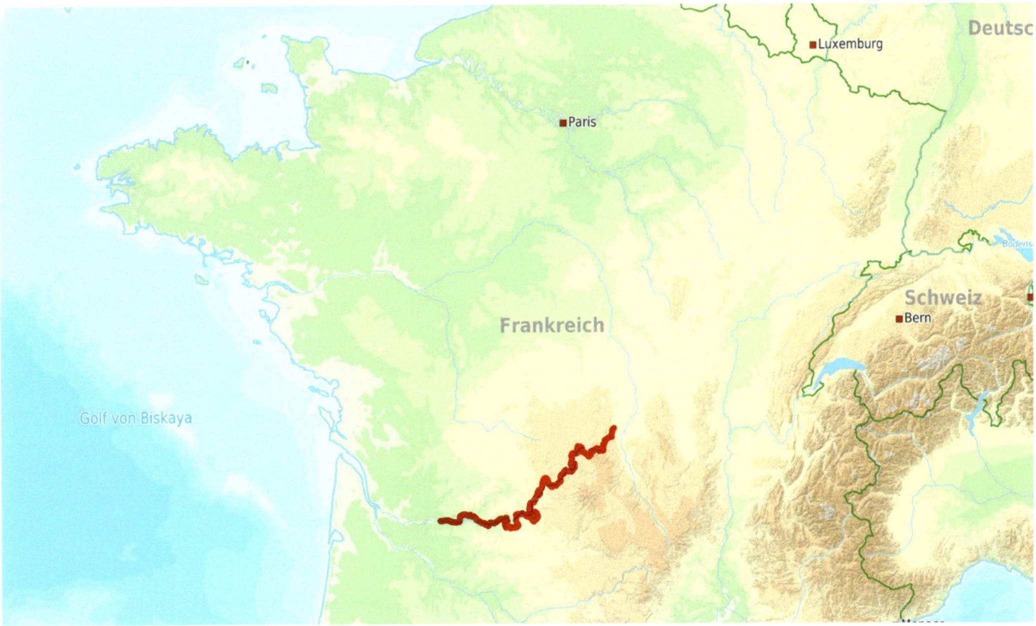

TOUREN-STECKBRIEF

STARTORT
Clermont-Ferrand (45.780621, 3.091063)

ZIELORT
Bergerac (44.848056, 0.483403)

STRECKENLÄNGE
ca. 490 km

DAUER DER TOUR
Zwei Tage, je 7 bis 8 Stunden

ROADBOOK
Clermond-Ferrand, Puy de Sancy, La Tour d'Auvergne, Gorges d'Avèze, Singles, Monestier-Port-Dieu, Bort-les-Orgues, Château de Val, Stausee Barrage de Bort-les-Orgues, La Roche-Canillac, Argentat, Beaulieu-sur-Dordogne, Carennac, Floirac, Cirque de Floirac, Rocamadour, Payrac, La Roque-Gageac, Beynac-et-Cazenac, Trémolat, Cingle de Trémolat, Bergerac

HIGHLIGHTS
Die kurvenreichen Bergstrecken rund um die Gorges d'Avèze sorgen für reichlich Fahrspaß und viele, viele Schräglagen (45.615226, 2.540941 Ortsmitte von Messeix).

Nicht weniger faszinierend ist der Streckenabschnitt nordwestlich von Mauriac, der pure Spaß für alle Kurvensüchtigen (45.287622, 2.279923 Dordogne-Brücke Pont de Saint-Projet).

CLERMONT-FERRAND
Riom
Aubusson
Ussel
Aurillac
Figeac
Meymac
St-Flour
Murat
Salers
Mauriac
Bort-les-Orgues
Égletons
Felletin
Royat
Puy de Dôme 1464
Vulcania
Cathédrale
Basilique N.-D.-du-Port
St-Léger
Chaîne des Puys
Notre-Dame
Château de Tournoël
Volvic
Châtelguyon
Méandre de Queuille
Pontgibaud
Orcival
Col de la Croix Morand (1401 m)
le Mont-Dore
Puy de Sancy 1885
La Bourboule
Lac Chambon
Murol
Lac Pavin
Super-Besse
Besse-et-St-Anastaise
St-Nectaire
St-Saturnin
Issoire
Ste-Austremoine
Puy d'Ysson 856
Puy de Montchal 1411
Monts Dore
Tauves
la Tour-d'Auvergne
Bagnols
Barrage de Bort
Château de Val
Orgues
Site de St-Nazaire
St-Julien-près-Bort
Parc Naturel Régional des Volcans d'Auvergne
Mont Chamaroux 1476
Cézallier
Le Luguet 1551
St-Pierre
Blesle
Massiac
Molompize
Allanche
Ségur-les-Villas
Condat
Marcenat
Riom-ès-Montagnes
Église
Trizac
Cheylade
la Bade
Dienne
Puy Mary 1787
Monts du Cantal
Super Lioran
Plomb du Cantal 1855
Puy Griou 1694
Vic-sur-Cère
Pas de Cère
St-Cirgues-de-Jordanne
Château de Sedaiges
Grande-Place
St-Martin-Valmeroux
Anglards-de-Salers
N.-D.-des-Miracles
Barrage de l'Aigle
Barrage du Chastang
Haute vallée de la Dordogne
Gorges de la Maronne
Barrage d'Enchanet
Tours de Merle
Argentat
Château de Castelnau
Bretenoux
St-Céré
Grotte de Presque
Château de Montal
Château
Lacapelle-Marival
Musée Champollion
Bagnac-sur-Célé
Maurs
Auvergne-Rhône-Alpes
Occitanie
Nouvelle Aquitaine
Barrage de St-Etienne-Cantalès
Château de Conros
Mur-de-Barrez
Barrage de Sarrans
Lac du Barrage de Sarrans
Gorges de la Truyère
Entraygues-sur-Truyère
Pont gothique
Vallée du Lot
Laguiole
Aubrac
Nasbinals
Chaudes-Aigues
Barrage de Grandval
Neussargues-Moissac
Cathédrale
Ferrières-St-Mary
Parc Naturel Régional de Millevaches en Limousin
Plateau de Millevaches
Centre international d'art et du paysage
Lac de Vassivière
Abbaye
Massif des Monédières
Suc au May 908
La Moyenne Corrèze
Gimel-les-Cascades
Marcillac-la-Croisille
Spontour
Confolent-Port-Dieu
Messeix
Chavanon
St-Sauves-d'Auvergne
Rochefort-Montagne
Gelles
Herment
Giat
Crocq
Bellegarde-en-Marche
Auzances
Mainsat
Ahun
Pontarion
St-Sulpice-les-Champs
Vallières
Royère-de-Vassivière
Bugeat
Sornac
Tarnac
Lacelle
Lestards
Barsanges
Lapleau
Neuvic
Soursac
Clergoux
Ally
Pleaux
St-Privat
Neuville
St-Chamant
Mercœur
Laroquebrou
Calviac
Sousceyrac
Latronquière
Cayrols
Sansac-de-Marmiesse
Lafeuillade-en-Vézie
Montsalvy
Calvinet
Raulhac
Pierrefort
Ste-Marie
Lacroix-Barrez
Huparlac
Cassuejouls
Ste-Geneviève-sur-Argence
Fournels
Malbouzon
Alleuze
Roffiac
les Ternes
Cézens
Ussel
Vodable
Champeix
Ardes
Valdeyrac
Égliseneuve-d'Entraigues
la Godivelle
Anzat-le-Luguet
Veyre
Randanne
St-Amant-Tallende
Massagettes
les 4 Routes
Aigueperse
Aubiat
Combronde
Manzat
les Ancizes-Comps
St-Gervais-d'Auvergne
Châteauneuf-les-Bains
Pontaumur
la Goutelle
Sauvagnat
Lastic
Bourg-Lastic
Eygurande
Merlines
Flayat
Magnat-l'Etrange
Clairavaux
Pontcharraud
St-Avit-de-Tardes
la Villeneuve
Lupersat
Dontreix
Montel-de-Gelat
la Courtine
Millevaches
St-Germain-Lavolps
St-Angel
la Serre
St-Hilaire-Foissac
St-Yrieix-le-Déjalat
St-Augustin
Corrèze
Eyrein
Champagnac
Saignes
Bassignac
Veillac
St-Amandin
St-Cernin
Jussac
Montvert
Lacapelle-Viescamp
St-Saury
le Rouget
Vezels-Roussy
Grand-Vabre
Port-d'Agrès
Prendeignes
Aynac
Assier
Livernon
le Bourg
St-Martin-la-Méanne
Bassignac-le-Haut
la Chapelle-St-Géraud
Forgès
Ste-Fortunade
Lac du Barrage de Sarrans
Viaduc de Garabit
Vielle

AW
WU77

Tour **10**

Pyrenäen

1001 Pässe

Pässe pur verspricht diese grandiose Tour vom Atlantik über die Gebirgskette der Pyrenäen bis zum Mittelmeer. Auf aussichtsreichen und kurvigen Straßen geht es bis weit über 2 000 Meter in die Höhe. Hier ist Fahrspaß ohne Ende angesagt – eine Tour, die garantiert lange im Gedächtnis blewibt.

In den Fels geschlagen ist die D 918 am Col d'Aubisque.

Biarritz ist der ideale Ausgangspunkt für eine Tour entlang der Pyrenäen, vom Atlantik zum Mittelmeer. Das einstmals unbedeutende Fischerdorf, mittlerweile zum mondänen Seebad mutiert, entlässt uns am Morgen in Richtung Südosten. Keine Viertelstunde später kommen die ersten zaghaften Kurven. Wir fliegen die D918 entlang auf Saint-Jean-Pied-de-Port zu, dem Startort für viele Pilger auf dem Jakobsweg. Für uns heißt es, dort rechts abbiegen auf die D18.

Wir folgen dem kleinen Flüsschen Laurhibar, dann geht es steil bergan zum Col d'Haltza, 782 Meter hoch. Hier geht es los mit den Kurven, mit

Im Flusstal des Laurhibar (oben) und der Pilgerort Saint-Jean-Pied-de-Port.

den richtigen, den Pyrenäenkurven, hinter deren Biegungen meist fantastische Panoramen liegen. Ab hier folgt ein Pass dem anderen. Col de Burdincurutcheta – welch ein Name, 1135 Meter hoch und mit spektakulären Aussichten in alle Richtungen.

Grenze nach Spanien

Tiefe, grüne Täler zwischen bewaldeten Bergen und steilen Hängen. Greifvögel drehen majestätisch und ohne Flügelschlag ihre Runden im Aufwind. Keine Stunde vom Trubel der Küste entfernt, erstaunt uns diese Ruhe und Idylle. Am Col Bargagui, zu Füßen des Pic des Escaliers, wird die Straße noch schmaler, die Serpentinen noch enger. Am Port de Lárrau passieren wir in 1573 Metern Höhe die Grenze nach Spanien. Zwei Beamte der Guardia Civil, der militärisch organisierten spanischen Polizei, stehen neben ihrem Auto mitten auf der Straße – und winken uns lässig weiter.

Nach einem kurzen Abstecher nach Ochagavia mit seiner etwas außerhalb liegenden Kirche Santuario de Muskilda schrauben wir uns über spannende Serpentinen wieder auf die französische Seite hinüber. Hier geht es weiter mit der Kurvenorgie. Das graue Band der Straße windet sich durch die Landschaft. Weiter geht es in Richtung Osten. Über den Col de Marie-Blanque und die fantastischen Pässe Col d'Aubisque und Col du Soulor erreichen wir Aucun. Zwar ist es von hier bis Argelès-Gazost nur ein Katzensprung, wir gönnen uns aber noch eine kleine, aber feine Zusatzrunde.

In Aucun biegen wir links ab. Über den Col de Couraduque kommen wir zum Col de Spandelles. Irgendwo dazwischen geht der Asphalt in Schotter über, der aber einfach fahrbar bleibt.

Unterwegs auf der Passstraße des Port d'Envalira.

Eines der vielen schmucken Bergdörfer im Département Hautes-Pyrénées.

Über einen Waldweg schrauben wir uns in die Höhe, rechts und links des Weges ragen hohe Nadelbäume in den Himmel, Nebelschwaden ziehen vor und hinter uns über den Weg. Wir sind absolut alleine. Ein paar Krähen stieben kreischend in die Luft, wir scheinen ungewohnter Besuch in knapp 1400 Metern Höhe zu sein. Bald haben wir wieder Asphalt unter den Reifen und schon geht es durch einige Serpentinen steil bergab. Im Tal des Flüsschens Ouzom halten wir uns wieder in südlicher Richtung, um über unzählige Kehren den Col du Soulor zu erreichen, eine fantastische Runde.

AUTOREN-TIPPS

PARC ANIMALIER DES PYRÉNÉES Auf der französischen Seite der Pyrenäen streifen noch einige wilde Braunbären durch die Wälder. Üblicherweise bekommt die aber kein Tourist zu Gesicht, was wahrscheinlich für Bär und Tourist gleichermaßen gut ist. Wer dennoch mal einen Blick auf die zotteligen Burschen werfen möchte, besucht den Parc Animalier des Pyrénées in Argelès-Gazost.

Im Tierpark der Pyrenäen in Argelès-Gazost gibt es gleich mehrere davon. In einem großen Freigehege liegen sie meistens entspannt herum, es sei denn es ist gerade Fütterungszeit. Dann geht die Post ab. Die Bären wissen, was das Publikum mag und geben sich ordentlich Mühe, turnen auf den Stämmen herum und zeigen, wie agil sie sein können, wenn sie wollen. Nicht weniger spannend ist die Murmeltierkolonie. Zwar sieht man die putzigen Kerlchen in den Pyrenäen öfter, aber genauso schnell sind die scheuen Tiere im Gebirge auch wieder weg. Im Tierpark lassen sie sich sogar von den Besuchern füttern. Das aber nur unter Aufsicht der Betreuer und nur mit tierparkeigenem Futter. Und auch dann sind die Erdhörnchen immer noch recht scheu und skeptisch.

www.parc-animalier-pyrenees.com

GPS 43.013762, -0.098403

Leckeres Essen

Schließlich erreichen wir dann doch Argelès-Gazost, das Zentrum der Region. Auf dem Marktplatz herrscht munteres Treiben, die Geschäfte lassen keinen Wunsch offen. Die Auswahl an Restaurants ist groß, das Essen schmeckt, auch wenn wir auf einen der leckeren regionalen Weine leider verzichten müssen. Quer durch die Schlucht Gorge de Luz rauschen wir später gut gestärkt gen Süden nach Luz-St. Sauveur und weiter entlang der Gorge de St. Sauveur nach Gèdre.

Hier muss man sich entscheiden: rechts abbiegen zur wohl bekanntesten Sehenswürdigkeit der Pyrenäen – dem Cirque de Gavarnie – oder links halten, zum weniger bekannten, aber dennoch großartigen Cirque de Troumouse. Kiki und ich fangen rechts an, fahren bis zum Ort Gavarnie und freuen uns mächtig, dass wir mit dem Motorrad unterwegs sind. Nicht nur, weil sich damit die Pyrenäen so schön erkunden lassen und die Kurven sowieso, sondern vor allem, weil wir damit an dem gewaltigen Stau vorbei fahren können, der sich vor Gavarnie bildet.

Polizei und Hilfskräfte bemühen sich verzweifelt, dem Chaos Herr zu werden. Immer mehr Autos strömen in den kleinen Ort auf der Suche nach Parkplätzen und immer chaotischer werden die Verhältnisse in der Ortsmitte. Lediglich eine Gruppe Motorräder parkt hier, der Rest muss weiter zum großen Parkplatz etwas außerhalb. Viele wollen das nicht und versuchen im Trubel zu wenden, ein heilloses Durcheinander. Mit einem Eis sitzen Kiki und ich auf einem Geländer, schauen uns das Spiel staunend an. Schon Kurt Tucholsky ging in seinem 1927 erschienenen „Pyrenäenbuch" mit diesem Trubel hart ins Gericht. „Der Cirque de Gavarnie ist nicht nur ein Gebirgskessel, sondern eine nationale Zwangsvorstellung", urteilte der Schriftsteller.

Talkessel von Gavarnie

Wir flüchten bald aus Gavarnie und gelangen durch das Vallée des Espécières in den westlichen Teil des grandiosen Talkessels von Gavarnie. Von hier können wir zwar nicht das ganze Tal überblicken, aber das was wir sehen ist schon sehr beeindruckend. In der fantastischen Hochgebirgslandschaft wechseln sich unter herrlich blauem Himmel grüne Grasflächen mit grauem, scharf gezacktem Granit ab. Über dem Felskamm, der hier

Ein landschaftlicher Leckerbissen ist die Auffahrt zum Col d'Aubisque.

Perfekte Kehren sorgen für Schräglagen (oben). Dies gilt grundsätzlich auch für den Col de Labays (unten).

eine natürliche Grenze nach Spanien bildet, stehen kleine weiße Wölkchen und in den schattigen Mulden liegen selbst im August noch einzelne kleine Schneefelder – ein Traum.

Wieder zurück in Gèdre werden wir doch neugierig und biegen zum Cirque de Troumouse ab. Die D 922 führt erst gerade durch ein Tal, dann, kurz hinter Héas, mutiert sie zu einer der schönsten Pyrenäenstrecken überhaupt. Kein Wunder, dass zu Beginn dieser außergewöhnlichen Strecke ein

Mauthäuschen steht. Die paar Cent zahlen wir gerne, dann geht es in einer wahren Flut von Kehren und Kurven steil bergauf. Die Asphaltpiste führt in abenteuerlichen Schwüngen durch das baumlose Land immer weiter den Berg hinauf, wir sind absolut begeistert. Nach sieben Kilometern ist dann auch diese Traumstrecke zu Ende.

Geniales Panorama

Oben auf dem Gipfel stehen wir dann dem Talkessel Cirque de Troumouse gegenüber. Vielleicht nicht ganz so gewaltig wie sein Bruder im Westen, aber doch mindestens genauso schön. Angesichts dieses genialen Panoramas packen wir auch gleich unser Picknick aus. Bis Luz-St. Sauveur düsen wir schließlich wieder zurück, lassen dort den herrlichen Tag ausklingen.

Neuer Tag, neues Glück, wir brechen in Richtung Mittelmeer auf. Bald passieren wir den mit 2 114 Metern höchsten Straßenpass der Pyrenäen: den Col du Tourmalet. Die fantastische Strecke gilt als einer der schwersten und berühmtesten Anstiege der Tour de France. Ob die Radfahrer bei ihrer gewaltigen Anstrengung Sinn und Muße für die außergewöhnliche Landschaft haben, bezweifeln wir stark, aber für uns bleibt genug Zeit, immer wieder anzuhalten und die Panoramen auf uns wirken zu lassen.

Auf der anderen Seite des Passes machen wir einen kurzen Abstecher nach Campan, das für seine überall im Dorf herumstehenden und sitzenden strohgefüllten Stoffpuppen, die Mounaques, bekannt ist. Diese gehen zurück auf einen alten Brauch. Waren Brautpaare früher bei ihrem Hochzeitsfest nicht spendabel genug, stellte man ihnen solch eine Puppe vor das Haus und schlug dort einen Monat lang Lärm.

Col d'Aspin und Col de Peyresourde sind weitere Stationen auf unserem Weg nach Osten. Beim Col de Peyresourde legen wir die nächste Pause ein und halten vor dem urigen Restaurant gleich am Pass, wo wir uns in die Sonne setzen. Hier gibt es unglaublich leckere Crêpes. Auch der Kaffee ist perfekt. Die ganze Mannschaft im Restaurant ist gut drauf und ausgesprochen multilingual. Deutsch, englisch, italienisch, alles kein Problem. Mit vollem Bauch verabschieden wir uns nach einer halben Stunde und stürzen uns ins Tal hinunter, Richtung Bagnères-de-Luchon.

Lebhafter Kurort

Der lebhafte Kurort Bagnères-de-Luchon ist im Sommer mit bis zu 30 000 Besuchern gut, fast zu gut, gefüllt. Wer mag, kann sich hier länger aufhalten, Boutiquen, Cafés, Bars, Kino, Diskotheken, Casino und jede Menge sportliche und sonstige Aktivitäten locken. Uns reizt das quirlige Leben nicht, also düsen wir zügig durch und rollen auf die spanische Grenze zu.

Steil geht es hoch zum Col du Portillon, wo auf 1 320 Metern Höhe die Grenze liegt. In wilden Serpentinen folgt dann gleich der Abstieg, der

Auf den Spuren der Tour de France.

Biarritz ist ein Seebad mit viel Flair.

mit einem tollen Ausblick auf das spanische Vall d'Aran glänzt. Über Vielha erreichen wir bald den 2 072 Meter hohen Port de la Bonaigua. Die Landschaft fliegt an uns vorbei, glitzerndes Wasser im Fluss neben der Straße begleitet uns und rechts und links türmen sich die fast 3 000 Meter hohen Gipfel.

Über das Vall Ferrera verlassen wir Spanien schließlich. Entlang einer Schotterstrecke passieren wir die Grenze nach Andorra. Wer auf losem Untergrund mit seinem Motorrad nicht sicher ist, dem sei die südliche Umfahrung über die N 260 und den Ort la Seu d'Urgell empfohlen. Über den Port de Cabús und damit über den staubigen Schotter ist es zwar schöner, aber stellenweise nicht ganz einfach.

Sonnenuntergänge am Atlantik sind Balsam für die Seele.

Andorras Hauptstadt

Schnell durchqueren wir Andorras Hauptstadt. Man muss Andorra la Vella nicht unbedingt gesehen haben. Es bietet nur Einkaufszentren, Shoppingmalls und viel Verkehr. Erst kurz vor der französischen Grenze sehen wir wieder grün, können uns über vereinzelte Dörfchen und Natur freuen. Über den Col de Puymorens gelangen wir weiter nach Osten, kreuzen durch die vielen Zweitausender der mächtigen katalanischen Pyrenäen. In Mont-Louis folgen wir dem Flüsschen Têt in Richtung Mittelmeer. Mit einer letzten Runde durch die östlichen Ausläufer der Pyrenäen erreichen wir bei Argelès-Plage schließlich die Côte Vermeille. Hier werden wir uns noch zwei, drei Tage Badeurlaub gönnen, als perfekten Ausklang einer perfekten Tour. ◂

INFOS ZUR TOUR

CHARAKTERISTIK

Hier gibt es nichts, was es nicht gibt. Geniale Passstraßen mit faszinierenden Panoramen, kleine Nebenstrecken mit kernigen Kehren und sogar zwei Abschnitte mit unbefestigtem Untergrund. Die lassen sich allerdings umfahren, sind aber auch locker mit jeder Straßenmaschine machbar. Insbesondere in den dicht bewaldeten Bergetappen muss man allerdings nach heftigen Regenfällen gut auf den Asphalt achten, hier drohen Steine und Laub. Ebenfalls fast überall präsent: Rennradfahrer. Bitte auch hier gut aufpassen.

PÄSSE DER TOUR

Eine wahre Pässe-Orgie – hier kommen die wichtigsten: Col d'Haltza (782 m), Col de Burdincurutcheta (1135 m), Col Bagargui (1327 m). Col d'Erroymendi (1362 m), Port de Larrau (1573 m). Portillo de Lazar (1236 m), Portillo de Eraice (1578 m), Col de Labays (1697 m), Col d'Ichère (680 m), Col de Marie-Blanque (1035 m), Col d'Aubisque (1709 m), Col du Soulor (1474 m), Col du Tourmalet (2 115 m), Col d'Aspin (1489 m), Col de Peyresourde (1569 m), Col du Port (1320 m), Port de la Bonaigua (2 072 m). Port de Cabus (2 300 m), Port d'Envalira (2 408 m), Col de Puymorens (1920 m), Col Fourtou (646 m).

ÜBERNACHTUNG

Camping Casal Canillo

Av. Sant Joan de Caselles, AD-100 Canillo / Andorra
Kleiner, aber netter Campingplatz mitten in Canillo, schnell zu Fuß im Städtchen, prima Lage für tolle Touren, sehr freundliches Team.
www.campingcasal.com
GPS 42.568453, 1.603702

Hotel Panoramic

Avenue Carnot 6, F-31110 Bagnères-de-Luchon
Ansprechendes 3-Sterne-Hotel mit 24 Zimmern im Kurort, sehr motorradfahrer-freundlich, leckeres Frühstücksbuffet, Trockenraum, deutschsprachige Leitung, Restaurant nebenan.
www.hotelpanoramic.fr
GPS 42.791542, 0.591177

KOMBINATIONSMÖGLICHKEITEN

Weitere spannende Pyrenäen-Ausflüge gibt es in den Touren 11 und 12, die sich beide als Verlängerung dieser Strecke bestens eignen.

TOUREN-STECKBRIEF

STARTORT

Biarritz (43.483266, -1.565549)

ZIELORT

Perpignan (42.700392, 2.896496)

STRECKENLÄNGE

ca. 1050 km

DAUER DER TOUR

Drei Tage, je 8 Stunden, es dürfen aber auch gerne 4 bis 5 Tage werden.

ROADBOOK

Biarritz, Saint-Jean-Pied-de-Port, Col d'Haltza, Col de Burdincurutcheta, Col Bargagui, Port de Larrau, Ochagavia, Col de Marie-Blanque, Col d'Aubisque, Col du Soulor, Aucun, Col de Couraduque, Col de Spandelles, Col du Soulor, Argelès-Gazost, Luz-Saint-Sauveur, Gèdre, Cirque de Gavarnie, Gèdre, Cirque de Troumouse, Gèdre, Luz-Saint-Sauveur, Col du Tourmalet, Campan, Col d'Aspin, Col de Peyresourde, Bagnères-de-Luchon, Col du Portillon, Vielha, Port de la Bonaigua, Vall Ferrera, Port de Cabús, Andorra la Vella, Col de Puymorens, Mont-Louis, Argelès-Plage, Côte Vermeille, Perpignan

TOUREN-STECKBRIEF

HIGHLIGHTS

Hier reihen sich die Highlights dicht aneinander, uns hat besonders gut das Vall d'Aran gefallen (42.702957, 0.793201, Vielha), die beiden grandiosen Täler Cirque de Gavarnie (42.714023, -0.050622) und Cirque de Troumouse (42.727944, 0.095471), die beschriebene Runde bei Aucun (42.973319, -0.193142, Abzweigung in Aucun), der Col du Tourmalet (42.914556, 0.186720) und natürlich die fantastische Strecke am Col d'Aubisque (42.976526, -0.339834).

Auch
Gimont
Bastide
Léguevin
Tournefeuille
Basilique St-Sernin
Quint-Fonsegrives
Vendine
Lanta
Cadis
Castelnau-Barbarens
la Salvetat-Saint-Gilles
Hippodrome de la Cépière
les Jacobins
Plaisance-du-T.
Fonsorbes
Labège
Caraman
Saramon
St-Lys
Cugnaux
Castanet-Tolosan
Labastide-Beauvoir
Seissan
Samatan
Bragayrac
Seysses
Toulouse-Sud
Baziège
Simorre
Lombez
St-Clar-de-Rivière
Canal du Midi
Vernet
Muret
Villefranche-de-Lauragais
Masseube
Rieumes
Ayguesvives
Molas
Bérat
St-Léon
Gardouch
Avignonet-Lauragais
l'Isle-en-Dodon
Garonne
Auterive
Port-Lauragais
Col de N
Manent-Montaine
Pouy-de-Touges
Noé
Nailloux
Volvestre
St-Sulpice-sur-Lèze
Cintegabelle
St-Michel-de-Lanès
Gratens
Fabas
Boulogne-sur-Gesse
le Fousseret
Carbonne
Lézat-sur-Lèze
Caujac
Fendeille
Blajan
Comminges
Rieux
St-Ybars
Mazères
Mayreville
Rebirechioulet
Montesquieu-Volvestre
Saverdun
Belpech
Montmaurin
Aurignac
Villa gallo-romaine
Cazères
le Fossat
Plaigne
Larroque
Latoue
Boussens
Daumazan-s.-Arize
la Bastide-de-Lordat
St-Martory
Ste-Croix-Volvestre
Voie du Piémont
Sabarat
Pamiers
Grotte du Mas-d'Azil
Pailhès
les Pujols
St-Gaudens
Montsaunes
Mane
le Mas-d'Azil
Place Général-Leclerc
Notre-Dame
Barbazan
Église
St-Lizier
Varilhes
Col des Ares (797)
Aspet
Prat
Montagne du Plantaurel
St-Jean-de-Verges
Laroque-d'Olmes
Lieurac
Sengouagnet
Arbas
St-Girons
Juzet-d'Izaut
Col de Portet d'Aspet (1069)
Massif de l'Arize
Château
Foix
Lavelanet
Mauléon-Barousse
St-Béat
Castillon-en-Couserans
Lacourt
Col des Caougnous (947)
Col de Port (1249)
Nalzen
Grotte de Bédeilhac
Argein
Bethmale
Saurat
Fos
Pic de la Calabasse 2210
Bonac
Oust
Massat
Parc pyrénéen de l'Art préhistorique
Château Montségur
Pic de Bacanera 2198
Seix
Montségur
Tarascon-s.-Ariège
Bagnères-de-Luchon
Pic de Mauberme 2880
FRANCE
ESPAÑA
Mt. Valier 2838
Couflens
Aulus-les-Bains
Ussat
Pic de Saint-Barthélemy 2348
Carrière de Talc de Trimouns
Les
Bossòst
Vicdessos
Grotte de Niaux
les Cabanes
Unac
Vallée de la Pique
Montgarri
Pic Rouge de Bassiès 2676
Gesties
Ax-les-Thermes
Hospice de France
Est.Baqueira-Beret
Tuc de Certascan 2853
Vielha
Arties
Vaquèira
Tredòs
Puerto de la Bonaigua 2074
Pic de Ventolau 2843
Pica-d'Estats 3145
2602
Tute de l'Ours 2305
Baños de Benasque
Montardo 2833
Sorpe
Pic du Port 2903
el Serrat
Pico de Aneto 3408
Gran Tuc de Colomers 2932
Esterri d'Àneu
Lladorre
Est.Ordino-Arcalis
ANDORRA
Hospitalet
Malditos
Cornadelo 2420
Est.Espot Esquí
Arinsal
Canillo
Tunnel de Puymorens
Cerler 2409
Caldes de Boí
Pic de Peguera 2983
Parc Nacional d'Aigüestortes i Estany de Sant Maurici
Alins
la Maçana
Andorra la Vella
Port d'Envalira (2407)
peaje
péage
el Pas de la Casa
Bono
Vall de Boí
Gallinero 2728
Vilaller
Est.Boí-Taüll
Cabdella
Llavorsí
Sant Julià de Lòria
V.d.Madriu-Perafita-Claror
P. de Monturull 2761
2905 Puig Pedrós
Latour-de-Carol
Laspaúles
Llessui
la Torre de Cabdella
Rialp
Ars
Puigcerdà
el Pont de Suert
Sort
Est.Sant Joan de l'Erm
la Farga de Moles
Bescaran
Est.Lles
Turbón
Anserall
Castellbò
Aristot
Beranuy
Sarroca de Bellera
Pallerols del Cantó
la Seu d'Urgell
Martinet
Santa Maria de Obarra
Coll del Cantó (1710)
La Cerdanya
Pantà d'Escales
Senterada
Gerri de la Sal
Adrall
Serra de Cadí
Cadí 2567
Taüs
Cap de Pla Redon 1847
Parque Natural del Cadí-Moixeró
Pui de Lleràs 1692
Bagà
Serra de Gurp
Salàs de Pallars
la Pobla de Segur
Tuixén
Saldes
Pantà de Sant Antoni
Serra de Boumort
Sorribes
Talarn
Abella
Organyà
Alinyà
A64
A61
A66
N124
N125
N113
N-230
N-260
C-28
C-13
E09
E80
N20

Tour 11 Französische Pyrenäen

Pässe-Runde

Auf wenig befahrenen kleinen Straßen führt diese Runde über einsame Pässe und durch liebliche Täler der Pyrenäen.

SAINT-GIRONS Das idyllische Bergdorf Saint-Girons ist sehr schön am Flüsschen Salat gelegen und bietet nette Unterkünfte, einladende Bars und Restaurants.

COL DU PORTEL Bei dem Col du Portel handelt es sich um einen nur wenig bekannten Pass im Massif de l'Arize. Die Nordauffahrt beginnt in Rimont, einem schmucken Dörfchen, das sich hübsch auf einem Hügel oberhalb des Flusses Baup drapiert. Wer ein wenig Zeit hat, sollte dort zumindest einen Fotostopp an der ehemaligen Abtei von Combelongue einplanen. Vor dort führt eine kleine Straße entlang von Wäldern zunächst über den Col de Rille (938 Meter) und weiter auf den Col de la Crouzette (1241 Meter).

COL DE PORT Die Ostrampe präsentiert sich in ihrem oberen Teil sehr aussichtsreich und führt durch baum-

Auf dem Col de la Crouzette.

lose Weidefläche mit einigen hübschen Kehren. Im unteren Teil dagegen führen viele enge Kurven durch Wälder und kleine Orte des regionalen Naturparks Pyrénées Ariégeoises.

PORT DE LERS Von Vicdessos zieht sich die kleine Straße zunächst durch einen dichten Bergwald später über einige schöne Serpentinen zur Passhöhe. Tipp: Unbedingt eine Pause an der Gaststätte L'Etang de Lers am gleichnamigen See einlegen.

COL D'AGNES Kaum hat man das Gewässer im Rücken hinter sich gelassen, verwandelt sich die Straße in einen steil in die Höhe wirbelnden Kurvenrausch. Der Belag der Straße ist top, allerdings treiben sich viele Rinder auf der Straße herum.

COL DE MENTÉ Die Straße erklimmt, mit einem Top-Belag gesegnet, den sonnigen Südhang und man genießt während der Fahrt durchgehend herrliche Aussichten.

SAINT-BÉAT Das kleine Dorf, sehr idyllisch am Ufer der Garonne gelegen, lockt mit einem netten Ortskern und dem Château. Es gibt gleich mehrere Befestigungsanlagen: manche mehr, manche weniger ruinös.

SAINT-GAUDENS Kommt man mit viel Adrenalin von all den Pyrenäenkurven hinunter in das Tal der Garonne, bietet sich das schöne Städtchen Saint-Gaudens perfekt zum Relaxen an. Entweder setzt man sich im Zentrum in eines der netten Cafés oder man picknickt direkt am Ufer der Garonne. ◂

Ostrampe des Col de Menté.

Am Fluss Salat liegt auch der Ort Seix.

TOUREN-STECKBRIEF

BASISORT
Saint-Girons (42.986300, 1.14405)

STRECKENLÄNGE
ca. 307 km

DAUER DER TOUR
2 Tage

ROADBOOK
Saint-Girons, Rimont, Col de Rille, Col de la Crouzette, Col de Péguère, Col de Port, Bédeilhac-et-Aynat, Vicdessos, Port de Massat, Col de la Trape, Seix, Sentenac-d'Oust, Col de la Core, Col de Portel d'Aspet, Saint-Béat, Chaum, Fronsac, Aspet, Saint-Gaudens, Pointis-Inard, Mane, Saint-Girons

ÜBERNACHTUNG
L'ECHAPPEE BELLE
Raoubots par Lacourt
F-09200 Saint-Girons
Das Haus bietet sichere Abstellmöglichkeit für Motorrädern, Miniwerkstatt, Trockenraum, Roadbooks und einen selbst fahrenden Bikerwirten. Gute Küche mit landestypischen Spezialitäten und einheimischen Produkten wird außerdem geboten.
www.chambres-hotes-ariege-pyrenees.com
(42.923309, 1.171399)

Die alte Brücke über den Fluss Salat in Saint-Girons.

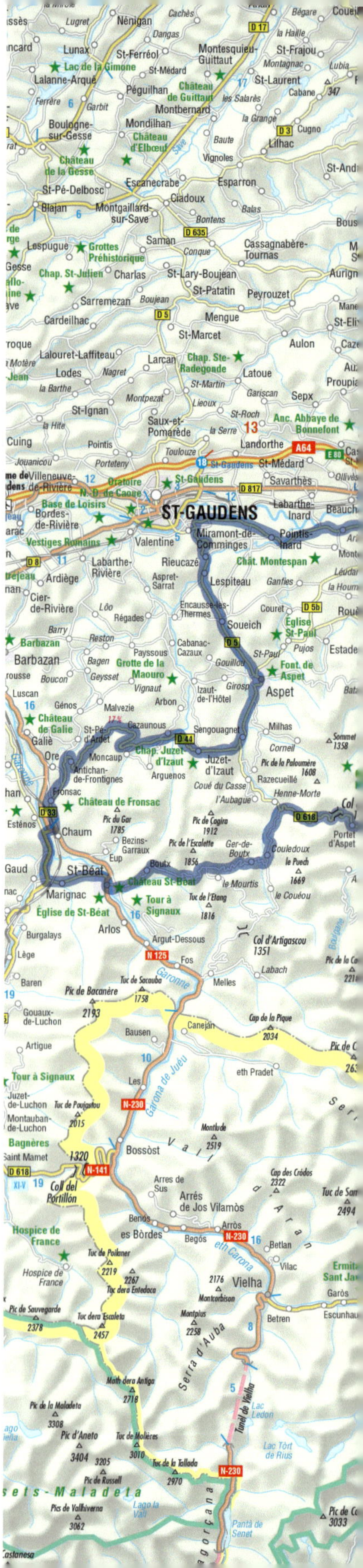

Carbonne
Rieux
Saverdun
Pamiers
St-Girons
Foix
Tarascon-sur-Ariège
Vicdessos
Massat
Seix
Oust
Aulus-les-Bains
Castillon-en-Couserans
Salies-du-Salat
Montesquieu-Volvestre
le Mas-d'Azil
la Bastide-de-Sérou
Col de Port 1250
Col de la Core 1395
Col de Rille 983
Col de la Crouzette 1241
Col de Péguère
Col de la Trape
Port de Massat
Port de la Bonaigua
Vallée de Bethmale
Massif de l'Arize
Plantaurel
FRANCE
ESPAÑA
ANDORRA
Reserva nacional de Alto Pallars-Arau
Pica d'Estats 3143
Esterri d'Àneu
Vaquèira
Tavascan
Àreu

Tour 12 Pyrenäen Ost

Rund um Carcassonne

Einsame Pässe, Schluchten und ein Besuch im Mittelalter bietet diese Runde durch die Ausläufer der östlichen Pyrenäen.

PRADES Rund um die Kirche Saint-Pierre besticht Prades mit einem bildschönen mittelalterlichen Ortskern.

VILLEFRANCHE-DE-CONFLENT Die vor knapp 1000 Jahren gegründete Gemeinde gehört zu den schönsten Dörfer Frankreichs. Mit der vollständig erhaltenen Stadtmauer aus dem 11. Jahrhundert, der nicht viel älteren Kirche, der urigen Altstadt und vor allem dem hoch über der Stadt liegenden Fort Libéria, das über 734 Stufen erreichbar ist, wurde Villefranche-de-Conflent außerdem in die UNESCO-Welterbeliste aufgenommen.

OLETTE UND COL DE CREU Ein guter Ausgangsort für die Fahrt hinauf auf den 1712 Meter hohen Pyrenäenpass Col de Creu ist die Gemeinde Olette. Für eine Besichtigung, vor allem des historischen Ortsteils Évol, der auch als „Balkon von Olette" be-

Rund um Carcassonne liegen fantastische Motorradstrecken.

zeichnet wird, sollte man sich ein wenig Zeit nehmen. Im Anschluss lässt sich dann die herrliche und meist nur recht wenig befahrene Kurvenstrecke so richtig genießen. Vor allem die Südwestrampe macht mächtig Spaß.

GORGES DE PIERRE-LYS Diese Tour führt mitten durch die wilde Schlucht Défilé de Pierre-Lys. Im kernigen Zickzack windet sich der Asphalt zwischen hohen Kalkfelsen hindurch, führt an rauschendem Wildwasser vorbei und lässt grüne Macchia vorbeifliegen: ein Fest für alle Sinne.

LIMOUX Die Altstadt ist aus dem 15. Jahrhundert, die Pont Neuf über die Aude aus dem Jahr 1327, der Place de la République mit seinen Arkaden, die Stadtmauern aus dem 14. Jahrhundert und vieles mehr – Limoux bietet ein historisches Stadtensemble.

CARCASSONNE Dies ist Europas größte Festungsstadt. Hier lässt sich locker ein ganzer Tag verbringen. Inmitten eines ebenen Weinbaugebietes gelegen, streckt sich die auf einem gewaltigen Felsmassiv thronende Stadt in den Himmel.

Carcasonne ist Europas größte Festungsstadt.

CHÂTEAU DE PEYREPERTUSE Die Ruinen der imposanten Befestigung bieten einen fantastischen Blick in die Region und beeindrucken enorm. Die letzten Meter muss man zwar zu Fuß gehen, aber es lohnt sich.

COL DE PALOMÈRE Der 1036 Meter hohe Pass bietet beste Ausblicke. Zudem ist die Straße im Normalfall äußerst wenig befahren. ◂

Pause am Passchild des Col de Palomère.

TOUREN-STECKBRIEF

BASISORT
Prades (42.61572, 2.418830)

STRECKENLÄNGE
ca. 336 km

DAUER DER TOUR
2 Tage

ROADBOOK
Prades, Villefranche-de-Conflent, Olette, Railleu, Col de la Quillane, Quillan, Limoux, Saint-Hilaire,Carcassonne, Monze, Saint-Martin-des-Puits, Auriac, Grau de Maury, Maury, Saint-Paul-de-Fenouillet, Ille-sur-Têt, Bouleternere, Col de Palomère, Prades

ÜBERNACHTUNG
Villa du Parc
49, route de Ria
F-66500 Prades
Tolles Haus für Motorradfahrer, es gibt prima Tipps. Man fühlt sich hier einfach wohl!
www.villa-du-parc.com
(42.614739, 2.413083)

Blick in die Tiefe vom Col de Creu.

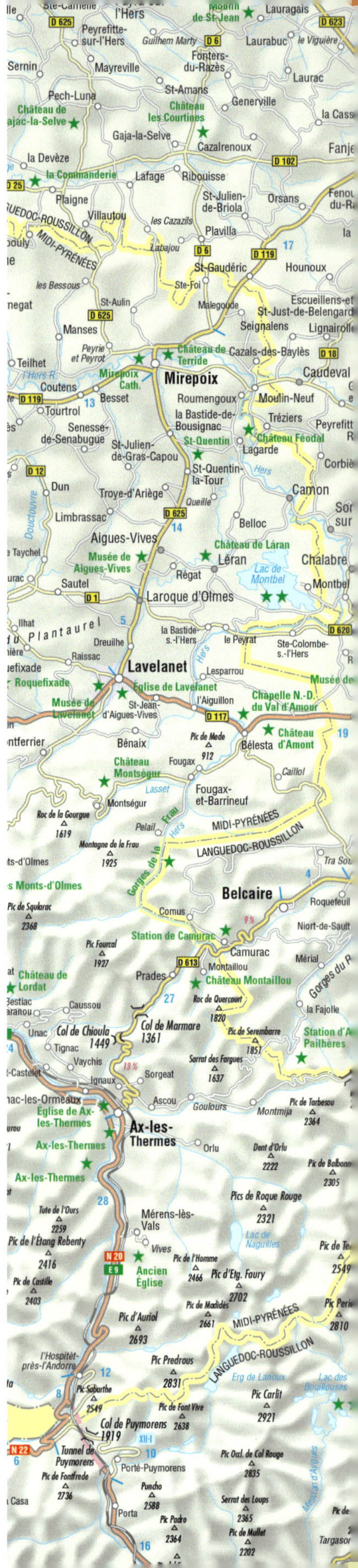

CARCASSONNE
Bram
Alzonne
Pezens
Pennautier
en-Minervois
Puichéric
LÉZIGNAN-CORBIÈRES
Trèbes
Capendu
Montréal
Arzens
Cazilhac
Palaja
Lavalette
Montirat
Montagne d'Alaric
Fabrezan
Ferrals-les-Corbières
Lagrasse
St-Laurent-de-la-Cabrerisse
LIMOUX
Pieusse
Alet-les-Bains
Couiza
Quillan
Axat
Rennes-les-Bains
Corbières
Mouthoumet
Termes
Tuchan
Maury
St-Paul-de-Fenouillet
Ille-sur-Têt
Vinça
PRADES
Olette
Mont-Louis
Bolquère
Céret
Forêt de Lapazeuil
Forêt de Salvanère
Forêt de Boucheville
Conflent
Capcir
Château de Quéribus
Château de Peyrepertuse
Gorges de Galamus
Abbaye de St-Martin-du-Canigou
Mont Canigou 2785

Tour 13

Entlang des Tarn

Ufer-Promenade

Eine Fahrt entlang des Tarn ist immer wieder ein Erlebnis. Entlang des weiß schäumenden Bergflusses geht es auf traumhaften Motorrad-Strecken durch eine fantastische Landschaft. Steile Berge und tiefe Täler, urige Dörfer und herrliche Panoramen wechseln sich ab und sorgen immer wieder für reichlich Abwechslung und prima Erlebnisse.

Kurven- und aussichtsreich sind die Uferstrecken des Tarn.

Uralte Brücken führen über den Tarn.

Wir brechen in Florac, dem rührigen Städtchen, auf. Unser Plan ist, den Tarn bis an sein Ende, der Mündung in die Garonne, zu begleiten. Dessen Quelle liegt gut 30 Kilometer nordöstlich von uns, ganz in der Nähe des Col de Finiels. Zwar ist die Strecke dorthin ein Traum, die letzten fünf Kilometer vom Pass bis zur Quelle lassen sich jedoch nur erwandern. Also sparen wir uns diese ersten 30 Fluss-Kilometer, starten gleich hier in Florac gen Westen und folgen den Schildern in Richtung der Gorges du Tarn.

Ein Meer in Rot gilt es dabei zu durchqueren. „Für jedes Mohnblümchen ein Euro, wir hätten ausgesorgt", meint Kiki. In der Tat, Abertausende Klatschmohnblätter strecken sich vor

Rhapsodie in Rot bei Ispagnac.

Ispagnac der Sonne entgegen. Hinter der Pont d'Ispagnac ändert sich das Bild. Immer höher werden die Felswände rechts der Straße, immer tiefer verschwindet das glitzernde Nass des Tarn links von uns in der Schlucht. Dorthin verschwindet auch die schmale, unscheinbare Sackgasse nach Castelbouc.

Antike Idylle

Das kleine Dörfchen besteht nur aus wenigen uralten Häusern, die sich an die grauen, mächtigen Felswände schmiegen. Darüber wachen die Überreste einer einst wehrhaften Burg, heute nur noch zahnlose Gemäuer. Im Kontrast zu dieser antiken Idylle leuchtet es am Tarnufer strahlend blau, gelb und rot. Meterhoch sind hier die Verleihkanus gestapelt. Klar, Castelbouc ist der ideale Ausgangspunkt für Erkundungsfahrten mit dem Paddel in der Hand durch die Schluchten des Tarn.

„Les Plus Beaux Villages de France" – die schönsten Dörfer Frankreichs – ist ein Zusammenschluss französischer Gemeinden, ein Zirkel mit strengen Richtlinien. Nur erlesene Dörfchen dürfen hier mitspielen, eines davon ist Sainte-Enimie. Mitten im Dorf stelle ich die BMW ab, und zu Fuß machen Kiki und ich uns auf, die engen Gassen, die urigen Bauwerke zu erkunden. Angenehm kühl ist es im Schatten zwischen den hohen Mauern. Es geht treppauf, treppab, um Eckchen und Winkel. Alte Mütterchen schluffen mit dem Korb unter dem Arm in die Boulangerie, in den Auslagen der Geschäfte gibt es köstliche Weine, bunte Stoffe und natürlich Ansichtskarten en masse.

Noch ein Eis zur Belohnung für den Fußmarsch, dann kehren wir Sainte-

Dorf mit Burgruine: Castelbouc.

Unzählige Tunnel säumen den Tarn.

Enimie den Rücken zu. Nur knappe acht Kilometer weiter kuschelt sich St. Chély-du-Tarn neben das Flussbett. Eine alte Bogenbrücke spannt sich als einzige Zufahrt über den Fluss, gleich dahinter ein schmaler, dunkler Tunnel. Ein wild schäumender und tosender Wasserfall stürzt aus einem Felsentunnel heraus in den Tarn, darunter planschen Kanuten im Wasser. Ich schmeiße den Anker, von der hoch gelegenen Straße genießen wir den tollen Blick aufs Dorf.

AUTOREN-TIPP

ROQUEFORT-SUR-SOULZON Das schöne Städtchen mit gerade mal 600 Einwohnern liegt mitten im regionalen Naturpark Grands Causses über dem Tal des Soulzon, einem Nebenfluss des Tarn. Nach ihm ist der grün-blau marmorierte Schimmelkäse Roquefort benennt, der bereits seit 1925 diese geschützte Herkunftsbezeichnung trägt. Echter Roquefort wird aus roher Schafsmilch der Lacaune-Schafe hergestellt und stammt ausschließlich aus den Gewölbekellern der von den ortsansässigen Bauern im Jahr 1842 gegründeten „Sociéte des Caves“, der Gemeinschaft der Roquefort-Käser.

Die Höhlen haben durch zahlreiche Felsspalten ein ganz spezielles Klima. Die Temperaturen liegen stets zwischen sieben und neun Grad. Dies in Verbindung mit der optimalen Luftfeuchtigkeit sorgt für perfekte Bedingungen. 17 Höhlen liegen rund um Roquefort-sur-Soulzon, die bis zu zwei Kilometer tief in den Fels reichen.

In der Touristeninformation in der Avenue de Lauras gibt es jede Menge Infos, im Ort selber liegen mehrere einladende Käseläden und einige der Käsereien lassen sich auch besichtigen. **GPS** 43.980925, 2.981805

Wechselndes Schauspiel

Am und im Fels geht es weiter. Eine Handvoll Tunnelbögen stehen Spalier, riesige Felsüberhänge wachsen drohend über die Straße hinaus. Die Straße bietet ein ständig wechselndes Schauspiel zwischen „Kein Problem für zwei Busse“ und „Wehe, es begegnet uns ein 2CV“. Auf Höhe des Château de la Caze ziehe ich sogar auf der 650 GS den Kopf ein. Übrigens, das prächtige Château aus dem 15. Jahrhundert ist ein fantastisches Hotel und ab 170 Euro darf man sein Haupt in der Suite betten. Pro Haupt und Nacht versteht sich, dafür geht‘s dann aber auch umsonst in den Pool.

Natürlich lassen wir uns den Point Sublime nicht entgehen, diesen fantastischen Aussichtspunkt in die

Schlucht hinein. Oberhalb von La Malène drehen wir eine Runde, kehren wieder in die Schlucht zurück. La Malène liegt am Grund einer der tiefsten Stellen der Tarnschlucht. Nicht zuletzt deshalb, glänzt es auch mit einer der schönsten Serpentinenstrecken am Tarn. „Parcours difficile ou dangereux" meint unsere französische Michelinkarte, was in etwa soviel bedeutet wie „Liebe Motorradfahrer, diese Straße ist ein Hit."

Häufiges Stehenbleiben

Ich nehme die Herausforderung an, steuere die BMW die steile Felswand empor. Natürlich müssen wir mindestens fünfmal stehen bleiben. Für's Panorama, für's Foto, für's Genießen, für's Picknick und für den holländischen Wohnwagenfahrer, der in einem Anfall von Selbstüberschätzung die Strecke gen Tal befährt, begleitet vom großen Duft der glühenden Bremsscheiben.

Oben am Rand der Gorges öffnet sich das Hochplateau des Causse Méjean. Die größte und höchstgelegene Hochebene des Französischen Zentralmassivs. Durchschnittlich 1000 Meter hoch, rund 350 Quadratkilometer groß und von gerade mal 500 ständigen Einwohnern bewohnt. Allein dieses Plateau wäre ein eigenes Ziel für einen langen Erholungsurlaub. Höhlen, unendlich lange Wanderwege, bizarre Felslandschaften, Dolmen, Monolithe und Menhire, einsame Kapellen und Ruinen locken auf das Grand Causse. Dichter Wald, aber auch riesige offene Landschaften wechseln sich ab.

Nicht ganz so spektakulär wie ihre Gegenstücke bei la Malène, aber

Spaßige Serpentinen bei La Malène.

Oberhalb des Tarn-Tals geht es bisweilen recht einsam zu.

immer noch ganz schön spannend, führen die Serpentinen bei les Vignes wieder von der Hochfläche hinunter an den Tarn. Dann schwenken wir erneut gen Westen. Diesmal geht es durch die beeindruckenden Schluchten Gorges du Tarn, in deren Verlauf sich der Bergfluss etwas beruhigt und später eher träge dahinfließt. Betupft ist er mit den bunten Punkten der Kanuwanderer, die es eher ruhiger mögen. Schläfrig führt die D 907 in weiten Schwüngen in Richtung Le Rozier.

Brücke der Superlative

Nicht nur die Natur, auch der Mensch hat am Tarn Gigantisches erschaffen. Als Lückenschluss der Europastraße 11 eröffnete der damalige französische Präsident Jacques Chirac im Dezember 2004 bei Millau die höchste und längste Schrägseilbrücke der Welt. Superlativen sind es, die das Bauwerk auszeichnen. 2 460 Meter Länge, 342 Meter Breite zwischen den Stützpfeilern, deren Höhe bis zu 245 Metern beträgt, die Fahrbahn liegt 270 Meter über dem Tarn. Heftige 400 Millionen Euro kostete das Bauwerk, aber immerhin gibt es dafür auch gleich 120 Jahre Garantie vom Hersteller. Wo bekommt man das heute schon?

Natürlich wollen wir uns das Bauwerk aus der Nähe ansehen. Das kann man im Besucherzentrum, gleich unter der Brücke, aber spannend ist auch eine Runde unter der Brücke hindurch und anschließend darüber hinweg. Nicht nur Gourmets verbinden einen Besuch in Millau übrigens auch mit einem Abstecher in die Käsestadt Roquefort.

Kurz vor Brousse-le-Château verkündet ein Verkehrszeichen plötzlich eine maximale Fahrzeugbreite von 1,8 Metern. Nur wenig dahinter, gleich nach einer engen Biegung, nimmt ein dunkler Tunnel die Straße auf. Ich komme gerade noch dazu, die Sonnenbrille auf die Nasenspitze herunter zu schieben, da umgibt uns schon nahezu perfekte Dunkelheit. Angenehm, die Kühle des Dunkels, schließlich ist es im Moment draußen so heiß, dass sich der Asphalt an einigen Stellen schon verflüssigt hat.

In Brousse-le-Château schlagen wir unser Zelt auf dem Campingplatz direkt am Tarnufer auf. Wunderschön gelegen, außer uns nur noch ein Campingbus. Wir hätten uns Gedanken machen sollen, warum das so ist. Weht beim Zeltaufbau noch Wind und die Welt ist in Ordnung, nimmt zum Abend das Lüftchen ab. Start frei für Myriaden von Fliegen – stinknormale dicke Brummer, aber in einer nie gekannten Quantität.

Keine Sekunde, in der sich nicht wenigstens zwei bis drei auf irgendeinem Körperteil niederlassen. Ich komme mir vor wie King Kong auf dem Empire State Building. Ständig schwirrt mir etwas um den Kopf, die Hände sind nur mit Abwehr beschäftigt. Den Abend lassen wir im Zelt ausklingen. Beim Zeltabbauen in aller Frühe fallen uns bereits die ersten drei Fliegen ins Kaffeewasser, im schwarzen Kaffee fielen sie wenigstens nicht auf.

Schmuckes Kleinod

Die kleine, aber feine D 184, führt uns in kernigen Kurven hinaus aus der Schlucht, hoch nach Montclar. Nichts hatte uns bei einem Blick auf die Karte angedeutet, welches Kleinod uns hier erwartet. Nach einem Blick in die Region vom mächtigen Aussichtsturm am Dorfrand nehme ich Kurs auf den Marktplatz, den Place des Arcades. Wir sind begeistert.

Schattige Arkaden, ein plätschernder Brunnen, steinerne Fassaden mit grünen und roten hölzernen Läden, das obligatorische Denkmal „a nos heros 1914 – 1918“ geschmückt mit Fahnen und blühenden Blumen, Balkone mit verschnörkelten Gittern. Der Franzose mit seinem Frühstückbaguette und Grünzeug unter

Sehenswert ist die Kathedrale von Albi.

Einer von vielen Tarn-Tunnel (oben). Bei Moissac mündet der Tarn in die Garonne (unten).

dem Arm komplettiert perfekt das Klischee. Über Brasc geht es auf genialen, kurvenreichen Straßen und vorbei an fantastischen Aussichtspunkten wieder in die Tiefe, bei Lincou überqueren wir den Tarn.

Ländlich wäre fast noch geschmeichelt für die letzten Kilometer bis Albi. Niemand begegnet uns, es ist einfach nur grün. Das ändert sich erst, als wir auf die D 999 abbiegen, die Hauptstraße, kommend von St. Affrique. Der überschaubare Verkehrsstrom spült uns ins Zentrum der Stadt, mit ihren 50 000-Einwohnern. Einst war sie sogar eine kleine, aber unabhängige Republik der Hugenotten. Roter Backstein beherrscht das Bild. Die Kathedrale, die gewaltige Stadtmauer, Türme, Kirchen, Brücken, alles in Rot gemauert.

Fluss wird zum Strom

Hinter Albi liegen noch ganze 50 Kilometer Tarn. Aufgelockert durch Montaubaun, die Stadt der Arkaden und Fassaden. Unspektakulär geht es durch die liebliche Landschaft. Ab und an fällt der Blick durch dichte Baumreihen auf den Fluss, der sich hier schon fast zum Strom gemausert hat und träge seinem Ende entgegensieht.

Mit 16 Prozent Steigung geht es schließlich hinauf nach Boudou. Der letzte große Aussichtspunkt, von dem aus wir einen Blick auf den Tarn werfen können, der sein Leben unter uns bei Moissac aushaucht. In aller Ruhe vermischt sich sein Wasser, angesammelt auf rund 400 Kilometer Länge, mit der Garonne. Und jeden dieser Kilometer haben wir in den letzten Tagen so richtig genossen. ◀

INFOS ZUR TOUR

CHARAKTERISTIK

Auch auf dieser Route gilt: Von jedem etwas! Die Cevennen, in denen der Tarn entspringt, halten jede Menge kleine, ordentlich verwinkelte Bergsträßchen bereit. Da ist es nicht schlecht, wenn man schon ein wenig Erfahrung in der Bergwelt mitbringt. Besonders im Herbst und bei Regen liegen dann schon mal ordentlich Blätter, Sand und Steine auf dem Asphalt. Zum Ende der Tour, ganz im Westen, überwiegen die eher breiteren und schnelleren Landstraßen – was dem Spaß aber keinen Abbruch tut.

PÄSSE DER TOUR

Der Col de Rieisse führt südlich von La Malène in 946 Metern Höhe durch die Berge, die Serpentinen auf der Nordrampe sind ein Gedicht.

ÜBERNACHTUNG

Pension Refuge pour Motards, Ute Jahn
La Placette 3, F-12150 Lapanouse de Sévérac
Familiäre Pension mit Motorrad-Schwerpunkt, Abendmenu, Garage, Pannenservice, Terrasse, geführte Touren und vieles mehr. Deutsche Betreiber.
www.refuge-pour-motards.de
GPS 44.335188, 3.031245

Camping le Pont du Tarn
Route du Pont De Montvert , F-48400 Florac Trois Rivières
Ansprechender Campingplatz in schöner Lage direkt am Ufer des Tarn mit beheiztem Pool, netten Mietunterkünften und einem freundlichen, engagierten Team.
www.camping-florac.com
GPS 44.335630, 3.589707

Logis des Crêtes de Pignols
Familiäres Hotel mit ausgezeichnetem Restaurant und gemütlicher Atmosphäre, etwas außerhalb, aber dafür wunderschön gelegen.
www.camping-florac.com
GPS 44.125717, 1.122716

KOMBINATIONSMÖGLICHKEITEN

Diese Tarn-Runde lässt sich vom Oberlauf aus hervorragend mit der Tour 7, der Ardeche-Runde, kombinieren. Zudem liegen im Umfeld noch jede Menge Möglichkeiten für unzählige weitere Touren, zum Beispiel auf die Hochfläche Causse Méjean oder in den Parc National des Cévennes.

TOUREN-STECKBRIEF

STARTORT
Florac (44.324142, 3.593880)

ZIELORT
Boudou bei Moissac (44.094208, 1.014148)

LÄNGE DER TOUR
ca. 425 km

DAUER DER TOUR
Zwei Tage, je 7 bis 8 Stunden

ROADBOOK
Florac, Ispagnac, Pont d'Ispagnac, Castelbouc, Sainte-Enimie, Saint-Chély-du-Tarn, Château de la Caze, La Malène, Hochplateau Causse Méjean, Col de Rieisse, le Rozier, Millau, Roquefort, Brousse-le-Château, Montclar, Brasc, Lincou, Albi, Montaubaun, Moissac, Boudou

HIGHLIGHTS
Einfach genial ist die Fahrt über knackige Serpentinen von La Malène hinauf auf das Hochplateau in südlicher Richtung (44.300133, 3.321090 Tarnbrücke).

Das wilde Kurvengeschlängel zwischen St. Rome-de-Tarn und Brousse-le-Château ist ein echter Traum (44.045682, 2.888384 Beginn der D 31 bei St. Rome-de-Tarn).

Aurillac
N122
Pas de Cère
Cézens
Alleuze
Château
Viaduc de Garabit
Saugues
Monistrol-d'Allier
Paulhac-en-Margeride
Esplantas
Train des Gorges de l'Allier
Pierrefort
Barrage de Grandval
Gorges de la Truyère
la Garde
Raulhac
Ste-Marie
Château de Conros
Laussac
Lac du Barrage de Sarrans
Chaudes-Aigues
la Lozère
le Malzieu-Ville
Chapeauroux
Mur-de-Barrez
Barrage de Sarrans
Lafeuillade-en-Vézie
Vezels-Roussy
Ste-Geneviève-sur-Argence
Fournels
St-Chély-d'Apcher
St-Alban-s.-Limagnole
Grandrieu
Laval-Atger
Barrage de Naus
C E N T R A
Lacroix-Barrez
Gorges de la Truyère
Huparlac
Cassuejouls
Chastanier
Montsalvy
Laguiole
Via Podiensis
Malbouzon
Aumont-Aubrac
Serverette
Pierrefiche
St-Amans-des-Cots
Nasbinals
Église
Château de la Baume
St-Sauveur-de-Peyre
St-Amans
Châteauneuf-de-Randon
Entraygues-sur-Truyère
Aubrac
Parc des loups du Gévaudan
Vallée du Lot
Pont gothique
Monts d'Aubrac
Laubert
Gorges du Lot
Belvezet
Conques
St-Chély-d'Aubrac
Signal de Mailhebiau
Portes
Marvejols
Pic de Kaymard
Estaing
les Hermaux
Bagnols-les-Bains
Espalion
Mende
Ville-comtal
Église de Perse
St-Côme-d'Olt
Barjac
Cathédrale
Nauviale
le Bleymard
Marcillac-Vallon
Bozouls
St-Geniez-d'Olt
Tour de l'Horloge
Chanac
Balsièges
le Bleymard Mont-Lozère
Gabriac
Lot
Trou de Bozouls
Ste-Eulalie-d'Olt
la Canourgue
Col de Montmirat
Valady
Sébazac-Concourès
St-Saturnin-de-Lenne
Causse de Sauveterre
la Capelle
Gorges du Tarn
le Pont-de-Montvert
Sabot de Malepeyre
Onet-l.-Ch.
Causse de Sévérac
Ste-Enimie
Faux
Laissac
la Caze
Clocher/Cathédrale
Recoules-Prévinquières
Cirque des Baumes/Point Sublime
Florac
Rodez
Sévérac-le-Château
l'Aveyron
la Malène
Castelbouc
Aveyron
Château
le Massegros
Gorges du Tarn
Cassagnas
Luc
Flavin
Ségur
Vézins-de-Lévézou
les Vignes
Causse Méjean
Baraqueville
la Primaube
Pont-de-Salars
Aven Armand
les Vanels
Lac de Pareloup
le Rozier-Peyreleau
Micropolis
Grotte de Dargilan
le Pompidou
Salmiech
Prieuré de Comberoumal
Chaos de Montpellier-le-Vieux
Gorges de la Jonte
Meyrueis
des Cévennes
Salles-Curan
Les Causses et les Cévennes
Cassagnes-Bégonhès
Bouloc
Saint Beauzély
Aguessac
Lanuéjols
Abîme de Bramabiau
Mont Aigoual
Col de Prat-Peirot
Millau
Viaduc de Millau
Plateau du Lévézou
la Selve
St-Véran
Canyon de la Dourbie
Col de la Sereyrède
l'Esperou
Valleraugue
Villefranche-de-Panat
Col du Minier
Blaye
Causse
Cantobre
Gorges de la Dourbie
Réquista
St Rome-de-Cernon
Nant
St-Jean-du-Bruel
le Vigan
Valence-d'Albigeois
Parc Naturel Régional
la Cavalerie
Sauclières
Brousse-le-Château
St-Affrique
Roquefort-sur-Soulzon
le Larzac
Alzon
Montdardier
Ambialet
Tarn
Vabres-l'Abbaye
Caves de Roquefort
la Couvertoirade
Cirque de Navacelles
Plaisance
Versols-et-Lapeyre
Vissec
Alban
des Grands Causses
Cornus
la Pezade
St-Sernin-sur-Rance
A75
Gorges de la Vis
Montagne de la Séranne
St-Félix-de-Sorgues
St-Maurice
Fondamente
le Caylar
Madières
St-Pierre-de-Bétirac
St-Pierre
Montagnol
Abbaye
Montfranc
Sylvanès
Mas-Neuf-sur-Orb
St-Pierre-de-la-Fage
Camarès
Laval-Roquecézière
Belmont-s.-Rance
Ceilhes-et-Rocozels
Abbaye
Église
Tibarrié
Fayet
Poujols
St-Guilhem-le-Désert
Viols-le-Fort
Brusque
Cathédrale St-Fulcran
Gorges de l'Hérault
la Quintaine
Arnac-sur-Dourdou
Lodève
Col de Sié
Viane
Lunas
Grotte de Clamouse
Aniane
Lacaune
Murat-sur-Vèbre
St-Amans-de-Mounis
Via Tolosana
Vabre
St-Etienne-Estréchoux
le Bosquet-d'Orb
Lac du Salagou
Clermont-l'Hérault
Gignac
Ferrières
Monts de Lacaune
Lac de Lauzas
St-Gervais-s.-Mare
St-Pierre-de-Rhèdes
Octon
St-André-de-Sangonis
A750
Brassac
Lac de la Raviège
la Salvetat-sur-Agout
Lamalou-les-Bains
Cirque de Mourèze
Mourèze
Parc des Courtinals
Canet
Bédarieux
Fraisse-sur-Agout
l'Espinouse
Gorges d'Héric
Hérépian
Cabrières
Péret
Plaissan
Parc Naturel Régional
Monts de
Tarassac
Faugères
Paulhan

Tour 14 Lozère & Cevennen

Gorges und Causses

Die 50 Kilometer lange Tarnschlucht ist der „Grand Canyon" der Cévennen. Der Fluss hat sich hier tief in die Kalksteine gegraben.

SAINTE-ÉNIMIE Der Ort liegt an einer der engsten Stellen der Tarnschlucht, über 500 Meter ragen hier die Felsen zu beiden Seiten in den Himmel. Er ist ein guter Ausgangsort für diese Tour und wurde mit seinen mittelalterlichen Häusern und Gewirr von engen Gassen als eines der schönsten Dörfer des Frankreichs ausgezeichnet. Unten am Fluss verbindet außerdem eine alte Steinbrücke den Causse Méjean mit dem Causse Sauveterre.

CASTELBOUC Der malerisch am Tarn gelegene Ort wird von einer Burgruine bewacht, die einst auf einem 60 Meter hohen Felsen erbaut wurde. An der Hauptstraße ist der schönste Blick auf das Dorf ausgeschildert.

LA MALÈNE An der Tarnbrücke werden Ausflüge mit kleinen Barken den Fluss hinab angeboten, die durch den engsten und spektakulärsten Teil der Schlucht führen. Die schmale, steile

Fahrt entlang der berühmten Tarnschlucht.

Straße mit engen Kehren hinauf zur Causse Méjean ist ein Erlebnis, erfordert aber starke Nerven.

FLORAC Das kleine Städtchen ist ein idealer Ausgangspunkt für Touren in die angrenzenden Causse Méjean, dem Mont Lozère, den Cévennen und natürlich der Tarnschlucht. Ein Bummel durch die Gassen oder eine Stärkung in den Restaurants an der mit Platanen bestandenen Esplanade Marceau Farelle sollten eingeplant werden. In kleinen Geschäften werden regionale Produkte und Spezialitäten sowie Kunsthandwerk verkauft.

CAUSSE MÉJEAN Der höchste der eigentümlichen Grands Causses ist nur sehr dünn besiedelt. Der Westen des Kalkplateaus besteht aus lichten Kiefernwäldern, die von kleineren Schluchten durchzogen sind. Im Osten besteht die Landschaft aus wüstenhaften weiten Flächen und Hügeln. Mit etwas Glück begegnet man bei der Durchquerung den Przewalski-Pferden, den ursprünglich aus Sibirien stammenden und letzten überlebenden Urwildpferden.

Burgurine Castelbouc an der Tarn.

COL DE COPERLAC Die Strecke von Meyrueis hinauf auf die Causse Méjean gehört streng genommen nicht zu diesem Pass, aber die Auffahrt mit permanentem Tiefblick in die enge Gorge de la Jonte macht viel Spaß und sollte hier erwähnt sein. Das Hochplateau selbst ist fahrerisch unspektakulär aber landschaftlich sehr reizvoll. Kurz hinter der eigentlichen Passhöhe am Rande der Causse Méjean passiert man einen Aussichtspunkt mit kleiner Gaststätte und herrlichem Ausblick über den Cirque de Saint-Chély in der Tarnschlucht. Nach ein paar Serpentinen zieht sich die gut fahrbare Straße am Hang nach Sainte-Énimie hinunter. ◂

Das malerische Städtchen Florac.

TOUREN-STECKBRIEF

BASISORT
Sainte-Énimie (44.36558, 3.410490)

STRECKENLÄNGE
ca. 243 km

DAUER DER TOUR
1 Tag

ROADBOOK
Sainte-Énimie, La Capelle, Malène, Les Vignes, Le Rozier, Pinet, Millau, Le Rozier, Meyrueis, Hures-la-Parade, Malène, Saint-Chély-du-Tarn, Florac, Ispagnac, Prades, Sainte-Énimie

ÜBERNACHTUNG
Hôtel Le Burlatis
Rue de la Combe
F-48210 Stainte-Énimie
+33 (0)4 66 48 52 30
Kleines familiengeführtes Hotel mit 9 Zimmern in der Gorges du Tarn. Frisch renovierte Räume mit tollem Bergblick. Einfache Einrichtung, gutes Frühstück, Lunchpakete. Die Betreiber sprechen deutsch.
www.hotelburlatis.com
(44.365944, 3.412333)

Die wüstenhaften Landschaft des Causse Méjean.

Chanac
Esclanèdes
Tour de Chanac
Cultures
Balsièges
St-Bauzile
Brenoux
Gallo-Romain
Vareilles
les Sagnes
le Villard
les Salelles
Dom. Médiéval des Champs
Auxillac
Pont de Montferrand
Marijoulet
Château de Montferrand
Banassac
la Canourgue
Tour de Choizal
le Lieuran
le Falisson
Molines
St-Étienne-du-Valdonnez
Serre des Countrasts
Clocher de Tourmente
Forêt Dom. de Mende
Forêt Dom. du Mont
les Arts
la Nojarède
l'Archette
le Fraissinel
1042
la Bazalgette
Col de Montmirat
1042
la Fage
Bounzac
1411
les Faux
Baraque du Cros
le Sec
les Crouzets
Champerboux
Sauveterre
Montmirat
Nozières
la Brousse
Maleville
Sabot de Malepeyre
Montredon
la Périgouse
Mont Chabrio
1106
Paros
Malaval
Cascade de Runes
les Bondons
la Capelle
Aire des Trois Seigneurs
le Bac
Pont Vieux
Mont-Méjan
Manoir d'Issenges
Causse de Sauveterre
le Domal
Lueysse
Dignas
Boisset
Molines
Château Rocheblave
Ispagnac
Ruas
Malbosc
Cascade de Lozerette
la Piguière
Ste-Enimie
Nissoulogres
Quézac
le Bouquet
Prades
Château de Prades
le Mas André
Bédouès
Cocurès
les Vinoux
Prunets
Couvent de la Présentation
Laval-du-Tarn
les Monziols
le Marqueyrès
Castelbouc
Montbrun
Florac
la Grand-Ville
Château de la Caze
St-Chély-du-Tarn
Château de Castelbouc
Château Charbonnières
les Fonts
le Mazel-Bouissy
Fraissinet-de-Poujols
Château de Florac
Cauquenas
Hauterives
Vallongue
Mas-St-Chély
Cros-Garnon
St-Julien-d'Arpaon
Tardonnenche
la Malène
Gorges du Tarn
Aérodrome de Florac-Ste-Enimie
la Fajole
Gargo 1247
St-Laurent-de-Trèves
Rouveret
le Buffre
Ferrières
les Vignes
les Avens
Nivoliers
Empreintes de Pas de dinosaures
Causse Méjan
Salgas
Château de Blanquefort
le Bedos
la Borie
Drigas
Solpérière
Barre-des-Cévennes
le Volpilière
Hures-la-Parade
Hures
Parc National des Cévennes
Villeneuve
Vebron
Cauvel
la Bourgarie
St-Pierre-des-Tripiers
les Vanels
Fraissinet-de-Fourques
Rousses
St-Flour-du-Pompidou
Arcs de St-Pierre
Hielzas
Aven Armand
Montcamp
les Hérans
Chap. St-Gervais
Grotte de Dargilan
Gatuzières
Perjuret
le Pompidou
Mostuéjouls
Salvinsac
le Rozier
Grotte du Bosc
Jonte
Dargilan
Ayres
Pont des Six Liards
Massevaques
Bassurels
Sérigas
Château d'Ayres
Corniche du Causse Noire
Veyreau
Église St-Jean de Balmes
Meyrueis
le Crouzet
Tarnon
Aluech
Château Roquedols
Cabrillac
F. Dom. de Monquaires
St-André-de-Valborgne
Causse Noir
Vessac
Servillières
Forêt Dom. de l'Aigoual
les Mazes
St-André-de-Vézines
Ferrussac
le Villaret
les Oubrets
Tourgueille
Maubert
Rochers de Roques-Altès
11 %
Lanuéjols
Arborétum de la Foux
Abîme de Bramabiau
Prat Peyrot
Mt. Aigoual 1565
Chaos de ...-Vieux
le Valdeyron
la Roque-Ste-Marguerite
la Pénarié
Château de Rogers
Villemagne
Prat-Peyrot
la Bouteille
St-Sauveur-Camprieu
Trévezel
Gorges de la Dourbie
Randals Bisons
Arborétum de l'Hort de Dieu
Villeméjane
St-Véran
Pierrefiche-du-Larzac
la Claparouse
Gorges du Trévezel
Valleraugue
Revens
Trèves
les Laupiettes
10 %
St-Sauveur
Pont de Trèves
les Laupies
Montals
Dourbies
Prunaret
la Valette
Causse-Bégon
Cantobre
Cassanas
Cascades d'Orgon
la Vieille
LANGUEDOC-ROUSSILLON
MIDI-PYRÉNÉES
Salagosse
Montredon
St-André-de-Majencoule
Camp d'Instruction du Larzac
les Cuns
Arphy
Ref. de Puéchagut
Nant
Dourbias
St-Gleys
les Crozes Hauts
Mandagout
les Liquisses
Pont de la Prade
Pic de St-Guiral 1366
Aulas
St-Jean-du-Bruel
Refrégiès
la Pélucarie
Gorges de la Dourbie
Peyraube
Mars
la Tune
le Jaoul
le Villaret
Chapelle St-Martin du Vican
Aumessas
le Vigan
Aérodrome de Millau-
le Liquier
Arrigas
Molières-Cavaillac
le Gressentis
la Goutte
Château la Valette
Vieux Pont
N 88
N 106
D 809
D 32
D 44
D 986
D 31
D 998
D 907
D 996
D 18
D 9
D 151
D 991
D 999
D 48

Tour 15 Cevennen

Feines Kurvenmenü

Die Auswahl an tollen Strecken ist rund um das namensgebende Zentralmassiv Cevennen mehr als groß.

COL DE PEJURET Von Norden folgt die Straße zuerst dem Tal des Tarnen, später zweigt sie in Richtung Passhöhe ab, das Ganze ohne auch nur ein Stück geradeaus. Ein wahres Kurvenfeuerwerk. Kurz vor dem Pass erklimmt man die letzten Höhenmeter unter mächtigen Felswänden. Auf der Passhöhe zweigt die Straße zum Mont Aigoual ab. Die Ostrampe verläuft zunächst an einem Berghang, bis sie in den Wald abtaucht. Im Tal der Jonte geht es dann gemächlich weiter bis Meyrueis.

MONT AIGOUAL Der Gipfel des Mont Aigoual empfängt seine Besucher mit Wetterstation, Infozentrum und phänomenalen 360-Grad-Panoramablick.

COL DE LA LUSETTE Einer der schönsten der Cévennen-Pässe beginnt langweilig, denn von L'Espérou geht es bis

Blick auf die südlichen Cevennen vom Col de la Lusette.

auf eine Kehre, direkt unterhalb der Passhöhe, fast geradlinig durch den Wald. Das ändert sich schlagartig mit dem Scheitelpunkt auf 1324 Meter Höhe. Die Aussicht über die südlichen Cevennen ist traumhaft, sollte aber aufgrund der gefährlichen Abhänge neben dem Asphalt nur in Parkposition genossen werden.

LE VIGAN Der sympathische kleine Ort im Süden des Mont Aigoual wurde einst von Mönchen gegründet. Heute bietet er sich als Basis für Touren in die südlichen Cevennen an. Viele Cafés und Restaurants, wie zum Beispiel das mitten im Ort gelegene Café des Cevennes, laden auch Durchreisende zum Verweilen ein.

COL DE L'ASCLIER Der Pass verbindet die südlichen Cévennen mit dem Ausgangspunkt der Corniche des Cevennes und der Schlucht des Gordon de Saint-Jean. Von Süden wird zunächst der 612 Meter hohe Col de la Triballe passiert. Es geht kurvenreich am Hang empor. Die Passhöhe selbst befindet sich unter einem alten gemauerten Brückenbogen. Die Nordrampe verläuft weniger aussichtsreich durch den Wald, die Straße wird nun etwas breiter. Unten angekommen sollte man noch die Schlucht des Gordon de-Saint-Jean unter die Räder nehmen.

SAUMANE – CORNICE DES CEVENNES Die gut zu fahrende Straße verläuft in der Schlucht des Gordon de Saint-Jean meist entlang der Felswand über dem malerischen Bergbach. Es gibt zahlreiche Aussichtspunkte, Badegumpen laden zum Abkühlen ein.

CORNICHE DES CÉVENNES Die 58 Kilometer lange Höhenstraße von Saint-Jean-du-Gard nach Florac verläuft gleich über vier Pässe: Col de Saint-Pierre, Col de l'Exil, Col de Solpérière und Col de Faisses. Sie wurde ursprünglich im 18. Jahrhundert als Militärstraße für Truppen Ludwigs XIV angelegt. Die gesamte Strecke ist sehr gut und flott fahrbar und mit vorbildlichem Belag versehen und unserer Meinung nach eine der schönsten der gesamten Cevennen. Highlight ist das kahle Hochplateau l'Hospitalet, eine raue, mit Felsen übersäte Heidelandschaft zwischen den Pässen Col de Solpérière und Col de Faisses. ◂

Am Col de l'Asclier geht es kurvenreich den Hang empor.

TOUREN-STECKBRIEF

BASISORT
Saint-Laurent-de-Trèves (44.271060, 3.603780)

STRECKENLÄNGE
ca. 194 km

DAUER DER TOUR
1 Tag

ROADBOOK
Saint-Laurent-de-Trèves, Vebron, Fraissinet-de-fourques, Cabrillac, Prat Peyrot, Arphy, Le Vignan, Pont d'Hérault, Saint-Martial, Saumane, Saint-Jean-du-Gard, Col de l'Exit, Le Pompidou, Saint-Laurent-de-Trèves

ÜBERNACHTUNG
Les Vanels
Les Vanels
F-48400 Vebron
+33 (0)4 66 31 23 67
Kleines gemütliches Hotel mit motorsportbegeisterten Inhabern. Gemütliche Zimmer tragen zu einem angenehmen Aufenthalt bei. Überdachter Parkplatz für Motorräder. Von hier aus hat man einen idealen Ausgangspunkt für Touren in den Cevennen.
www.auberge-du-tarnon.fr
(44.228694, 3.577216)

Ein grün-graues Farbenspiel am Col de Perjuret.

Montmirat
Mont Chabrio
1106
Paros
Nozières
Malaval
les Faux
1411
la Brousse
Finiels
Cascade de Runes
Runes
les Bondons
Finialette
Champlong de Lozère
l'Hôpital
le Mas de la Barque
Concoules
Pont Vieux
Mont-Méjan
Manoir d'Issenges
Molines
Chateau Rocheblave
Ispagnac
Malbosc
Quézac
Nissoulogres
Fraissinet-de-Lozère
Maison des Monts de Lozère
Station le Mas de la Barque
Belvédère des Bouzèdes
Ruas
Cascade de Lozerette
D 998
Tarn
l'Hermet
le Pont-de-Montvert
Château de Prades
le Mas André
N 106
Bédouès
Cocurès
Grizac
Vialas
Nojaret
Montbrun
Couvent de la Présentation
Soleyrol
Luech
Château Charbonnières
Florac
la Grand-Ville
Mijavols
St-Maurice-de-Ventalon
D 35
Fraissinet-de-Poujols
Château de Florac
National
St-Andéol-de-Clergue
D 907
Cros-Garnon
St-Julien-d'Arpaon
le Bougès
Currières
St-Frézal-de-Ventalon
St-Privat-de-Vallongue
Aérodrome de Florac-Ste-Enimie
Tardonnenche
Col de Jalcreste
833
12 %
N.-D. de la Salette
la Fajole
St-Laurent-de-Trèves
le Magistavol
Cassagnas
St-André-de-Lancize
St-Hilaire-de-Lavit
St-Michel-de-Dèze
Gargo 1247
Ferrières
des Cévennes
Gardon d'Alès
Nivoliers
Empreintes de Pas de dinosaures
Salgas
Barre-des-Cévennes
Flandre
le Viala
Lavit
le Collet-de-Dèze
Causse Méjan
Parc
Solpérière
le Plan
Mon. Romain
Château Calbertette
Villeneuve
Vebron
Trabassac-Haut
le Pendédis
ional
les Vanels
le Masbonnet
D 13
St-Germain-de-Calberte
Fraissinet-de-Fourques
D 996
Rousses
St-Flour-du-Pompidou
D 983
St-Martin-de-Lansuscle
Galeizon
9 %
Montcamp
Molezon
St-Martin-de-Boubaux
Gatuzières
le Pompidou
Pont-Ravagers
Perjuret
Ste-Croix-Vallée-Française
D 9
Pont des Six Liards
Massevaques
Bassurels
la Loubière
Gabriac
Notre-Dame de Valfrancesque
St-Étienne-Vallée-Française
Mandajors
Château d'Ayres
D 18
Tarnon
le Crouzet
Gardon de St-Jean
Moissac-Vallée-Française
Meyrueis
Cabrillac
F. Dom. de Monquaires
D 907
St-André-de-Valborgne
Gardon de Mialet
Forêt Dom. de l'Aigoual
St-Roman-de-Tousque
Col de l'Exit
705
D 260
le Villaret
les Oubrets
11 %
Tourgueille
Pomaret
11 %
St-Jean-du-Gard
St-Marcel
Saumane
Pont des Camisards
Abîme de Bramabiau
Mt. Aigoual
1565
Prat Peyrot
les Plantiers
Peyroles
Prat-Peyrot
le Valdeyron
la Hierle
l'Estréchure
D 907
Pont St-Jean
St-Sauveur-Camprieu
Forêt Dom. de la Vallée Borgne
Arborétum de l'Hort de Dieu
D 986
Villeméjane
la Bessède
Col du Mercou
570
10 %
Chemin de Fer Touristique
Cévennes
la Pieyre
Corbière
Valleraugue
10 %
Ardaillès
Ste-Croix-de-Caderle
les Laupiettes
Hérault
D 39
les Laupies
Montals
Lasalle
D 57
Prunaret
la Valette
Notre-Dame-de-la-Rouvière
les Vignolles
St-Bonnet-de-Salendrinque
Cassanas
le Castellas
la Vieille
Cascades d'Orgon
Colognac
Vabres
Salagosse
St-André-de-Majencoules
St-Martial
381
Col de Rédarès
ROUSSILLON
D 48
le Villaret
la Rouvière
Arphy
Pailhès
Ref. de Puéchagut
Forêt Dom. de la Fage
le Bousquet
10 %
Pic de St-Guiral
1366
Mandagout
St-Roman-de-Codières
Église de Cros
D 39
Monoblet
la Pélucarie
Aulas
Pont d'Hérault
Cros
le Cayla
Peyraube
Mars
Arre
le Villaret
Sounalou
Cambo
St-Hippolyte-du-Fort
Arrigas
Aumessas
le Vigan
Ranc des Banes
713
Château la Valette
Molières-Cavaillac
Vieux Pont
Sumène
la Cadière-et-Cambo
Roquedur
D 999
Bez-et-Esparon
Avèze
D 999
Aiguefolle Cascade
St-Julien-de-la-Nef
Conqueyrac
les Très Touillières
les Campels
Moulès-et-Baucels
D 999
Campestre-et-Luc
St-Bresson
la Gardiole
D 48
Pommiers
Blancardy
Salle de Gour
Navas
Ganges
D 25
le Quintanel
Ancien four a chaux
le Landre
St-Laurent-le-Minier
Montoulieu
Montdardier
Laroque
la Roquette
Mas du Viala
Bois de Monnier
la Combe
Régagnas
Agonès
Grotte des Demoiselles

Tour **16** Ardèche

Schluchtenflitzer

Die große Runde durch die grandiosen Gorges de l'Ardèche und den Parc Regional des Monts d'Ardèche ist ein unvergessliches Erlebnis. Der Blick hinunter von der Panoramastraße in die Schlucht ist unvergleichlich und der Fahrspaß im Bergland des Naturparks ist ein Traum.

Entlang der Ardèche-Schlucht reihen sich die Aussichtspunkte aneinander.

Etwas abseits der Schlucht geht es ruhiger zu.

Es ist Frühjahr, Ende März, zu Hause ist es noch richtig kalt und regnerisch. Gerade hat der Frühling begonnen, aber leider nur auf dem Kalender. Also haben Kiki und ich gestern unser Motorrad eingepackt und sind auf der Suche nach besserem Wetter gen Süden gefahren. So weit weg brauchten wir gar nicht.

Gut 750 Kilometer weiter südlich wurde es schon angenehm wärmer und schließlich verließen wir im Rhône-Tal kurz vor Pierrelatte die Autobahn und hielten uns in Richtung Westen. Etwas später hatten wir Vallon-Pont-d'Arc erreicht, wo jetzt zum Beginn des Frühlings auch gleich die ersten Campingplätze öffnen.

Wahrzeichen der Ardèche: der Felsbogen Pont d'Arc.

Und hier sitzen wir nun, genießen unser Frühstück und sind voller Vorfreude auf die erste Tour des Jahres. Zwar waren wir schon öfter in dieser herrlichen Gegend, aber ein Besuch am Flüsschen Ardèche und im gleichnamigen Département lohnt sich immer wieder; nach der erzwungenen Winterpause erst recht. Noch ein letzter Schluck des leckeren Café au lait, dann sitzen wir auch bald auf dem Mopped und steuern die legendäre Schlucht Gorges de l'Ardèche an.

Nur wenige Minuten hinter Vallon-Pont-d'Arc geht es schon los mit den ersten Kurven und hier liegt auch gleich das Wahrzeichen der Schlucht: der mächtige Felsbogen Pont d'Arc. Hier hat die Ardèche vor gut einer Million Jahren in einer Flussschleife das Kalkgestein durchbrochen und damit eine beeindruckende natürliche Steinbrücke geschaffen, die sich 50 Meter hoch über den Fluss spannt. Die gibt nicht nur das Startsignal für Tausende von Kanuten, die hier jeden Sommer in die Gorges de l'Ardèche starten, sondern auch für begeisterte Motorradfahrer, die entlang der grandiosen Panoramastraße D 290 die Schlucht erkunden wollen.

Genau das ist natürlich auch unser Plan. Ein letzter Blick auf den Steinbogen, dann geht es hinauf auf das Felsplateau am nördlichen Rand der Schlucht. Das geht natürlich nicht ohne Kurven, die ganze Strecke ist ein einziger Kurvenreigen und Schräglage für Schräglage arbeiten wir uns in die Höhe.

Kurvenspaß oberhalb der Gorges de l'Ardèche.

Blick in die Tiefe

Gleich hinter dem ersten kurzen Tunnel wartet der Aussichtspunkt Serre de Tourre auf uns. Er präsentiert einen fantastischen Blick in die Tiefe und ist

Uferstraße oberhalb der Ardèche.

nur der Auftakt zu einer ganzen Reihe weiterer Panoramen, die entlang der Gorges auf uns warten. Immer wieder stellen wir die RT ab und gehen nur wenige Schritte, um den tollen Blick in das tief unter uns liegende Flussbett zu genießen.

Hunderte Meter unter uns rauscht das Wasser der Ardèche durch die vielen Windungen des Tals und auf den Wellen tanzen unzählige bunte Kajaks, Canadier und Schlauchboote. Die lassen sich inklusive eines Rückholservices in Vallon-Pont-d'Arc mieten und eine Boots-Fahrt durch das Tal ist immer wieder ein spannendes Erlebnis. Aber auch wir hoch über der Schlucht sind total begeistert, haben Spaß an reichlich Kurven und Panoramen und genießen jeden Meter dieser Strecke.

Etwa auf halber Strecke der Gorges liegt direkt am Straßenrand die Grotte de la Madeleine, eine beeindruckende Höhle. Während einer einstündigen Führung lassen sich hier eindrucksvolle unterirdische Säle und Gänge, schneeweiße Kristalle und erstaunliche Stalaktiten besichtigen. Der Besuch in der Unterwelt lohnt sich.

AUTOREN-TIPP

MIT DEM KANU AUF DER ARDÈCHE Wer ein paar Tage im Département Ardèche unterwegs ist, sollte sich den Spaß auf keinen Fall entgehen lassen und mal die Moppedstiefel gegen Paddel tauschen. In Vallon-Pont-d'Arc gibt es einige Anbieter, die Kanus und die entsprechende Ausrüstung vermieten und einen Rücktransport anbieten.

Grundsätzlich stehen entweder Kajaks zur Wahl, sie werden mit dem Doppelpaddel genutzt und normalerweise mit einer Spritzdecke versehen, oder man entscheidet sich für einen offenen Canadier, der mit dem Stechpaddel angetrieben und gesteuert wird. Er ist kippstabiler und bietet mehr Platz auch für zwei Personen. Ganz wichtig: Immer eine Schwimmweste tragen! Zwar ist die Ardèche üblicherweise auch von Anfängern befahrbar, aber in den Stromschnellen kann man auch schon mal umkippen. Da schadet ein bisschen zusätzliche Sicherheit nie.

Uns hat stets die Strecke vom Pont d'Arc bis nach Sauze, kurz vor St. Martin-d'Ardèche, am besten gefallen. In Sauze wird man am späten Nachmittag inklusive des Bootes wieder aufgesammelt und via Kleinbus zurück nach Vallon kutschiert.

Eine englischsprachige Übersicht der Vermieter gibt es unter
www.ardeche-guide.com/activites/location-canoe-kayak

Da wir hier schon vor ein paar Jahren „unter Tage“ waren, düsen wir weiter und erreichen ein paar weitere Aussichtspunkte später St. Martin-d'Ardeche. Das kleine Dörfchen direkt am Flussufer ist die Endstation für die meisten Kanufahrer, die zu Füßen der riesigen Ardèche-Brücke ihre Boote aus dem Wasser holen.

Wir versorgen uns in der dorfeigenen Bäckerei mit einem Baguette und im Dorfladen mit ein paar Zutaten fürs Picknick. Dann geht es über die einspurige, ampelgesteuerte Brücke und über das kleine Dörfchen St. Paulet-de Caisson direkt hinein in den dunkelgrünen und kurvenreichen Forêt de Valbonne. Welch ein entspanntes Touren. Ganz alleine sind wir hier unterwegs, genießen den frischen Fahrtwind und kurven über die D 298 in die kleine, aber feine Gorges de la Cèze.

Die südlich von Montclus liegenden Schluchten der Cèze sind ein Paradies für Naturfreunde und Mountainbiker. Hier lohnt es sich auch, die Motorrad- gegen Wanderstiefel zu tauschen. Interessant sind auch die Cascades de Sautadet, rauschende Wasserfälle inmitten des Kalkgesteins.

Erlesener Zirkel

Und hier liegt auch das bildschöne Montclus, das nicht umsonst der Vereinigung Les plus beaux villages de France angehört, dem erlesenen Zirkel der schönsten Dörfer Frankreichs. Wer hier mitspielen möchte, muss enge Kriterien erfüllen: höchstens 2000 Einwohner, einen speziell geschützten Bereich, denkmalgeschützte Bauwerke und einiges mehr. Derzeit sind es gut 150 Dörfer, die dabei sind.

Montclus ist eines davon und natürlich lassen wir es uns nicht nehmen, den schönen Dorfkern auch ein bisschen zu Fuß zu erkunden. Staunend schlendern wir durch die

In Saint-Martin-d'Ardeche beginnt der Einstieg in die Schlucht.

Montclus ist ein bildschönes Dorf.

engen Gässchen, steigen schmale Treppen auf und ab, gehen unter urigen Steinbögen hindurch und lassen die alten Gemäuer auf uns wirken.

Wenig später fahren wir über die D 901 in Richtung Barjac, überqueren die Montagne de la Serre bei Beaulieu und tauchen schließlich in die Bergwelt des Parc Régional des Monts d'Ardèche ein. Les Vans gilt als das Tor zum Naturpark, und eignet sich perfekt für eine kleine Rast. Am Café genießen das beruhigende Plätschern des idyllischen Dorfbrunnens. Hier sind wir ausnahmsweise nicht die einzigen motorisierten Zweiradfahrer. Schnell sind wir mit zwei Franzosen im Gespräch, die uns gleich mit ein paar weiteren Tipps für die Region versorgen. Zwar sind unsere Französisch-Kenntnisse nur rudimentär, aber mit Händen, Füßen, der Karte und einigen Brocken Englisch können wir uns ganz gut verständigen, wie eigentlich fast überall in Frankreich.

Auch an der Ardèche mangelt es nicht an Kurven.

Allerhand Tiere

Auf der schmalen D 216, die durch die südlich liegenden Berge mäandert, sind wir wieder ganz auf uns gestellt. Kein Mensch ist hier unterwegs. Das weiß wahrscheinlich auch die hiesige Tierwelt. Eichhörnchen, Fuchs und Greifvogel begegnen uns im dichten Grün, kurz vor Aujac ramme ich fast eine Elster, die direkt vor uns über die Straße schießt. Der Col du Mas de l'Ayre führt uns weiter nach Villefort, von wo aus wir das Flüsschen Borne ansteuern. Der emsige Bach hat ein ziemlich kurvenreiches Bett aus dem Fels geschmirgelt, dem die Straßenbauer der D 151 zu unserem Glück folgten. Dementsprechend ist das Kurvenvergnügen und mit reichlich Schräglagen folgen wir dem Gewässer in nördlicher Richtung.

Wir passieren St. Laurent-les-Bains, Sablières, Valgorge – einladende Dörfer inmitten einer fantastischen bewaldeten Berglandschaft. Eine nicht enden wollende Kurvenorgie quer durch den Naturpark. Je nach Höhe und Schatten ist es teilweise aber noch ganz schön frisch. Gerade unten in den Tälern, wo die Sonne noch nicht so richtig hineinreicht, fühlt es sich noch recht winterlich an.

Aber kaum rollen wir durch die Sonne, wärmen die Strahlen schon ordentlich. Gerade richtig, um an einem geschützten Picknicktisch in der Sonne unser stärkendes Mahl mit regionalen Spezialitäten zu genießen.

In 1370 Metern Höhe passieren wir den Col de Meyrand und wenig später den 1435 Meter hohen Col du Pendu. Hier begrüßt uns eine hohe Schneedecke rechts und links des Asphalts. Aber es ist nur eine Frage der Zeit, wann die Frühlingssonne auch diese weiße Pracht zum Schmelzen bringt; es läuft schon jede Menge Schmelzwasser über die Straße.

Rücksichtsvolle Fahrer

Am Col de la Chavade, in 1266 Metern Höhe, stoßen wir auf die N 102. Auch die zirkelt voller Kurven durch den Naturpark, geizt nicht mit toller Kulisse, ist aber auch schon stärker befahren. Ist aber kein Problem, haben wir mal einen langsameren Franzosen vor uns, reicht ein kurzer Dreh am Gasgriff der RT und schon haben wir wieder ein Stück Straße nur für uns. Wie überall in Frankreich nehmen auch hier die Autofahrer meistens Rücksicht auf

Cruisen mit Aussicht am Ufer der Ardèche.

Motorradfahrer und halten sich rechts, um das Überholen zu erleichtern.

Bei Thueyts lockt uns das Schild Pont du Diable von der Hauptstraße. Eine kleine Nebenstrecke führt uns von dort zu einem Parkplatz und nur wenige Meter weiter spannt sich das faszinierende Bauwerk aus römischer Zeit in gut 17 Metern Höhe quer über die Ardèche.

Die Brücke von Chambonas stammt aus dem 13. Jahrhundert.

Im Sommer ist die Ardèche hier ein beliebter Badeplatz und ein paar ganz Mutige springen sogar von der Brücke in den Fluss. Jetzt Ende März ist Fehlanzeige. Das Wasser ist so eiskalt, dass ich noch nicht einmal mit dem dicken Zeh eintauche. Zügig und mit weiten Schwüngen geht es weiter über die gut ausgebaute N 102 in östlicher Richtung. Aubenas empfängt uns im Tal der Ardèche. Das hübsche Örtchen glänzt, wie so viele in diesem Département, mit nicht wenigen historischen Gebäuden und Gemäuern. Vor allem das zentral gelegene, überschaubare Schloss gefällt uns.

Seit dem 14. Jahrhundert thront es auf dem höchsten Punkt der Stadt, der Blick von seinem Turm über die Ardèche und das Umfeld ist einfach toll. Auf der gegenüber liegenden Seite des Ardèche-Tals schrauben wir uns entlang der N 102 wieder in die Höhe. Schließlich wollen wir heute auch noch einen Abstecher in das Tal der Ibie machen.

Gewürze vom Erzeuger

Dazu halten wir uns bei Villeneuve-de-Berg rechts und folgen nur wenige Meter darauf dem Verlauf des kleinen Flüsschens in Richtung Süden durch die ländliche Region. Einige der Höfe werben mit regionalen Produkten. Käse, Oliven, Öle, Gewürze wie Thymian oder Rosmarin, Lavendel, hier lässt sich direkt beim Erzeuger kaufen – und das meist in richtig guter Qualität. Wir nehmen uns vor, unseren Rückweg nach Hause in einigen Tagen durch das Ibie-Tal zu wählen und dabei gleich ein wenig zu shoppen.

Ein letztes Ziel liegt noch auf unserer heutigen Tour. Das bildschöne Dörfchen Balazuc, direkt an steilen Felsen am Ufer der Ardèche gelegen, darf man sich hier nicht entgehen lassen. Es sind nur wenige Gassen, die sind aber dafür umso schöner. Zwei, drei einladende Cafés locken mit Köstlichkeiten und im Sommer nutzen nicht wenige Besucher das rauschende Nass der Ardèche, um sich ein wenig abzukühlen.

Eine letzte Runde zu Fuß, dann steuern wir via Ruoms entlang der Ardèche wieder Vallon-Pont-d'Arc an, wo wir heute Morgen aufbrachen. ◀

INFOS ZUR TOUR

CHARAKTERISTIK
Nach dem faszinierenden Einstieg über die Ardèche-Schlucht, auf gut ausgebauter, aber recht kurvenreicher Straße, geht es vorwiegend auf ziemlich engen Bergstrecken richtig zur Sache. Perfekt für erfahrene Moppedfahrer. Wer hier entspannt unterwegs sein möchte, sollte mit engen Kehren und Kurven, kernigen Steigungen und schmalen Ortsdurchfahrten klarkommen. Dann ist diese Runde Genuss pur.

PÄSSE DER TOUR
Es beginnt mit dem Col du Mas de l'Ayre in 846 Metern Höhe bei Villefort. Hinter Valgorge liegt der 1370 Meter hohe Col de Meyrand, bald gefolgt vom Col du Pendu mit 1435 Metern. Kurz darauf lockt der 1266 Meter hohe Col de la Chavade auf der N 102.

ÜBERNACHTUNG
Camping l'Ardéchois
Route des Gorges, F-07150 Vallon-Pont-d'Arc
Ein sehr ansprechender Campingplatz am Beginn der Schlucht direkt am Wasser, guter Service, nettes Team, gute Ausstattung, Mobilhome-Verleih und Kanu-Verleih
www.ardechois-camping.com
GPS 44.398127, 4.399480

Domaine de Ribière
F-07120 Grospierres
Sehr nettes, motorradaffines Haus mit 20 Zimmern, Maisonettes und Chalets, Biergarten, Pool, großer Garten und klasse Frühstück in ruhiger Lage, deutschsprachig.
www.domainederibiere.fr
GPS 44.4072249, 4.2937192

Le Belvedere
Route des Gorges, F-07150 Vallon-Pont-d'Arc
Landschaftlich sehr schön gelegenes, freundliches Hotel mit Pool und schöner Terrasse, klasse Frühstück und Abendessen.
www.le-belvedere-hotel.com
GPS 44.378358, 4.418777

KOMBINATIONSMÖGLICHKEITEN
Diese prima Runde lässt sich perfekt mit der Tarn-Runde kombinieren. Für weitere Touren in der Region gibt es reichlich Gelegenheit. Hier wird einem garantiert nie langweilig!

Langogne
Lespéron
Aérodrome de Langogne-Lespéron
Lanarce
Mazan-l'Abbaye
Château de Pourcheyrolles
sur-Bésorgues
Montpezat-sous-Bauzon
la Tanière
1266
Col de la Chavade
Banne
St-Alban-en-Montagne
le Plagnal
Astet
Château des Montlaur
Barnas
Thueyts
Meyras
Château de Ventadour
N 102
Pont-de-Labeaume
Station de la Gresouse
Ardèche
Mayres
Château de Chadenac
Cellier-du-Luc
le Sap
le Cros
St-Étienne-de-Lugdarès
D 239
Col de la Croix de Bauzon
1306
Huédour
D 19
Masméjan
D 906
Laveyrune
Gorges de la Borne
Station de la Croix de Bauzon
Château du Bruget
Jaujac
Lalevade-d'Ardèche
Prades
la Souche
Mont Aigu
1316
les Chambons
Col de Meyrand
Borne
AUBENAS
St-Cirgues-de-Prades
Lentillères
le Tanargue
Laboule
Rogleton
St-Laurent-les-Bains
Loubaresse
Valgorge
D 4
D 24
Salindres
Prunet
Chazeaux
Rocher
des Monts d'Ardèche
Laval-d'Aurelle
Dompnac
Pourcharesse
Sarrabasche
LANGUEDOC-ROUSSILLON
RHÔNE-ALPES
Pradon
le Chambon
Beaumont
Chassiers
Largentière
St-Mélany
Sablières
Largeron
Versas
Chalbos
Prévenchères
Montréal
Uzer
Laurac-en-Vivarais
Fustugères
St-André-Lachamp
Ribes
Tastavin
St-Jean-de-Pourcharesse
le Rieu
Belvédère de Chassezac
Thines
Joyeuse
Faugères
le Crouzet
Gorges de Chassezac
Planchamp
Lablachère
Maurine
Altier
Pourcharesses
la Garde-Guérin
Ste-Marguerite-Lafigère
St-Pierre-St-Jean
Payzac
Notre-Dame de Bon Secours
Chât. du Champ
Castanet
Malarce-sur-la-Thines
Chapias
Dolmen
Bergognon
Barrage de Villefort
Elze
Chassezac
les Salelles
St-Genest-de-Beauzon
Villefort
Col du Mas de l'Air
846
D 901
les Assions
Rabeyral
Gravières
Coudon
Alban-sous-Sampzon
Palhères
St-André-Capcèze
les Vans
D 104
D 111
Forêt Dom.
Ponteils-et-Brésis
Naves
Man. de Casteljau
Chantegrive
D 51
Grospierres
Forêt Dom. de Malmontet
le Mas de la Barque
Perriès
Brahic
Banne
Commanderie
Concoules
Brésis
du Mas de l'Ayre
D 906
Berrias-et-Casteljau
Beaulieu
Bonnevaux
Château du Chaylard
Fort de Banne
Montgros
Station le Mas de la Barque
Aujac
Malbosc
les Avelas
les Divols
Brujas
Belvédère des Bouzèdes
Génolhac
Cèze
St-Paul-le-Jeune
Besass
Nojaret
Martinenches
Chavagnac
St-André-de-Cruzières
Vialas
D 998
Sénéchas
Grotte de la Cocalière
Soleyrol
Luech
Dieusses
Bordezac
Gagnières
St-Sauveur-de-Cruzières
D 35
Pont-du-Rastel
Chambon
Peyremale
Courry
Chapelle St-Sebastien
D 901
St-Andéol-de-Clerguemort
Chamborigaud
Bessèges
St-Brès
St-Frézal-de-Ventalon
D 52
Robiac-Rochessadoule
D 51
Meyrannes
N.-D. de la Salette
Portes
Château de Portes
Château de Montalet
St-Ambroix
St-Jean-de-Maruéjols
St-Victor-de-Malcap
Avéjan
St-Hilaire-de-Lavit
St-Michel-de-Dèze
St-Julien-des-Points
Ste-Cécile-d'Andorge
Gardon d'Alès
Aérodrome de la Grand'Combe
le Martinet
St-Florent-sur-Auzonnet
D 51
Rochegude
le Viala
Lavit
le Collet-de-Dèze
les Mages
Potelières
St-Jean-de-Valériscle
Château Calbertette
Branoux-les-Taillades
la Grand-Combe
D 904
St-Julien-de-Cassagnas
Château d'Allègre
Pont d'Avène
Auzonnet
Parc Ornithologique des Isles
le Pendédis
Galeizon
Laval-Pradel
Château de Rousson
Rousson
les Fumades
les Salles-du-Gardon
St-Germain-de-Calberte
Fons-sur

TOUREN-STECKBRIEF

BASISORT

Vallon-Pont-d'Arc (44.405962, 4.392395)

STRECKENLÄNGE

ca. 350 km

DAUER DER TOUR

8-9 Stunden, besser zwei Tage zum Schauen und Genießen

ROADBOOK

Vallon-Pont-d'Arc, Pont d'Arc, Gorges de l'Ardèche, Saint-Martin-d'Ardeche, Saint-Paulet-de-Caisson, Forêt de Valbonne, Gorges de la Cèze, Montclus, Barjac, Montagne de la Serre, Beaulieu, Les Vans, Aujac, Col du Mas de l'Ayre, Villefort, Saint-Laurent-les-Bains, Sablières, Valgorge, Col de Meyrand, Col du Pendu, Col de la Chavade, Thueyts, Aubenas, Villeneuve-de-Berg, Balazuc, Ruoms, Vallon-Pont-d'Arc

HIGHLIGHTS

Das absolute Highlight dieser Runde ist natürlich die Fahrt über die Panoramastraße oberhalb der Gorges de l'Ardèche (44.363555, 4.467935 Belvédère d'Autridge).

Für Kurvenfreunde perfekt ist der Streckenabschnitt zwischen Valgorge und dem Col de la Chavade (44.607103, 4.074342 Col de Meyrand).

Zwischen Aujay und Villefort freut sich das Motorradfahrer-Herz besonders (44.430480, 3.991040 Col du Mas de l'Ayre).

Tour 17 Cevennen & Ardèche

Über die Berge

Der Mont Lozèze und die Monts d'Ardèche sind einige – aber längst nicht alle Höhepunkte dieser Tour.

ETAPPE LANARCE – LANGOGNE Die D 108 ist eine gemütliche Alternative zur parallel verlaufenden Nationalstraße. Das kleine Sträßchen folgt idyllisch einem Bergbach, der etliche Kurven in das Tal gemeißelt hat, was zu mächtig Fahrspaß führt.

ETAPPE LANGOGNE – LA BASTIDE-PUYLAURENT Diese Etappe im Tal der Allier bietet flotte Kurven und schöne Landschaften.

COL DE FINIELS Der Pass verbindet das Tals des Oberlaufs des Tarn über den mächtigen Mont Lozèze mit dem Tal des Oberlaufs des Lot. Etwas unterhalb der Passhöhe liegt das Skizentrum des Mont Lozèze. Von Süden führt eine schmale Straße mit verbesserungswürdigem Belag durch eine wüstenartige, mit Granitbrocken übersäte Hochfläche. Die Nordrampe ist aufgrund des Skigebiets gut ausgebaut und flott befahrbar. Beide Seiten

Hochfläche auf dem Col de Finiels.

bieten herrliche Panoramen über die Cevennen und die Monts d'Ardèche.

COL DES TRIBES Die D 901 über den Col des Tribes ist sehr gut befahrbar, die Stecken durch die beiden Hochtäler verlaufen kurvenreich abwechselnd durch Wiesen, Weiden und kleine Waldflächen. Kurz vor Villefort liegt der Lac de Villefort direkt an der Straße.

COL DE MEYRAND Die D 24 schlängelt sich bereits ab Largentière auf fast 30 Kilometer Länge aussichtsreich am Südhang des Tanarque hinauf. Die Passhöhe selbst liegt direkt unterhalb des 1511 Meter hohen Grand Tanarque. Kurz vor ihr befindet sich auf der linken Seite ein lohnender Aussichtspunkt auf die gerade bewältigte Strecke. Die Abfahrt zum Abzweig D 19 ist nur kurz. Hier muss entschieden werden, über welchen Pass die Tour fortgesetzt werden soll: Col du Pendu oder Col de la Croix de Bauzon. Bei Loubresse zweigt außerdem die schwer zu fahrende Strecke über den Col de Pratazanier und den Col de la Croix de Toutes Aures ab.

COL DE LA CROIX DE BAUZON Die Fahrt von der Passhöhe hinab in das Tal des Lignon zwischen den Höhenzügen der Serre de la Croix Bauzon auf der einen und dem Tanargue auf der anderen Seite ist eine Kurvenfeuerwerk par excellence. Die Auffahrt von Saint-Étienne-de-Lugdarès hingegen ist recht unspektakulär. Es empfehlen sich aber alternative Auffahrten, etwa über den Col de Meyrand aus Osten kommend oder die Strecke über den Col de Pratazanier und den Col de la Croix de Toutes Aures bei einer Anfahrt aus Westen.

COL DE LA CHAVADE Die gut ausgebaute N 102, die über den Col verläuft, ist die Hauptverbindungsstrecke zwischen den Regionen Ardèche, Drôme und Vaucluse mit der Region um Clermont-Ferrand. Dementsprechend stark ist auch der Verkehr auf dieser Route, die sich aussichtsreich am Hang hinauf schlängelt. Ein verkehrsärmere Alternative bietet die Strecke über den Col de la Croix de Bauzon.

Tipp: In Lanarce zweigt die gemütliche Alternative zur parallel verlaufenden Nationalstraße ab, die wir schon am Beginn dieser Route kennengelernt haben. ◂

Blick auf die Ardèche bei Thueyts.

TOUREN-STECKBRIEF

BASISORT
Lanarce (44.727480, 4.00403)

STRECKENLÄNGE
ca. 307 km

DAUER DER TOUR
1-2 Tage

ROADBOOK
Lanarce, Langogne, La Bastide-Puylaurent, Castanet, Le Bleymard, Le Pont-de-Montvert, Saint-Maurice-de-Ventalon, Génolhac, Col du Masde L'Air, Les Vans, Uzer, Chassiers, Valgorge, Col de la Croix de Bauzon, Pont-de-Labeaume, Thueyts, Col de la Chavade, Lanarce

ÜBERNACHTUNG
Domaine du Mas du Taillet
Le taillet
F-07660 Lanarce
Gemütliches, familiär geführtes Bed & Breakfast etwa 3 Kilometer außerhalb von Lanarce. Alle Zimmer mit Bergblick. Abendessen und Lunchpakete auf Bestellung möglich. Das Haus akzeptiert nur Barzahlung.
www.lemasdutaillet.com
(44.720138, 4.028083)

Ausblicke auf die Gebirgswelten unterhalb des Col de la Croix de Bauzon.

St-Paul-de-Tartas
Pradelles
Peyre Beille
Auberge de Peyre-Beille
Lavillatte
Lespéron
Langogne
Aérodrome de Langogne-Lespéron
Lanarce
Issanlas
Mézeyrac
les Chirals
les Eperviers
Station de St-Cirgues-en-Montagne
St-Cirgues-en-Montagne
Usclades-et-Rieutord
Rieutord
Péreyres
Suc de l'Areilladou
Suc de Chalambelle
Burzet
Régional
Château de Pourcheyrolles
Montpezat-sous-Bauzon
Mazan-l'Abbaye
Abbaye
Pomeyrol
Peyremont
St-Alban-en-Montagne
le Plagnal
Col de la Chavade
la Tanière
Banne
Astet
Station de la Grésouse
Château des Montlaur
Barnas
Thueyts
Meyras
Château de Ventadour
Pont-de-Labeaume
Mayres
Château de Chadenac
Cellier-du-Luc
le Cros
St-Étienne-de-Lugdarès
Col de la Croix de Bauzon
Station de la Croix de Bauzon
Château du Bruget
Jaujac
la Souche
Lalevade-d'Ardèche
Gorges de la Borne
Borne
Col de Meyrand
Mont Aigu
Laveyrune
St-Laurent-les-Bains
Loubaresse
le Tanargue
Laboule
Valgorge
AUBENAS
des Monts d'Ardèche
Dompnac
Pourcharesse
Salindres
Sarrabasche
Chassiers
Largentière
Beaumont
St-Mélany
Sablières
Uzer
Montréal
Laurac-en-Vivarais
Ribes
St-André-Lachamp
St-Jean-de-Pourcharesse
Joyeuse
Thines
Faugères
Lablachère
Planchamp
Ste-Marguerite-Lafigère
Payzac
Notre-Dame de Bon Secours
Malarce-sur-la-Thines
les Salelles
St-Genest-de-Beauzon
les Assions
Gravières
les Vans
Col du Mas de l'Air
Villefort
Castanet
la Garde-Guérin
Prévenchères
Chalbos
Belvédère de Chassezac
Gorges de Chassezac
LANGUEDOC-ROUSSILLON
RHÔNE-ALPES
Pourcharesses
Altier
Chât. du Champ
St-André-Capcèze
Ponteils-et-Brésis
Forêt Dom. du Mas de l'Ayre
Naves
Man. de Casteljau
Banne
Berrias-et-Casteljau
Commanderie
Fort de Banne
Concoules
Bonnevaux
Château du Chaylard
Aujac
Malbosc
Génolhac
Vialas
St-Paul-le-Jeune
Sénéchas
St-André-de-Cruzières
Grotte de la Cocalière
Bordezac
Gagnières
Peyremale
Chapelle St-Sebastien
Bessèges
Robiac-Rochessadoule
Meyrannes
St-Ambroix
Chamborigaud
Portes
N.-D. de la Salette
Dolmen

Tour 18 Auvergne-Nord

Vulkan-Tour

Der Norden der Auvergne ist von seinen ruhenden Vulkanen und den tollen Straßen über sie geprägt.

COL DE LA CROIX MORAND Start in Murol. Von Osten passiert man den malerisch gelegenen Lac Chambon mit dem Puy de Sancy im Hintergrund. Nach einer kurzen Passage durch dichte Wälder gelangt man auf weite Weideflächen. Die Passhöhe zwischen dem Puy du Barbier und dem Puy Baladou hat man nun fast ständig im Blick, das Panorama ist grandios. Auf überwiegend weiten Kurven geht es flüssig nach oben.

ORCIVAL Die schöne romanische Basilika Notre-Dame d'Orcival prägt das Ortsbild des gemütlichen Bergdorfs und macht es zu einem bedeutenden Marienwallfahrtsort.

COL DE GUÉRY Zügig geht es auf die Passhöhe. Aus Le Mont-Dore kommend passiert man kurz vor dem Pass einen schön gelegenen See vulkanischen Ursprungs: den Lac de Guéry. Highlight ist die Aussicht vom Park-

Der Col de Guéry bietet Aussichten auf die Felsen, die früher mal Vulkane waren.

platz ganz oben. Der Blick in den Cinque de Chausse zwischen den Felsen des Roche Sanadoire und des Roche Tuilière reicht weit hinab in die nördliche Auvergne. Beide Felsen sind Überreste alter Vulkane.

LE MONT-DORE Ein quirliger bunter Thermalkurort mit vielen Cafés und Restaurants im Oberlauf der Dordogne. Der Ausgangsort für den nächsten Pass.

COL DE LA CROIX SAINT-ROBERT Besonders schön ist die Überfahrt in den Nachmittagsstunden. In der flüssig zu fahrenden Auffahrt von Westen hat man das Massiv des Puy de Sancy stets im Blick. Direkt hinter der sanften Passhöhe beginnen ausgedehnte Weideflächen, die Aussicht ist fantastisch. Weit unten liegt der Lac Chambon mit der Burg von Murol im Hintergrund. Auf perfektem Belag geht es in einer Kurvenorgie nach unten. Tipp: Auf halber Strecke hat man die Möglichkeit nach Lac Chambon abzubiegen und im Anschluss direkt den Col de la Croix Morand unter die Räder zu nehmen.

BESSE-ET-ST-ANASTAISE Das kleine Bergdorf empfängt seine Besucher mit reich geschmückten Häusern aus dunklem Lavagestein. Ein Bummel durch die verwinkelten Gassen lohnt nicht nur wegen der vielen landestypischen Spezialitäten, die in etlichen kleinen Läden angeboten werden. Das einheitliche Ortsbild der befestigten Stadt ist über Jahrhunderte erhalten geblieben.

MUROL Aus allen Richtungen weithin sichtbar ist die mittelalterliche Festung auf einem Basaltkegel, die über den kleinen Ort Murol wacht. Das Château kann besichtigt werden.

COL DE LA MORENO Die schlichte Passhöhe im Wald verbindet den Puy de Dôme und Clermont Ferrand mit dem Gebiet rund um den Puy de Sancy. Eine gut ausgebaute Straße mit schnellen Kurven, aber ohne anspruchsvolle Passagen.

PUY DE DOME Der 1465 Meter hohe Vulkan ist wohl der berühmteste der Auvergne und war schon mehrfach Etappenziel der Tour de France. Die spiralförmige Gipfelstraße ist seit einigen Jahren für den Individualverkehr gesperrt. Wer die fantastische Aussicht vom Gipfel erleben möchte, kann die elektrische Zahnradbahn nutzen, die seit 2012 zum Gipfel fährt.

CHASTREIX-SANCY Die Bergfahrt in das Mini-Skidorf ist aufgrund der phänomenalen Aussicht ein lohnenswerter Abstecher von der Route. ◄

Pausenstopp am Lac Chambon am Col de la Croix Morand.

TOUREN-STECKBRIEF

BASISORT
Murol (45.574969, 2.943477)

STRECKENLÄNGE
ca. 195 km

DAUER DER TOUR
1 Tag

ROADBOOK
Murol, Chambon-sur-Lac, Puy de Barbier, Orcival, Puy de Dôme, Manson, Aydat, Murol, Saint-Victor-la-Rivière, Col de la Croix Saint, Robert, Mont-Dore, La Tour-d'Auvergne, Picherande, Besse-en-Candesse, Grandeyrolles, Murol

ÜBERNACHTUNG
Hôtel de Paris
Rue de la vieille tour
F-63790 Murol
Frisch renoviertes kleines Hotel mit 11 modern eingerichteten Zimmern. Alle mit Ausblick auf die mittelalterliche Burg von Murol. Diverse Restaurants im nahen Ortszentrum stehen bei Hungerattacken zur Verfügung.
www.hotel-paris-murol.com
(45.573111, 2.943833)

Kurvenschwung am Col de la Croix Saint Robert.

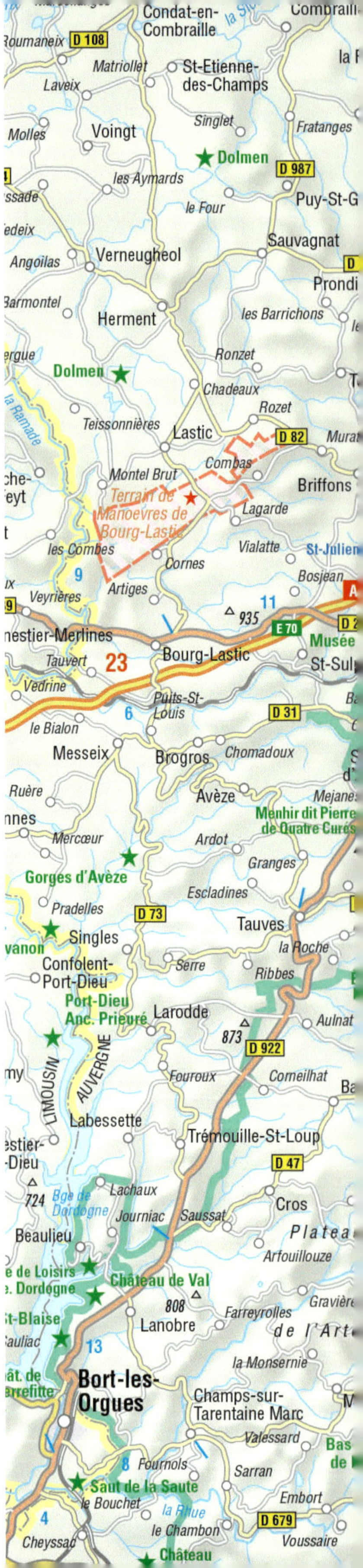

CLERMONT-FERRAND
CHAMALIÈRES
Royat
AUBIÈRE
BEAUMONT
Ceyrat
Romagnat
Orcines
Blanzat
Sayat
Durtol
Pontgibaud
Bromont-Lamothe
Vulcania
Temple de Mercure
Puy de Dôme 1464
Puy de Côme 1253
Puy Chopine 1181
Puy Monchier 1210
Parc des Dômes
Ceyssat
Forêt de Mazaye
Château Bonnabaud
St-Pierre-le-Chastel
Massagettes
St-Pierre-Roche
St-Bonnet-près-Orcival
Château de Cordès
Orcival
Rochefort-Montagne
Nébouzat
Puy de Mercœur 1249
Puy de Pourcharet 1164
St-Genès-Champanelle
Parc
Natural
Régional
des
Aurières
Aydat
Lac d'Aydat
Base de Loisirs
Vernines
Saulzet-le-Froid
Puy de Combe Perret 1380
Puy Corde 1484
Pessade
Le Vernet-Ste-Marguerite
Puy de Montenard 1173
Roche Tuilière
Station de Guéry
Station de Beaume-le-Froid
Puy Chambon 1460
Puy de Barbier 1702
Murol
St-Nectaire
Grotte du Cornadore
Puy d'Alou 1098
Puy d'Éraigne 925
Chambon-sur-Lac
St-Victor-la-Rivière
Grottes de Jonas
Verrières
Grandeyrolles
Chât. St-Diéry-Bas
St-Diéry
Saurier
Mont-Dore
La Bourboule
Murat-le-Quaire
Col de la Croix St-Robert 1451
Chambon des Neiges
La Grande Cascade
Station de Mont Dore
Puy de Sancy
Rés. Natur. de la Vallée de Chaudefour
Puy de Chambourguet 1520
Super-Besse
Besse-en-Chandesse
Lac Pavin
Puy de Montchal 1407
Station de Chastreix-Sancy
Mont Redon 1582
Puy de Paillaret 1721
Chapelle Notre-Dame
La Tour-d'Auvergne
Chastreix
Station de la Tour Sancy la Stèle
Puy de Chambourguet 1373
Station de Charlannes
Roche de Vendeix
Chareire
Station de Picherande
Picherande
St-Donat
Lac Chauvet
Compains
Montcineyre 1331
Égliseneuve-d'Entraigues
Espinchal
La Godivelle
St-Alyre-ès-Montagne
Rés. Natur. des Sagnes de la Godivelle
Burron de Chaussiguié-Hut
Station de Parrot
Montboudif
Chanterelle
Courgoul
Chassagne
Dauzat-sur-Vodable
Ternant-les-Eaux
Rentières
Château de Mercœur
Ardes
Apchat
Rés. Natur. du Rocher de la Jaquette
Chap. de Roche Charles
Anc. Abb. de Mégemont
N.-D. du Mt-Carmel
Dolmen du Lac
Montaigut-le-Blanc
Ludesse
Olloix
Plauzat
Tallende
St-Saturnin
St-Amant-Tallende
la Roche-Blanche
Château Opme
Chât. de la Batisse
Chât. de Montlosier
Allée Couverte de la Grotte
Tour la Sauvetat
Laqueuille
Perpezat
Gelles
Pérol
Cisternes-la-Forêt
A89
A71
A75
E11
E70
D 2089
D 978
D 996
D 203
D 130

Tour 19 Auvergne-Süd

Monts du Cantal

Rund um die Bergkette verteilen sich Täler und Hochflächen, die über Passstraßen miteinander verbunden werden können.

MURAT Der hübsche Ort liegt an einem Hang über dem Tal des Alagnon. Über dem Ort wacht auf einem Basaltfelsen eine Marienstatue. Idealer Ausgangsort für Touren in die Monts du Cantal mit guter Infrastruktur.

AURILLAC Die Kleinstadt am Zusammenfluss von Jordanne und Cère ist bekannt für ihre lebendige Kulturszene. Ihre alten Fachwerkhäuser sind ein angenehmer Kontrast zu den grauen Bergdörfern des Cantal. Zu empfehlen ist auch das Vulkanmuseum im Château Saint-Étienne.

SALERS Salers zählt zu den schönsten Dörfern Frankreichs und liegt eindrucksvoll auf einem Basaltplateau. Das romantische Ortsbild mit vielen Gassen, Bürgerhäusern aus schwarzem Vulkangestein, Wehrtürmen und Stadtmauern versetzt den Besucher in die Vergangenheit zurück.

Der Col du Pas de Peyrol ist der höchste Pass des Zentralmassivs.

COL PRAT DE BOUC Die Passhöhe liegt im Skigebiet des Plomb du Cantal. Die einfachen Auffahrten verlaufen mit wenigen Kurven durch sanfte Hochtäler.

COL DE NÉRONNE Die Straße von Salers bis zur Passhöhe ist ein einziger Aussichtsbalkon. Sie verläuft immer leicht ansteigend, teilweise unter Felsen am steilen Hang klebend und bietet Tiefblick vom Feinsten. Auf halber Strecke lohnt ein Stopp an den Burons de Salers mit Käserei und angeschlossenem Restaurant.

COL DU PERTHUS Auch dieser kleine Pass bietet erstaunlich guten Belag und macht Spaß. Die Nordrampe ist sehr kurvig und verläuft teilweise steil durch Weiden und Bergwald. Die Südrampe verläuft sehr aussichtsreich durch einsame Almen.

COL DE CÈRE Die Passhöhe liegt am Wintersportort Lioran. Von hier aus fährt eine Seilbahn auf den Plomb du Cantal, der ein herrliches 360-Grad-Panorama über die südliche Auvergne bietet.

COL DE SERRE Aus dem abgelegenen Vallée de Cheylade kommend beginnt die Nordrampe. Der Hauptanstieg mit engen Kehren verläuft im Wald, der abrupt auf der Passhöhe endet. Der Belag ist dort leider mangelhaft. Auf dem Col de Serre geht es nun entweder weiter bergauf Richtung Pas de Peyrol oder wieder abwärts und hinein in ein weiteres Hochtal in Richtung Murat.

ETAPPE COL DE LEGAL – AURILLAC Hier verläuft die Route des Crêtes der Auvergne, eine äußerst aussichtsreiche Straße.

COL D'AULAC Von Norden geht es durch den canyonartigen Bois du Marilhoux. Man sollte unbedingt einen Stopp am Ausflugsrestaurant der Passhöhe einlegen und bei echter Cantal-Küche den grandiosen Ausblick der über dem Abhang schwebenden Terrasse genießen.

PAS DE PEYROL Der höchste Pass des Zentralmassivs unterhalb des Puy Marys, dem mit 1787 Meter höchsten Berg des Cantal, bietet gleich drei Rampen und ist das Highlight der südlichen Auvergne.

COL DE LEGAL Der Col de Legal verbindet Salers im Norden mit der Route des Crêtes nach Aurillac im Süden. Auf der Passhöhe steht eine einladende kleine Auberge mit guter Küche. Die Straße ist schmal und führt kurvenreich durch abgelegene Täler des Cantal. Der Blick reicht bis in die ferne Hochebene des Limousin. ◂

Der Col de Neronne gleicht einem Aussichtsbalkon.

TOUREN-STECKBRIEF

BASISORT
Murat (45.110870, 2.869630)

STRECKENLÄNGE
ca. 237 km

DAUER DER TOUR
1 – 2 Tage

ROADBOOK
Murat, Collanges, Ségur-lès-Villas, Riom-ès-Montagnes, Valette, Le Falgoux, Col de Neronne, Col Saint-Georges, Aurillac, Arpajon-sur-Cère, Carlat, Vic-sur-Cère, Mandailles, Pas de Peyrol, Lavigerie, Murat

ÜBERNACHTUNG
Logis Hôtel les Messageries
18 Avenue du Dr Louis Mallet
F-15300 Murat
Das 3-Sterne Hotel verfügt über 20 modern eingerichtete Zimmer, Sauna und Fitnessraum. Reichhaltiges Frühstück, im Restaurant werden regionale Speisen angeboten. Die freundlichen Mitarbeiter geben gerne Tipps für Ausflüge.
www.hotel-les-messageries.com
(45.109583, 2.869388)

Schöne Kehren am Col de Serre.

Parc Natural
Régional
des
Volcans d'Auvergne
Monts du Cantal
Plateau du Limon
Forêt Dom. de Murat
AURILLAC
Arpajon -sur-Cère
Riom-ès-Montagnes
Murat
Trizac
Valette
Salers
Fontanges
St-Paul-de-Salers
Le Falgoux
Col de Neronne 1242
Pas de Peyrol
Puy Mary 1783
Col-St-Georges
Col de Legal
Mandailles
St-Julien-de-Jordanne
Vic-sur-Cère
Thiézac
St-Jacques-des-Blats
Super-Lioran
Dienne
Ségur-les-Villas
Apchon
Cheylade
Lascelle
Velzic
Jussac
St-Simon
Polminhac
Carlat
Raulhac
Badailhac
St-Etienne-de-Carlat
Vézac
Château St-Angeau
Chât. de Peyrelade
Cirque du Falgoux
Station de Col de Legal
Station de Super-Lioran
Cascade de Liadouze
Rocher de Carlat
Château de Pesteils
D 680
D 17
D 35
D 59
D 54
D 600
D 990
D 3
D 62
N 122
AUVERGNE
MIDI-PYRÉNÉES

Tour 20 Loire

Castle-Cruising

Die Loire gilt nicht als klassisches Motorrad-Ziel. Dennoch lassen sich an Frankreichs großem Fluss viele erfreuliche Runden drehen.

ORLÉANS Der Hauptort der Loire-Region hat ein überaus quirliges Zentrum. Vom Wohnhaus der legendären Jeanne d'Arc lässt sich die nach den schlimmen Zerstörungen des Zweiten Weltkriegs wieder errichtete Altstadt erkunden. Besuchermagnet ist die mächtige Kathedrale Sainte-Croix d'Orléans.

CHAMBORD Querbeet geht es anschließend durch weitläufige Wälder südlich zum nächsten Highlight des Loiretals. König François I. hatte ambitionierte Pläne, als er mit dem Schloss Chambord das noch heute größte und prächtigste aller Loire-Schlösser ab 1519 erbauen ließ. Er wollte dem Kaiser Karl V. die Krone streitig machen. Doch er scheiterte und Chambord verkam zu einem völlig überdimensionierten Jagdschloss. Heute lockt es als Weltkulturerbe jährlich hunderttausende Besucher an.

Chambord ist das größte und prächtigste aller Loire-Schlösser.

BLOIS Ein magischer Ort – und das im wahrsten Wortsinn. Blois war fast ein Jahrhundert lang die Residenz der französischen Könige. Auch die legendäre Jeanne d'Arc errichtete hier ihre Basislager für die Befreiung von Orléans. Die Geschichte hat nicht erst seit dem prachtvollen späten Mittelalter ihre Spuren hinterlassen. Schon die Römer siedelten hier, und die Karolinger trieben die Siedlung bereits im neunten Jahrhundert zur ersten Blüte. Den Höhepunkt seiner Pracht erlebte Blois unter den Königen Ludwig XII. und François I., die das mächtige Renaissanceschloss noch erweiterten.

CHAUMONT-SUR-LOIRE Nur wenige Kilometer weiter wartet in Chaumont-sur-Loire bereits das nächste Highlight. Das Schloss liegt auf einem Hügel, umgeben von einem sehenswerten Landschaftspark. Die schmucken Häuser des Ortes schmiegen sich an den Schlossfelsen und öffnen sich nur zum Loire-Ufer hin.

AMBOISE Das Städtchen ist mit seinem reichhaltigen Angebot an Herbergen, Restaurants, Cafés und Kulturstätten eine der besten Adressen an der Loire. In Sichtweite des markanten Stadtschlosses liegt der private Palazzo Clos Lucé. Kein Geringerer als Leonardo da Vinci hat hier die letzten Jahre seines Lebens verbracht. In den vergangenen Jahrzehnten wurde nicht nur das Gebäude renoviert und auf den Stand von da Vincis Lebenszeit gebracht. Im Park und einigen weiteren Räumen entstanden.

Wer zügig durch Schloss und Park wandelt, kann sich dann noch dem königlichen Anwesen von Amboise widmen, das sich einer soliden Trutzburg gleich über der Loire erhebt. Auch dieses war ein wichtiges Anwesen in der Reihe royaler Residenzen. François I., Fan und Mentor da Vincis, war so versessen auf die Nähe zum Meister, dass er für seine häufigen Besuche einen unterirdischen Gang von 500 Metern Länge in den Fels treiben ließ, um unbemerkt in Leonardos Alterssitz zu gelangen.

TOURS Seit mehr als 2000 Jahren zählt Tours zu den wichtigsten Orten entlang der Loire. Das äußert sich heute nicht nur in der Einwohnerzahl von rund 140 000, sondern vor allem in den zahllosen sakralen Sehenswürdigkeiten, die über das gesamte Stadtbild verteilt sind. Mehrere Klöster und monumentale Kirchengebäude, darunter zuvorderst die Kathedrale Saint-Gatien wollen besichtigt werden. An ihrem Standort war bereits 338 nach Christus eine erste Kirche errichtet worden. ◂

Seine letzten Lebensjahre verbrachte Leonardo da Vinci in Amboise.

TOUREN-STECKBRIEF

STARTORT
Orléans (47.898031, 1.904239)

ZIELORT
Tours (47.39398, 0.67808)

STRECKENLÄNGE
ca. 140 km

DAUER DER TOUR
1 Tag

ROADBOOK
Orleans, Meung-sur-Loire, Beaugency, Chambord, Blois, Chaumont-sur-Loire, Sauvigny-de-Touraine, Amboise, Montlouis-sur-Loire, Tours

ÜBERNACHTUNG
Hôtel et Spa le Domaine de Thômeaux
12 Rue des Thomeaux
F-37530 Mosnes
Das Hotel ist eine stilistisch passende Unterkunft für einen Loire-Trip und hält auch einen eigenen Spa-Bereich bereit. Es befindet sich nur 1 Kilometer vom Ufer der Loire entfernt und bietet im Restaurant vorzügliche Gerichte. Parkplatz ist vorhanden.
www.domainedesthomeaux.fr
(47.4549, 1.09809)

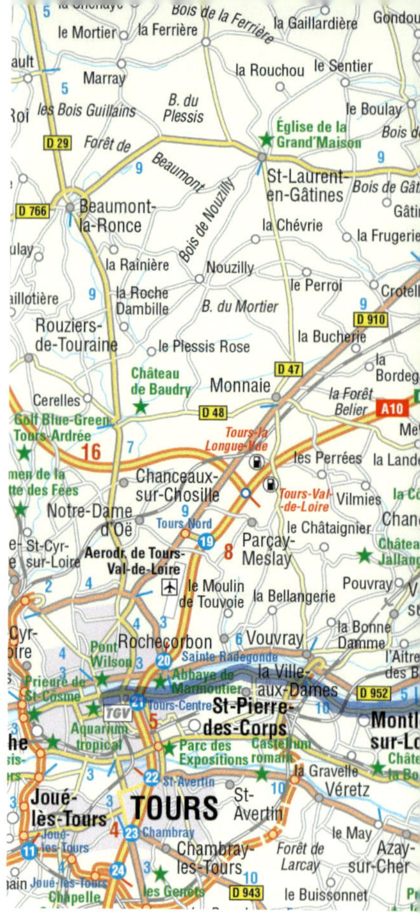

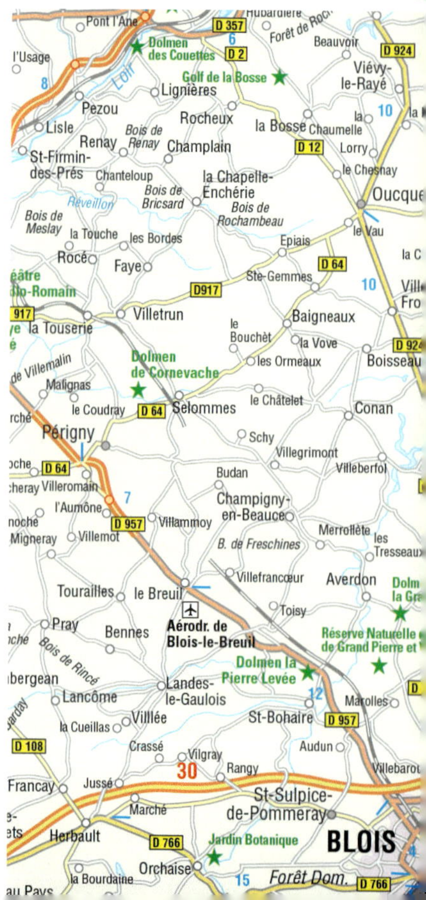

Die Domaine de Thômeaux ist eine stilistisch passende Unterkunft für einen Loire-Trip.

BLOIS
la Chaussée-St-Victor
Vineuil
Château-Renault
Chaumont-sur-Loire
Amboise
Forêt d'Amboise
Bléré
Montrichard
Cour-Cheverny
Fougères-sur-Bièvre
Saran
Ormes
ORLÉANS
Ingré
ST-JEAN-DE-LA-RUELLE
Chécy
St-Jean-le-Blanc
St-Denis-en-Val
la Chapelle-St-Mesmin
Meung-sur-Loire
Cléry-St-André
Beaugency
Mer
St-Laurent-Nouan
Jouy-le-Potier
la Ferté-St-Aubin
Ligny-le-Ribault
la Ferté-St-Cyr
Thoury
Muides-sur-Loire
Chaumont-sur-Tharonne
la Marolle-en-Sologne
Parc de Chambord
Forêt Dom. de Boulogne
Loire

Tour 21 Loire

Moderne Ritter

Zwischen Loire und ihren Nebenflüssen Cher und Indre, warten hunderte von Burgen und Schlösser auf die Besucher.

Es gab Zeiten, da verlief die deutsch-französische Grenze genau durch das Wasserschloss Chenonceaux.

TOURS In der hübschen Stadt endete die erste Loire-Tour und startet auch diese. Nach der Besichtigung passiert man auf dem weiteren Weg flussabwärts die Mündung des Cher.

LANGEAIS Im malerischen Langeais, wo auch der älteste, noch einigermaßen erhaltene Festungsturm Frankreichs steht, geht es über eine Hängebrücke vom Nord- ans Südufer – und weiter bis zur Mündung der Vienne.

CHINON Dieser folgt die Route nun flussaufwärts nach Chinon. Das hoch über den Ufern der Vienne gelegene burgähnliche Schloss spielte in der französischen Geschichte eine wichtige Rolle. Hier begegnete Jeanne d'Arc zum ersten Mal Karl VII. und erkannte ihn. Deshalb ist auch im großen Turm ein Jeanne d'Arc gewidmetes Museum untergebracht. Weiterer Höhepunkt ist sicherlich der weite Blick über das Tal der Vienne.

RICHELIEU Der südlichste Punkt der Route. Hier ist es kein Schloss, das Aufsehen erregt – auch wenn es mal eines gab. Es wurde aber von geschickten Kaufleuten als Baumaterial feilgeboten, aus dem die von Kardinal Richelieu gewünschte symmetrische Stadt entstand, die heute als Ganzes unter Denkmalschutz steht.

AZAY-LE-RIDEAU Nach Überquerung von Vienne ist man zurück im Kerngebiet der Loire, wo in Azay-le-Rideau zur Abwechslung ein prächtiges Wasserschloss seine Besucher empfängt.

LOCHES Der Indre flussauwärts folgend erreicht man bald Loches. Die Altstadt ist wunderbar zu Fuß zu erobern. Und sie verfügt über einige richtig interessante Adressen. Bei Metzger Rouballay etwa gibt es etwa tollen regionalen Zienkäse. Oberhalb der Altstadt ragt einer der ältesten Festungstürme Europas hinauf. Das finstere Gemäuer überragt die ganze Stadt, sogar das königliche Anwesen Logis Royal. In dem hinterließen gleich drei starke Frauen der französischen Geschichte Spuren: Jeanne d'Arc, Agnès Sorel und Anne de Bretagne.

CHENONCEAUX Einen Besuch ist das Schloss in jedem Fall wert. Es ist wohl das einzigartigste Gebäude unter den vielen Hundert Loire-Schlössern, besitzt es doch eine Galerie, die den Fluss in Gänze überbrückt und damit im Laufe der Zeit manche Kuriosität mitmachte. Zuletzt im Zweiten Weltkrieg, als die Grenze zwischen dem freien Frankreich und dem von Deutschland besetzten Teil über den Fluss Cher verlief – und damit genau durch das Schloss.

VALENÇAY Im weiteren Verlauf kann man gierig ein paar Kurven einsaugen, wenn man sich vom Fluss verabschiedet. Natürlich liegen auch hier wieder eine Handvoll kleinerer Schlösser am Wegesrand. Spätestens in Valençay muss man einen Halt einplanen. Dieses Mal aber nicht, um das imposante Renaissance-Gemäuer mit seinem erst vor wenigen Jahren eröffneten üppigen Gartenpark zu durchstöbern. Vielmehr lockt das kleine, im Inneren aber recht feine Musée de l'Automobile. Besucher erwarten einige sehr exotische Exponate aus 100 Jahren Mobilitätsgeschichte.

ROMORANTIN-LANTHENAY Die Umgebung der Stadt ist nicht nur für Frankreich einzigartig: Tausende Teiche sind hier von Menschenhand angelegt worden, um Fischzucht zu betreiben. Die künstlichen Gewässer und ihre Entstehung werden ebenfalls in Romorantin in einem weiteren Museum anschaulich beschrieben. ◂

Auf dem Weg nach Loches passiert man das Schloss Montpoupon.

TOUREN-STECKBRIEF

BASISORT
Tours (47.39398, 0.67808)

ZIELORT
Romorantin-Lanthenay (47.361050, 1.742980)

STRECKENLÄNGE
ca. 340 km

DAUER DER TOUR
2-3 Tage

ROADBOOK
Tours, Langeais, Chinon, Richelieu, Azay-le-Rideau, Loches, Chenonceaux, Montrichard, Saint-Aignan, Valençay, Romorantin-Lanthenay

ÜBERNACHTUNG
Logis Hôtel de France
6 Rue Picois
F-37600 Loches
Besitzer Stéphane Gagé ist selbst leidenschaftlicher Biker. Entsprechend gut werden solche Gäste auch behandelt. Das Haus befindet sich in bester Altstadtlage.
www.hoteldefrance-loches.com
(47.12857, 0.997070)

Köstliche Käse- und Wurstspezialitäten gibt es in Loches.

Sonzay
Souvigné
Vaujours
la Vallière
la Rochedain
les Mousseaux
Chât. de la Motte-Sonzay
les Bordes
Etg. de Romette
Courcelles-de-Touraine
Braudières
Golf du Château de Sepit Toucs
Landes de Bréviande
Trigalière
les Landes
Bois d'Ambillou
Bellevue
Louzardière
le Serrain
Semblançay
St-Antoine-du-Rocher
Rouziers-de-Touraine
le Plessis Rose
Château de Baudry
Monnaie
la Bucherie
Cerelles
Golf Blue-Green Tours-Ardrée
Dolmen de la Grotte des Fées
Chanceaux-sur-Choisille
Notre-Dame d'Oé
les Perrées
Tours-Val-de-Loire
Vilmies
le Châtaignier
Parçay-Meslay
Aerodr. de Tours-Val-de-Loire
le Moulin de Touvoie
la Bellangerie
Pouvray
Vouvray
la Bonne Dame
Courtabon
Chantilly
le Gros Ormeau
Ambillou
l'Harteloire
Pernay
Rudanay
St-Roch
le Tremblay
Bois de Poillé
la Membrolle-sur-Choisille
St-Cyr-sur-Loire
Pont Joubert
Château de Champchevrier
Savigné-sur-Lathan
Boyères
B. de Tivoli
la Chêne
Malitourne
Prieuré de Lavaray
Hommes
St-Symphorien-les-Ponceaux
la Caranderie
la Bohardière
Jupille
la Touche
la Vallé de Vaugareau
la Mignonnerie
Aqueduc romain
Gana
Fondettes
Prieuré de St-Cosme
Pont Wilson
Rochecorbon
Sainte Radegonde
Abbaye de Marmoutier
la Ville-aux-Dames
St-Pierre-des-Corps
Tours-Centre
Aquarium tropical
Parc des Expositions
Castellum romain
la Gravelle
Véretz
Avrillé-les-Ponceaux
Grand Etg. de Crémille
le Breuil
Mazières-de-Touraine
le Bourg
Luynes
l'Arnerie
Marsay
la Riche
Chât. Plessis-les-Tours
Bois de Crémille
la Grange
la Métairie
Les Hautes Martinières
B. de Bresne
Monument gallo-romain
Cinq-Mars-la-Pile
Berthenay
Savonnières
Joué-lès-Tours
TOURS
St-Avertin
la Parfaiterie
la Rouchouse
Langeais
Charsai
Villandry
Grottes pétrifiantes
Parc du Château
le Verger
Ballan-Miré
Chambray-lès-Tours
Forêt de Larçay
le May
Azay-sur-Cher
les Essards
Pont Boutard
St-Laurent
Langeais-Est
Cinq-Mars-la-Pile
la Chapelle-aux-Naux
Vallères
la Barre
Golf de Touraine
Romain
les Genets
le Buissonnet
Lignières-de-Touraine
la Perré Groslot
le Baillin
Druye
les Joncs
la Coudraye
Chapelle St-Laurent
les Parc de Monbazon
Esvres
Bréhémont
la Perrée Groslot
Azay-le-Rideau/Druye
Domaine du Breuil
Château de Candé
Epiray
Château de Couzières
Tour du Brandon
les Forges
Marnay
la Perrée Neuve
la Bobinière
Forêt de Villandry
Montbazon
Veigné
Esvres
Port Plat
St-Patrice
Rivarennes
Château de l'Islette
Azay-le-Rideau
Église de l'Abbaye de Relay
Château de Vonne
Monts
Artannes-sur-Indre
Vontes
Hommais
Cormery
le Saut
Cheillé
Rigny Ussé
Forêt Domaniale
Pont-de-Ruan
Moulin de Balzac
Couteau
Sorigny/Montbazon/Mont
Sorigny
le Châtelet
Taille
le Villier
la Cocardière
Ancienne Église
Château d'Ussé
Abbaye de Turpenay
Saché
B. de Valesne
la Carrée
Château du Plessis
Château du Grand Châtelet
la Gibaudière
Cesnay
St-Branchs
la Gaudinière
Chât. de Lavillaumer
St-Benoît-la-Forêt
de Chinon
Villaines-les-Rochers
Thilouze
la Ripaudière
la Varenne
les Granges
la Brésardière
Carré
Parc Naturel Rég. Loire-Anjou-Touraine
Maison Forestière
Landes
du
Ruchard
Camp Militaire du Ruchard
Forêt de Crissay
B. de l'Éventard
Villeperdue
le Bois St-Maurice
la Baume
Humeau
la Bourde
la Collerie
Ste-Maure-de-Touraine
les Bougaudières
les Grds. Bois
le Réau des Champs
Louans
Varnelle
St-Bauld
Fontenay
Chapelle de la Madeleine
le Ht. Galmain
Collégiale des Roches Tranchelion
Neuil
la Poste
la Fontaine-Colette
les Closeaux
Vieux Bourg
Sonnay
Cravant-les-Côteaux
le Puits Chauveau
les Ruaux
Rennefort
Ste-Catherine-de-Fierbois
la Tinellière
le Louroux
Vieux Chinon
Briançon
Panzoult
Avon-les-Roches
Crissay-sur-Manse
St-Épain
Montgoger
Courtineau
la Pagerie
Chât. de Comacre
Etg. du Louroux
Manthelan
la Motte
Chézelet
Ronçé
Manne
la Boue
N.-D. de Lorette
le Lâche
la Bulotière
Rivière
Anché
Sazilly
Tavant
St-Gilles
Montel
Crouzilles
Bois de Boizé
Souvres
la Boisselière
Roches St-Paul
la Garde
Château des Brétignolles
L'Île-Bouchard
St-Maurice
Trogues
Noyant-de-Touraine
Ste-Maure-de-Touraine
Bossée
Dolmen de Carroir Bon Air
Château du Rivau
Brizay
Prieuré St-Léonard
Parçay-sur-Vienne
Beauvais
Ste-Maure-de-Touraine
les Brouillères
les Usages
Aimé
Vapeur
Theneuil
les Coteaux
Plaudières
Lémeré
les Varennes
Crèze
la Samsonnière
Pouzay
le Bois Chaudron
Chât. de Grillemont
Assay
Champigny-sur-Veude
Oiré
Lièze
les Chillaudières
Soulangé
Menhir la Pierre Percée
les Ferrands
Sepmes
Bournan
la Chapelle-Blanche-St-Martin
Pigeonnier
Niollet
la Rancheraie
Chezelles
les Liots
Marcilly-sur-Vienne
Maillé
Chât. de Bagneux
la Davière
Chillois
les Bruères
la-Tour-St-Gêlin
Poitevin
Rilly-sur-Vienne
Draché
Civray-sur-Esves
Esves
Ligueil
la Queberie
Chaveignes
Verneuil-le-Château
Abbaye
Village des Champs
Marcé-sur-Esves
le Village du Bois
Trémont
Vouzeray
Champ-Vent
la Pichardière
Courcoué
Vernay
Luzé
la Vieux Port
la Celle-St-Avant
Prouray
Cussay
la Tirole
Richelieu
Parc Naturel Rég. Loire-Anjou-Touraine
Anc. Abbaye St-Michel
Ports
les Ormeaux
Suvidemont
les Souchons
la Cigogne
la Lande
Le Petit Château
la Babinière
B. de Villevert
Prieuré
Ports-de-Piles
Grignon
la Verdonnerie
Balesmes
l'Ortanne
les Boissonneries
Pauvre
Limeuil
Braslou
Pussigny
Sauvage
Falaise
Paulmy
Hipp. du Parc
B. de St-Gilles
Razines
Marigny-Marmande
Antogny-le-Tillac
les Ormes
Descartes
la Poulaise
le Châtelier
Nueil-sous-Faye
l'Étang Marnay
Faye-la-Vineuse
Château de Chargé
Nancré
la Grille
Poizay
Seligny
la Mardelle
Ribault
Bourdel
la Cholerie
la Verroisière
Tuileries
St-Remy
Loire
Cher
Indre
Vienne
A10
A28
A85
E 5
E 05
E 60
E 502
E 604
D 751
D 757
D 910
D 952

Château-Renault
Amboise
Forêt d'Amboise
Montrichard
Loches
Montlouis-sur-Loire
Chaumont-sur-Loire
Bléré
Chissay
Genillé
Montrésor
Beaulieu-lès-Loches
Cormery
Esvres
Vouvray
Pierre-Corps
Véretz
Azay-sur-Cher
Athée-sur-Cher
La Croix-en-Touraine
Civray-en-Touraine
Château de Chenonceau
Pontlevoy
Onzain
Mesland
Limeray
Pocé-sur-Cisse
Nazelles-Négron
Reugny
Vernou-sur-Brenne
St-Quentin-sur-Indrois
Chartreuse du Liget
Forêt Domaniale de Loches
Azay-sur-Indre
Reignac-sur-Indre
Truyes
Tauxigny
Manthelan
Ligueil
Perrusson
St-Jean-St-Germain
Loché-sur-Indrois
Céré-la-Ronde
Montlouis-sur-Loire
Chambourg-sur-Indre
Sublaines
Dierre
St-Martin-le-Beau
Faverolles-sur-Cher
St-Georges-sur-Cher
Loire
Cher
Indre
A10
A85

Forêt Dom. de
s-Cosson
Mont-près-Chambord
Château de Villesavin
Bracieux
Château d'Herbault
Neuvy
Bauzy
Tour-en-Sologne
Fontaines-en-Sologne
Cour-Cheverny
Château de Cheverny
Château de Troussay
Golf du Château de Cheverny
Villavrain
Forêt de Cheverny
Domaine de la Ravinière
Domaine de la Morinière
Domaine des Pins
Domne. du Gué la Guette
les Pluies
l'Etoile
la Masure
Vernou-en-Sologne
Courmemin
la Pochatière
le Riou
Chassenais
Veilleins
Château de la Morinière
Soings-en-Sologne
Fresnes
Contres
la Belle
Rouchère
Sassay
l'Herbaudière
Parsay
la Rangère
Couddes
Champdilly
la Boulas
la Straize
Rougeou
Ancienne Eglise
Chemery
Beauchêne
Manoir de Beauregard
la Guérinière
Selles-sur-Cher
Méhers
le Peu
Billy
Forêt de Gros Bois
les Bruyères
les Girardières
Fourchaud
le Pont de Souldre
Noyers-sur-Cher
Châtillon-sur-Cher
Mur-de-Sologne
la Bruvandière
Lac de Soings
Algrain
Fleury
Champagne
la Saugère
Lassay-sur-Croisne
Château du Moulin
Gy-en-Sologne
l'Aunay
le Saule
Bâtarde
Bezaudière
la Pichonnière
Pied Sauvron
Pruniers-en-Sologne
les Bois
la Nigaudière
Closeure
le Theil
Noray
Villedieu
Gièvres
Selles-sur-Cher
Beauregard
Chabris
la Vernelle
Chevenay
Couffy
Meusnes
Lye
Fontguenand
Menetou-sur-Nahon
Varennes-sur-Fouzon
Sembleçay
Parpeçay
Bois Gache
Bourpaillou
la Chapelle
Ste-Cécile
Espaillat
le Bourg du Château
Villentrois
Forêt de Gâtine
Faverolles
la Garnerie
les Sicaudières
Valençay
Parc Animalier du Château
Rendez-Vous de Chasse de la Garenne
les Rosiers
les Gauthiers
la Severie
Chaud Buisson
Luçay-le-Mâle
Veuil
Blas
Villon
la Moustière
la Blondière
Chât. du Domaine d'Oublaise
Vicq-sur-Nahon
Monay
les Garniers
les Plaix
la Giboultière
la Brissonnière
Entraigues
la Boutelaie
la Marchaisière
la Girardière
la Désemerie
Gehée
Balzème
Jarzay
Jeu-Maloches
le Carroir
la Malotrie
Selles-sur-Nahon
la Bionnerie
Heugnes
Moulins-sur-Céphons
Bois de Ferrières
les Châteliers
Village Gaulois
Baudres
les Brosses
Bois de Romesac
Verdenay
Bouges-le-Château
Bois de Levroux
Rouvres-les-Bois
Ratin
Couffy
la Taupellière
Besogne
les Barres
Ruelle
le Grd. Village
Bois de St-Paul
la Forêt
les Aunais
Garsenland
F. de Garsenland
les Charlots
Semoise
les Baudets
Chambonais
le Grd. Chambonais
Poulaines
Buxeuil
le Pit. Chambonais
les Audions
la Moinerie
Aunay
la Villeneuve
Montrieux-en-Sologne
Neung-s-Beuvron
la Ferté-Beauharnais
St-Viâtre
Millançay
Romorantin-Lanthenay
Lanthenay
Monthault
Anc. Eglise
Villefranche-sur-Cher
St-Julien-sur-Cher
la Chapelle-Montmartin
les Galliers
Aérodr. de Romorantin-Pruniers
l'Epinière
la Richaudière
la Croix David
la Pêcherie
les Goujonneaux
les Tailles de Ruines
Villeneuve
Dun-le-Poëlier
St-Christophe-en-Bazelle
Château de Fins
Anjouin
les Légers
Bagneux
Prinçay
Forêt Dom. de la Vernusse
Villechauvon
Aize
Bagatelle
B. de Guilly
Guilly
les Morins
Fontenay
la Chapelle St-Laurian
les Michot
les Bergeries
Liniez
Cigognolles
Chantorin
Bretagne
Vatan
St-Florentin
Reboursin
Champs d'Amour
Gracay
Graçay
Nohant-en-Graçay
Dolmen la Pierre Levée
Orville
St-Outrille
Beauregard
Genouilly
Maison Fort
Mennetou-sur-Cher
Châtres-sur-Cher
Anc. Prieuré
Maray
St-Loup
les Boîtes
les Belliards
St-Georges-sur-la-Prée
Selles-St-Denis
la Ferté-Imbault
Aliotis Aquarium de Sologne
Site Archéologique
Marcilly-en-Gault
Bourgnouveau
Villechaise
Ste-Marie
Meunet-sur-Vatan
Lucay-le-Libre
Giroux
Ménétréols-sous-Vatan
Paudy
Vœu
la Ronde
153

Tour **22** Im Luberon

Kurven, Küste und Kultur

Eine gute Fahrstunde nördlich von Marseille liegt die reizvolle Gebirgskette des Luberon. Hier lässt sich auf einsamen und kurvigen Bergstrecken fantastisch motorradwandern. Malerische Dörfer und rauschende Gebirgsbäche faszinieren ebenso wie köstliche Weine und duftender Lavendel. Und wer mag, erkundet auch gleich die schönste Hafenstadt Frankreichs – es lohnt sich.

Vom Luberon an die Küste ist es nur ein Katzensprung.

Auf dem zentralen Platz Saignons, dem Place de la Fontaine, leuchtet unter dem strahlend blauen Himmel grünes Efeu an ockerfarbenen Hauswänden. Im moosbewachsenen Dorfbrunnen plätschert das Wasser und es gehört nicht viel Fantasie dazu, sich vorzustellen, wie es hier in der wechselhaften Geschichte des Luberon früher ausgesehen haben mag.

Gleich drei Burgen zieren das Stadtwappen des kleinen südfranzösischen 1000 Seelen-Dorfes. Die urigen, kopfsteingepflasterten Gassen des mittelalterlichen Stadtkerns tun ihr Übriges für eine filmreife Kulisse. Dabei ist Saignon nicht das einzige bildschöne

Saignon liegt mitten im Naturpark (oben). Jedes Luberon-Dorf hat seinen Brunnen (rechts).

Dorf im Luberon. Manche liegen hoch oben auf den Höhen der bis zu 1200 Metern hohen Gebirgskette, einige schmiegen sich in schattigen Tälern an die wild rauschenden Bergbäche. Verbunden sind diese malerischen Orte durch verwinkelte und kurvenreiche Nebenstraßen – echte Traumstrecken für Motorradfahrer.

Das einladende Cucuron, eines dieser schmucken, provenzalischen Städtchen, entließ uns am Morgen in den Combe de Lourmarin. Diese fantastische Schlucht, vom Flüsschen Aigue Brun in den Kalkstein des Luiberon-Gebirges geschmirgelt, trennt den westlichen Petit Luberon vom östlichen Nachbarn Grand Luberon. Mitten hindurch führt die D 943. Genau die richtige Route um die Kurvenqualitäten unserer F 800 R so richtig zu genießen. In kernigen Schräglagen ging es kreuz und quer durch die Schlucht. Mit beherztem Gas schossen wir an dem einen oder anderen Vierradfahrer vorbei und erreichten im Schatten des Mourre Nègre, dem mit 1125 Metern höchsten Berg des Luberon, schließlich Saignon.

Spektakuläre Felswände

Auch jenseits Saignons, im Parc Naturel Régional du Luberon, ist Geradeaus Fehlanzeige. Wieder windet sich die Strecke um Hügel und Berge und folgt den ausgetrockneten Wasserläufen. Wir rauschen durch ausgedehnte Eichenwälder, durchqueren herrlich duftende Macchia voller Kräuter und Gewürze. Spektakuläre Felswände liegen rechts und links der Straßen. Auf unserem Weg liegt das

Der Naturpark ist gleichzeitig ein UNESCO-Biosphärenreservat.

erstaunlich gut erhaltene Château von Caseneuve aus dem 13. Jahrhundert und die mittelalterlichen Torbögen von Viens. In Oppedette lassen wir uns einen heißen Café au Lait mit einem Croissant munden.

Tal der Durance

Bald führt uns der fast 600 Meter hohe Col de la Mort d'Imbert in das Tal der Durance. Hier liegt Manosque. Mit über 20000 Einwohnern schon eine richtige Stadt, die sich aber in ihrer zentralen Altstadt immer noch ein urgemütliches, südfranzösisches Flair bewahrt. Gleich am urigen Stadttor Porte Saunerie parken wir, schlendern durch die schmalen Gassen, schauen uns in den interessanten Läden um und genießen das französische savoir-vivre.

Über die schmale D 31 / 33, eine der wenigen Strecken quer über den Grand Luberon, geht es schließlich wieder in Richtung Cucuron. Die Route führt uns entlang des Ètang de la Bonde – dem größten Gewässer des Luberon. An den Ufern des türkis schimmernden Sees lässt es sich herrlich entspannen. Das war wohl nicht immer so, schließlich ließ Baron Fouquet d'Agoult den 30 Hektar großen See im 15. Jahrhundert nebst des dafür nötigen Zulaufs künstlich anlegen. Und wer die Blicke über die riesige Wasserfläche schweifen lässt, kann sich gut vorstellen, wie viel Schweiß dafür vergossen wurde.

Den Tag lassen wir in Cucuron ausklingen. Mitten im Zentrum liegt der von mächtigen Platanen umgebene Löschwasserteich. Einst diente er als Energiequelle für drei Mühlen. Heute findet hier regelmäßig der Wochenmarkt statt, und am Abend lässt es sich in der Bar und im Restaurant an seinem Ufer herrlich relaxen.

Der erste Weg am nächsten Morgen führt uns in den kleinen Supermarkt von Cadenet. Knackiges Baguette, frisches Obst, zwei, drei Stückchen

Schattige Allee im Luberon (unten). Das Viaduct Roquefavour liefert Trinkwasser nach Marseille (rechts).

des leckeren regionalen Käses und natürlich etwas Süßes für den Nachtisch wandern in die Gepäcktaschen.

Kurs aufs Mittelmeer

Die richtigen Zutaten für ein gelungenes Picknick. Dann heißt es Kurs Süd, die D 543 führt geradewegs aufs Mittelmeer zu. Über Durance erreichen wir bald den Canal de Marseille, der die wichtigste Hafenstadt Frankreichs mit Trinkwasser versorgt. Schon die Römer verstanden sich in Südfrankreich perfekt auf den Bau von Aquädukten, Tunneln und Kanälen.

Ein besonders beeindruckendes Exemplar unterqueren wir bei Ventabren. 1847 wurde der Aquädukt von Roquefavour nach siebenjähriger Bauzeit fertiggestellt. In gut 82 Metern Höhe überquert der Canal de Marseille auf 393 Metern Länge den Fluss Arc, eine Bahnlinie und eine Straße. Ein faszinierendes, gemauertes Bauwerk, fast doppelt so hoch wie der berühmte Pont du Gard.

Vorbei am Flughafen Aix-Les Milles stürzen wir uns in das Stadtgewühl von Marseille. Wie in allen großen

Beeindruckend ist die Kathedrale von Marseille.

AUTOREN-TIPP

MARSEILLE Die Stadt ist nach Paris die zweitgrößte Stadt Frankreichs und gleichzeitig einer der wichtigsten europäischen Häfen. Nicht umsonst nennt sich Marseille auch das „Tor zum Mittelmeer". In den vergangenen Jahrzehnten hatte die Hauptstadt des Départements Bouches-du-Rhône mit ihrem negativen Image zu kämpfen. Kriminalität und Verschmutzungen nahmen deutlich zu, viele Einwohner verließen wenn möglich die Stadt. Dieses Bild hat sich in den letzten Jahren jedoch stark gewandelt.

Stadterneuerungsprojekte, Wirtschaftsförderung und viele weitere Projekte zeigen deutliche Wirkung. Marseilles Altstadt und der alte Hafen sind heute wieder beliebte Ausflugsziele und immer einen Besuch wert. Die Stadt verfügt über viele interessante Museen und ein ausgeprägtes Kulturleben. Unbedingt anschauen sollte man sich die mächtige Kirche Notre-Dame de la Garde, die auf einem hohen Felsen über Stadt und Hafen thront. Die Aussicht dort ist spektakulär. Außerdem ein Muss: die Festung Château d'If und der alte Hafen.

GPS 43.295370, 5.374343 (Quai des Belges am alten Hafen)

französischen Städten haben auch hier Motorradfahrer scheinbar Sonderrechte. Auf dem Weg ins Zentrum hänge ich mich einfach an zwei Einheimische. Es geht rechts und links an den Autos vorbei, an der Ampel ziehen wir zackig nach vorne. Kaum wird es grün, üben wir gemeinsam mit einer Horde Rollerfahrern für das nächste Beschleunigungsrennen. Wie so oft in Frankreich spielen fast alle Autofahrer mit. Oberlehrer und Ausbremser finden sich hier eher selten.

Historischer Hafen

Unsere kurzweilige Fahrt endet am historischen Hafen Vieux Port. Der ist nicht nur der älteste Hafen von Marseille, sondern gleichzeitig auch historisches, kulturelles und touristisches Zentrum der Stadt. Es herrscht emsiges Treiben, die Straßencafés sind gut gefüllt, Boote kommen und gehen, Segelmasten wiegen sich im Wind und über allem schwebt der Geruch von Salzwasser und Fischmarkt.

Kiki und ich lieben Marseilles exotische Stimmung und genießen immer wieder die Abstecher in diese faszinierende Hafenstadt. In Marseilles Süden halten wir uns an die Schilder nach

Leckeren Fisch gibt es in Marseille natürlich am Hafen.

Cassis und finden uns nur wenig später auf dem Col de la Gineste wieder. Zwischen den Buchten von Marseille und Cassis gelegen, bietet die Strecke einen fantastischen Blick hinaus aufs Meer, über weite Teile Marseilles und über die Calanques, die mit ihren wilden, romantischen und fjordähnlichen Buchten für viele Franzosen zu den schönsten Landschaften des Landes gehört.

Ab Cassis wird es noch ein Stück spektakulärer. Hier steigt die Corniche des Crêtes steil in den Himmel. Die etwa 15 Kilometer lange, kurvenreiche Panoramastraße führt gleich oberhalb

Erfrischender Pausenstopp am Meer (oben) und Fahrt entlang von Mohn- und Traubenfeldern (links).

Der Luberon lockt mit kurvenreichen Nebenstrecken.

des Cap Canaille zum Grand Tête. Direkt neben der Straße liegen die höchsten Klippen Frankreichs. Wir schauen über die Felskante 362 Meter direkt steil in die Tiefe - ohne Zaun und ohne Geländer.

Und noch ein spannendes Ziel lockt vom Luberon aus in Richtung Süden: der Circuit du Castellet Paul-Ricard. 20 Jahre lang gastierte auf dieser Rennstrecke der Formel-1-Zirkus, und von 1978 bis 1999 startete hier das sagenhafte Motorrad-Langstrecken-Event Bol d'Or. Klar, dass wir wenigstens einen Blick auf die Rennstrecke werfen, die auch heute noch Stätte bedeutender Motorsport-Rennen ist. Außerdem gibt es im High Speed Club immer eine leckere Kleinigkeit zu essen und natürlich einen anständigen Café au lait.

Über drei Pässe

Zurück in den Luberon geht es über den 728 Meter hohen Col de l'Espigoulier quer durch das Massif de la Sainte Baume und den Pas de la Couelle in 500 Metern Höhe. Der Dritte im Pässe-Bund ist der über 1000 Meter hohe Croix de Provence.

Gerade richtig sind wir am Abend in Aix-en-Provence. Die historische Hauptstadt der Provence gilt unter den Franzosen als eine der Städte mit der höchsten Lebensqualität in ihrem Land. Das merken wir schnell bei unserem abendlichen Bummel über den Cours Mirabeau: Bar an Bar, Restaurant an Restaurant und dazwischen findet das pure Leben auf der Straße statt. Ausnahmsweise bedauern wir es, mit dem Motorrad hier zu sein. Heute Abend gibt es für uns keinen Pastis vor dem Essen, dessen ätherische Öle erst das Glas und dann die Sinne vernebeln und auch keinen gehaltvollen Roten aus dem Côtes du Luberon.

Die erzwungene Abstinenz am Abend hat natürlich handfeste Vorteile für den nächsten Morgen: Frisch, früh und ohne Kater kann es wieder auf Tour gehen. Das Plateau de Vaucluse, Gordes, Senanque, Murs, Venasque, Blauvac, die Liste der bildschönen Ziele in dieser Region ist scheinbar unendlich und sie alle warten auf uns. ◂

INFOS ZUR TOUR

CHARAKTERISTIK

Von der anspruchsvollen, schmalen und kurvenreichen Bergstraße bis zum quicklebendigen, urbanen Stadtverkehr ist hier wirklich alles dabei – eben Abwechslung pur. Hier kommen Motorradwanderer ebenso auf ihre Kosten wie die Knieschleiferfraktion. Etwas Vorsicht ist in den dichten Wäldern angebracht. Nicht nur das Laub kann im Herbst zur Gefahr werden, auch Wildschweine tummeln sich schon mal auf dem Asphalt

PÄSSE DER TOUR

Der fast 600 Meter hohe Col de la Mort d'Imbert führt in das Tal der Durance. Über den Col de la Gineste geht es in 327 Metern Höhe von Cassis nach Marseille. Der 728 Meter hohen Col de l'Espigoulier verläuft quer durch das Massif de la Sainte Baume, ebenso der Pas de la Couelle in 500 Metern Höhe. Östlich von Vauvenargues lockt der 631 Meter hohe Col des Portes.

ÜBERNACHTUNG

Camping Le Moulin à Vent
Chemin de Gastoule, F-84160 Cucuron
Sehr sympathischer Campingplatz ganz in der Nähe von Cucuron, sehr ruhig gelegen, absolut erholsam, mit Vermietung netter Gästehäuser.
www.le-moulin-a-vent.com
GPS 43.756678, 5.444586

Hotel de l'Etang
Place de l'Etang, F-84160 Cucuron
Freundliches Hotel in sehr zentraler Lage direkt im Ortszentrum, freundliches Team, einladendes Restaurant und leckeres Frühstück.
www.hoteldeletang.com
GPS 43.774211, 5.438649

Le Moulin de Lourmarin
Rue du Temple, F-84160 Lourmarin
Uriges Hotel in ehemaliger Ölmühle mit sehr ansprechendem Restaurant, tolle Anlage.
www.moulindelourmarin.com
GPS 43.764313, 5.361859

KOMBINATIONSMÖGLICHKEITEN

Diese Runde lässt sich natürlich perfekt mit der Tour 25 durch die Provence kombinieren. Wer noch mehr Kilometer fahren möchte, steuert den östlich gelegenen Grand Canyon du Verdon an oder fährt noch weiter zur Côte d'Azur und orientiert sich an den Touren 23 und 24.

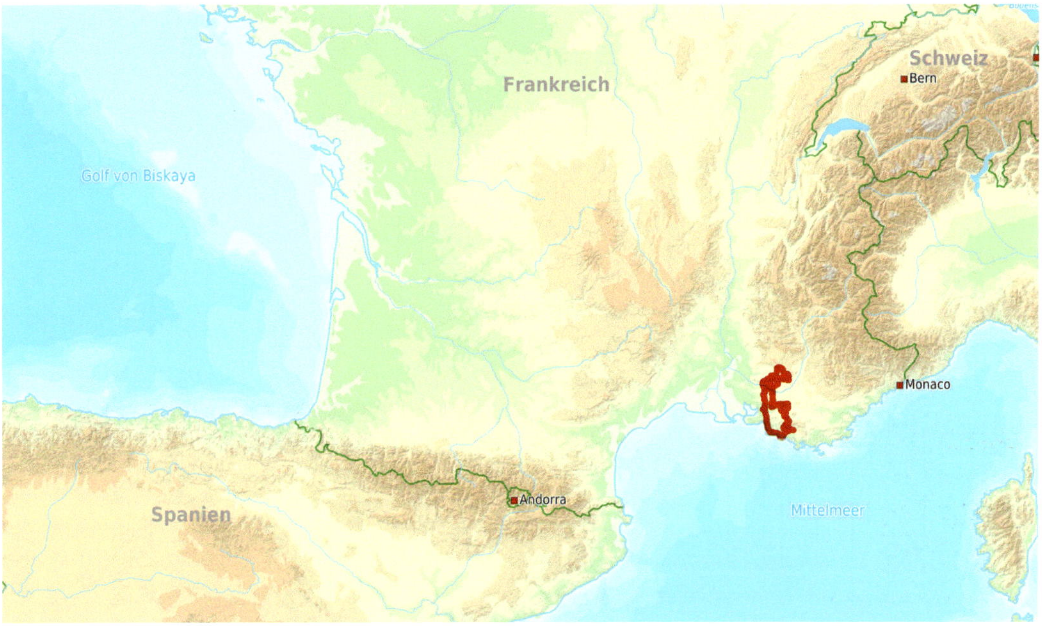

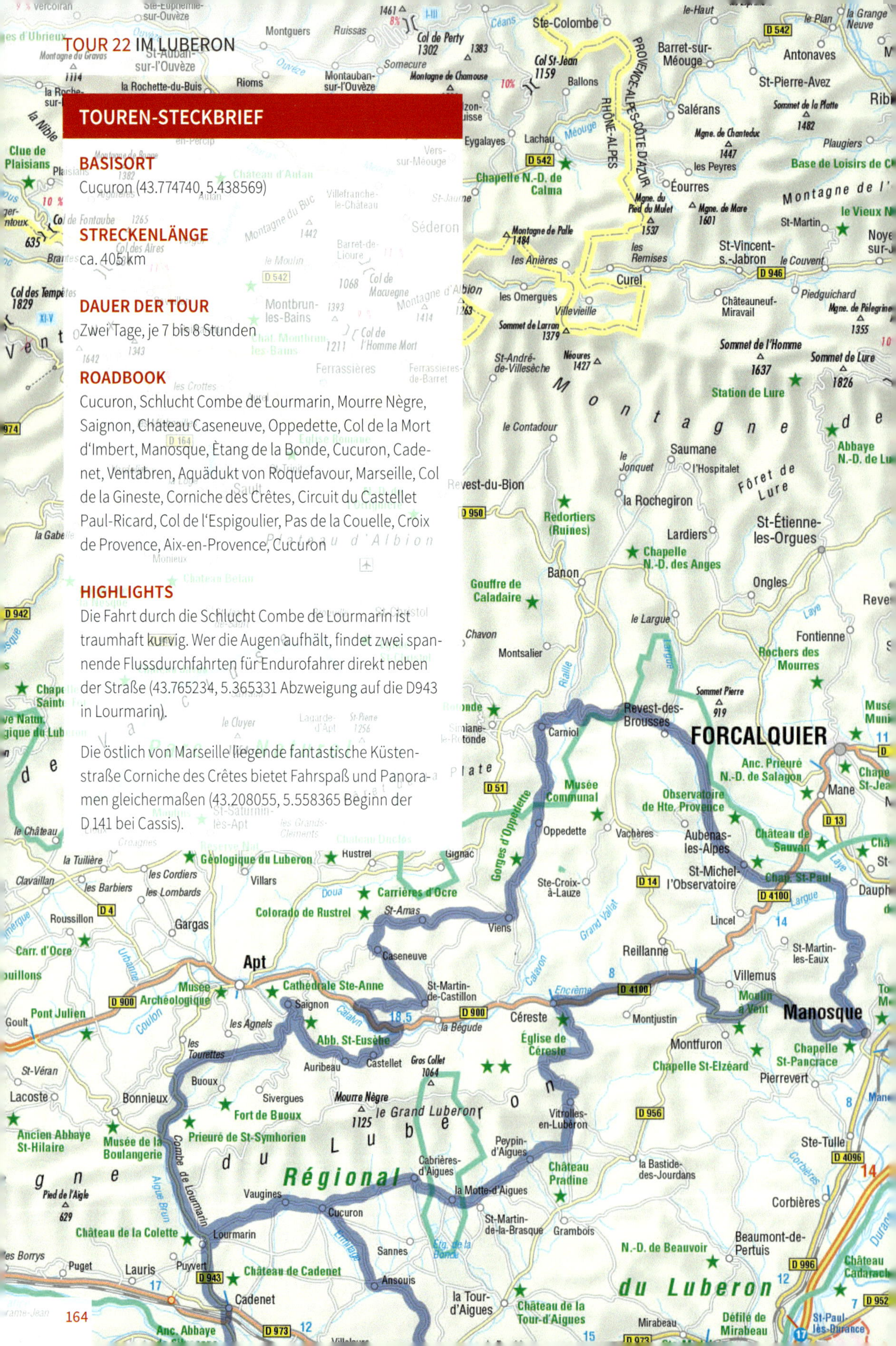

TOUREN-STECKBRIEF

BASISORT

Cucuron (43.774740, 5.438569)

STRECKENLÄNGE

ca. 405 km

DAUER DER TOUR

Zwei Tage, je 7 bis 8 Stunden

ROADBOOK

Cucuron, Schlucht Combe de Lourmarin, Mourre Nègre, Saignon, Château Caseneuve, Oppedette, Col de la Mort d'Imbert, Manosque, Ètang de la Bonde, Cucuron, Cadenet, Ventabren, Aquädukt von Roquefavour, Marseille, Col de la Gineste, Corniche des Crêtes, Circuit du Castellet Paul-Ricard, Col de l'Espigoulier, Pas de la Couelle, Croix de Provence, Aix-en-Provence, Cucuron

HIGHLIGHTS

Die Fahrt durch die Schlucht Combe de Lourmarin ist traumhaft kurvig. Wer die Augen aufhält, findet zwei spannende Flussdurchfahrten für Endurofahrer direkt neben der Straße (43.765234, 5.365331 Abzweigung auf die D943 in Lourmarin).

Die östlich von Marseille liegende fantastische Küstenstraße Corniche des Crêtes bietet Fahrspaß und Panoramen gleichermaßen (43.208055, 5.558365 Beginn der D 141 bei Cassis).

du Luberon
Pertuis
Cadenet
Château de Cadenet
Anc. Abbaye de Silvacane
la Tour-d'Aigues
Château de la Tour-d'Aigues
Mirabeau
Défilé de Mirabeau
St-Paul-lès-Durance
Centre d'Études Nucléaires de Cadarache
Château Cadarache
Vinon-sur-Verdon
Ginasservis
Rognes
Le Puy-Ste-Réparade
Château de Fonscolombe
Château de Cabanne
Chaîne de la Trévaresse
Meyrargues
Château Meyrargues
Peyrolles-en-Provence
Château Peyrolles-en-Provence
Jouques
N.-D. de Consolation
N.-D. de la Roque
Montagne de Vautubière
Rians
Bois du Mont Major
Chapelle Norte-Dame
Artigues
Esparron
Venelles
Forêt de Peyrolles
Chapelle St-Estève
Colline de St-Pierre
Grand-Sambuc
Mtgne. des Ubacs
Bois de la Gardiole
Puyricard
Éguilles
Château d'Éguilles
Chaîne d'Éguilles
Château de Montjustin
Oppidum d'Entremont
Vauvenargues
Château de Vauvenargues
Lac du Bimont
Montagne Sainte-Victoire
Pic des Mouches 1011
Oppidum Pain de Munition
Séouve Sommet 606
AIX-en-Provence
Festival de Musique
Fondation Vasarely
Musée Granet
le Tholonet
Ermitage St-Ser
Puyloubier
Bois de Pourrières
le Général
Pourrières
Trophée de Marius
Tombeau
Ventabren
Aérodr. d'Aix-les-Milles
les Milles
Luynes
Beaurecueil
Châteauneuf-le-Rouge
Rousset
Meyreuil
le Plan
Fuveau
Chap. St-Michel
Musée des Transports
Pourcieux
Mont Aurélien 875 880
St-Maximin-la-Sainte-Baume
Trets
Peynier
St-Pierre
Bouc-Bel-Air
Gardanne
Calas
Cabriès
Simiane-Collongue
Gréasque
Belcodène
Ermitage de St-Jean du Puy
Montagne de Regagnas 716
les Pennes-Mirabeau
Septèmes-les-Vallons
Mimet
Château de Valdonne
la Bouilladisse
Peypin
Auriol
St-Zacharie
Parc du Moulin Blanc
Chapelle Notre-Dame d'Orgnon
Nans-les-Pins
Chapelle des Parisiens
Chaîne de l'Étoile
Roquevaire
Plan-de-Cuques
Notre-Dame du Château
Allauch
Château de Fontvieille
St-Vincent
Grotte St-Pillon
St-Pilon
Plan-d'Aups-Ste-Baume
Pic de Bertagne 1041
Chaîne de la Sainte-Baume
Musée de la Ville
Rade de Marseille
MARSEILLE
Vieux Port
AUBAGNE
Gémenos
Ancien Abbaye Cistercienne
Ok Corral
Cuges-les-Pins
Aérodrome du Castellet
Château d'If
Musée d'Archéol. Méditerranéenne
Notre Dame de la Garde
la Penne-sur-Huveaune
Carnoux-en-Provence
Roquefort-la-Bédoule
Mazargues
Montredon
Col de la Gineste 327
Cassis
Ceyreste
Les Plaines Baronnes
les Lecques/St-Cyr-s.-M.
la Cadière-d'Azur
Aqualand
Phare Île Maire
Grotte Cosquer
les Calanques
Notre-Dame de Bon Voyage
Cap Canaille
Phare Cap Canaille
Notre-Dame de la Garde
La Ciotat
St-Cyr-sur-Mer
la Madrague

Tour 23 Côte d'Azur und das Hinterland

Von der Küste zum Canyon

Die legendäre Côte d'Azur lockt mit mondänen Badeorten und aussichtsreichen Küstenstraßen. Gleich im Landesinneren führen kurvenreiche Bergstrecken durch eine faszinierende Landschaft und im Hinterland wartet einer der tiefsten Canyons Europas auf entdeckungsfreudige Motorradfahrer.

Der Blick hinunter in den Canyon des Verdun ist einfach faszinierend.

Grimaud, das idyllisch über dem Golf von Saint-Tropez liegende Dörfchen, entlässt uns am frühen Morgen in westlicher Richtung ins Maurische Massiv. Der bis zu 780 Meter hohe Gebirgszug im Hinterland von Saint-Tropez und der maurischen Küste wird nur von einigen wenigen, aber dafür umso interessanteren Straßen durchzogen. Rund um den höchsten Gipfel Signal de la Sauvette lässt es sich nicht nur herrlich wandern und mit dem Mountainbike austoben, hier lässt sich auch fantastisch Motorradfahren. Wild mäandert die schmale D 14 durch den Forêt des Maures und lotst uns über den 411 Meter hohen Col de Taillude. Wie erwartet sind wir am frühen Vormittag noch fast alleine unterwegs. Nur zwei, drei Radler teilen sich die engen Kurven mit uns.

In Collobrières lässt es sich prima rasten (oben). Bormes-les-Mimosas liegt am Fuß des Massif des Maures (unten).

Spaß am Col de Fourches

Kurz vor Collobrieres gönnen wir uns die abwechslungsreiche Runde über den Col de Fourches. Der führt in 535 Metern Höhe in Richtung Norden und wieder hinaus aus dem Höhenzug bis zum Dorf Gonfaron. Zwar ließe sich von hier aus die direkte Richtung zur spektakulär auf einem Berggipfel liegenden Kapelle Notre Dame des Anges einschlagen, dann würde uns aber der Kurvenspaß im Westen dieses Gipfels entgehen – und der hat es wirklich in sich.

Also schlagen wir den Bogen über Pignans, halten uns dort an die

Beschilderung nach Collobrieres und gelangen damit schnell auf eine der schönsten Strecken des Massiv des Maures. Kurvenspaß hoch drei – kaum hundert Meter geht es mal geradeaus. Der Asphalt schlängelt sich durch den dichten Wald, Schräglage folgt auf Schräglage, inklusive einiger 180 Grad-Kehren. Natürlich lassen wir uns auch den tollen Blick von der 780 Meter hoch gelegenen Kapelle über die bergige Region nicht entgehen.

Über Collobrieres steuere ich unser Mopped wieder in Richtung Küste. Die D 41 führt hier in 414 Metern Höhe durch dichtes Grün über den Col de Babaou und gespickt mit herrlichen Aussichtspunkten weiter bis zum Col de Gratteloup. Der liegt zwar nur in 200 Metern Höhe; das tut dem Fahrspaß allerdings keinerlei Abbruch. Schon lange hatten wir keine so kurvenreichen und engen Bergstrecken mehr unter den Reifen. Dass wir diese Herausforderung zudem mit einer gut sieben Zentner schweren Harley meistern, steigert aus meiner Sicht den Spaß noch – und ist mal eine richtig spannende Erfahrung. Und unter dem Strich müssen wir sagen, es klappt viel besser als erwartet, für dieses Gewicht ist das Zweirad aus Milwaukee erstaunlich agil und wendig.

Quirliger Touristenort

Der vorerst letzte Pass, bevor wir die Küste erreichen, ist der Col de Cagou-Ven. Er liegt in 237 Metern Höhe und mit den letzten Kurven des Maurischen Massivs geht es über Bormes-les-Mimosas hinunter ans Mittelmeer nach Le Lavandou. Rund um den quirligen Touristenort

Aussichtspunkt am Cap Camarat.

Mondän und Legendär: Saint-Tropez

liegen nicht weniger als zwölf einladende Sandstrände, und wer eine erholsame Rast braucht, findet hier reichlich gemütliche Straßencafés.

In Le Lavandou beginnt die Corniche des Maures. Die gut 20 Kilometer lange Strecke verläuft mit unzähligen Kurven entlang der Küste in Richtung Saint-Tropez. Zwar führt sie nicht immer direkt am Meer entlang, dafür sind die Ausblicke umso schöner. Immer wieder fällt unser Blick hinaus auf das unter dem blauen Himmel weiß glitzernde Mittelmeer, weit draußen sind die Umrisse der Hyèrische Inseln erkennbar, dazwischen ziehen Fischerboote ihre Linien durchs Wasser und unzählige kleine Ausflugsboote nehmen Kurs auf die Inseln.

In La Croix-Valmer setze ich den Blinker und nur wenige Minuten später geht es über Col de Callebasse. Der ist gerade mal 129 Meter hoch, kredenzt uns aber dennoch einen tollen Blick hinaus aufs Meer. Hätten wir nicht die schwere Harley unter dem Hintern, würden wir von hier aus die unbefestigte Piste zum Plage de la Briande wählen, einem recht einsam liegenden Badeparadies. Aber was soll's, wir wollen ja eigentlich Moppedfahren und nicht baden. Also machen wir uns mit einem kurzen Abstecher zum aussichtsreichen Cap Camarat wieder auf den Weg entlang der Küste.

Vorbei an Saint-Tropez

Die D93 führt uns vorbei am legendären Saint-Tropez. Klar, dass wir uns das natürlich auch anschauen wollen – aber nicht heute. Für die vielen kleinen Gassen, die urige Altstadt, den mondänen Hafen mit all seinen Jachten und die mächtige Zitadelle lässt sich locker ein ganzer Tag einplanen. Aber heute wollen wir ja Moppedfahren. Eines der interessantesten Ziele der Provence im Hinterland der Côte d'Azur wartet schließlich noch auf uns. Also umrunden wir auf der Küstenstraße zügig

AUTOREN-TIPP

DER GENDARM VON SAINT-TROPEZ Wer kennt sie nicht, die launige Filmkomödie von 1964, in der Louis de Funès als Gendarm Ludovic Cruchot mit viel Eifer und noch mehr Cholerik versucht, in Saint-Tropez für Recht und Ordnung zu sorgen? Der Film sorgt heute noch für viel Furore im Ort und die jahrelang verwaiste Polizeistation mit dem riesigen Schriftzug „GENDARMERIE NATIONALE" war Anlaufpunkt unzähliger Touristen auf der Suche nach einem urigen Fotomotiv.

Am Place Blanqui 2, keine hundert Meter vom Jachthafen entfernt, befindet sich heute das Musée de la Gendarmerie et du Cinéma, ein echtes Muss für Louis de Funès-Fans. Exakt in dem Gebäude, wo Cruchot einst aus- und einging, erstreckt sich nun über drei Stockwerke das neue Museum. Wechselnde Ausstellungen mit interessanten Themen und Ausstellungsstücken sorgen für Abwechslung, aber der Schwerpunkt ist natürlich die Dauerausstellung rund um den Gendarm von Saint-Tropez. Das Museum ist professionell und liebevoll gestaltet und eine gelungene Mischung zwischen Nostalgie und Information. Wer schon immer mal am Schreibtisch des Gendarmen sitzen wollte – bitte sehr. Der Eintrittspreis von gerade einmal vier Euro ist für Saint-Tropez-Verhältnisse ungewöhnlich günstig.

GPS 43.269382, 6.635060

Die D 71 führt zum Canyon du Verdon.

die Bucht und halten uns ab Sainte-Maxime ins Landesinnere.

Recht fix geht es über die gut und breit ausgebaute D 25 nochmals durch das Maurische Massiv und über den 225 Meter hohen Col de Gratteloup wieder hinunter in das Tal des Flüsschens Argens. Der ist ein bei Kanuten beliebter Wanderfluss und lockt auch mit der einen oder anderen Wildwasserstelle. Hinter dem Fluss ist die Landstraße teilweise sogar mehrspurig ausgebaut. Schnell haben wir Draguignan erreicht, und ab hier ändert auch die Strecke wieder ihren Charakter. Kaum verschwinden die letzten Häuser Draguignans im Rückspiegel, öffnen sich vor uns die Gorges de Châteaudouble. Linkerhand liegt das malerische Dorf Châteaudouble wie ein Adlernest am Hang des mächtigen Massivs und die D 955

Küstenstraße am Cap d'Antibes.

Auf der südlichen Seite der Verdon-Schlucht (oben) und der Lac de Sainte-Croix (unten).

windet sich gemeinsam mit der Nartuby durch die enge Schlucht, die der Bergbach hier im Laufe der Jahrtausende aus dem Fels schmirgelte.

Europas größter Canyon

Bis Comps-sur-Artuby folgen wir der spektakulären Strecke, dann nehmen wir Kurs auf den Canyon du Verdon und ein paar Kilometer weiter, am Balcons de la Mescla, wissen wir, weshalb die Verdon-Schlucht so bekannt wie beliebt ist. Sie ist einer der größten Canyons Europas und der Blick hinunter in die bis zu 700 Meter tiefe Schlucht ist einfach grandios. Die Corniche Sublime, so nennt sich die aussichtsreiche Straße am südlichen Rand des Canyons, führt in abenteuerlicher Bauweise entlang dieses Naturwunders.

Immer wieder bleiben wir stehen, genießen den Blick in die Landschaft, klettern auf die Felsen und Vorsprünge, hangeln uns von Aussichtspunkt zu Aussichtspunkt. Am westlichen Ende der gewaltigen Schlucht glitzert der riesige Stausee Lac de Sainte-Croix türkisfarben in der Sonne. Mit bis zu 761 Millionen Kubikmetern Inhalt ist er der zweitgrößte Stausee Frankreichs.

Bei Moustiers-Sainte-Marie halten wir uns an die D 952. Die passiert den Canyon auf der Nordseite und von ihr zweigt schließlich bei La Palud-sur-Verdon die legendäre D 23, die

Route des Crêtes, ab. Diese Rundstrecke ist für uns eine der schönsten Straßen Frankreichs. Sie führt über gut 20 Kilometer zum Teil direkt über dem Verdon-Canyon durch die grandiose Felslandschaft und bietet immer wieder überwältigende Ausblicke. Beachten muss man nur, dass sie sich komplett nur im Uhrzeigersinn befahren lässt, da ein Teil als Einbahnstraße ausgeschildert ist. Gemeinerweise merkt man das aber erst, wenn man schon einen Teil der Strecke befahren hat.

Wieder zurück in La Palud-sur-Verdon lassen wir die vielen Eindrücke bei einem Kaffee erst mal sacken – wir sind wirklich beeindruckt. Irgendwann müssen wir uns dann aber doch von dieser gewaltigen Schlucht trennen. Wieder geht es durch Comps-sur-Artuby. Diesmal wählen wir jedoch die schmalere und kurvenreiche D 25, die uns zudem über den 915 Meter hohen Col du Bel-Homme gen Süden führt. Wir passieren Bargemon und Fayence, nur ein paar Meter weiter liegt das idyllische Bergdorf Tourrettes. Sein historischer Ortskern ragt auf einem Felsvorsprung in die Höhe, ein Uhrenturm und zahlreiche Überreste einst befestigter Gemäuer wollen entdeckt werden. Seinen mittelalterlichen Charakter hat das Dörfchen bis heute weitgehend bewahrt. Ein Besuch lohnt sich auf jeden Fall.

Schräglagen ohne Ende

Als hätten wir heute noch nicht genug Kurven genossen, bietet uns die D 4 bei Bagnols-en-Forêt wieder Schräglagen ohne Ende. Kein Wunder, liegt das nette Bergdorf doch an den Ausläufern des Massif de l'Esterel, das sich zwischen Cannes und Saint-Raphaël entlang der Küste hinzieht und vor

Panoramastraße im Norden der Verdon-Schlucht.

Auf der Route des Crêtes oberhalb der Gorges du Verdon (oben) und Abendstimmung in Saint-Tropez (unten).

allem durch seine rötlich schimmernden Felsformationen bekannt ist. Dieser mächtige Höhenzug lässt sich perfekt umrunden.

Also biegen wir kurz vor dem Küstenort Fréjus nach Osten ab und entern die N 7. Die schlängelt sich entlang des nördlichen Gebirgsrandes durch die herrliche Berglandschaft und endet schließlich bei Cannes. Das einstige Fischerdorf ist heute ein mondänes Seebad und protzt mit unzähligen Hotels, gleich drei Casinos, einem mächtigen Palais und natürlich der breiten Flaniermeile Boulevard de la Croisette. Wir drehen nur eine kurze Runde über den Boulevard. Dann lenke ich unser Motorrad wieder gen Südwest und steuere die Corniche de l'Esterel an. Die fantastische Küstenstraße führt uns am Südrand des Esterel-Massivs entlang und bietet immer wieder tolle Ausblicke aufs Meer.

Saint-Raphaël und Fréjus, die beiden geschichtsträchtigen Hafenstädte, begleiten uns weiter in Richtung Saint-Tropez. Zwischen diesen beiden zusammengewachsenen Orten und dem südlich liegenden Sainte Maxime liegt mit der N 98 eine weitere interessante Küstenstraße, die einfach nur mächtig Spaß macht. Schon von weitem fällt auf dieser der Blick hinein in die Bucht von Saint-Tropez, von wo es nur noch ein Katzensprung bis Grimaud ist, wo wir heute Morgen zu früher Stunde aufbrachen. ◀

INFOS ZUR TOUR

CHARAKTERISTIK

Von der gut ausgebauten Landstraße bis zur extrem kurvenreichen und engen Bergstrecke wird hier alles aufgeboten. Vor allem die knackigen Kehren im Maurischen Massiv und am Grand Canyon du Verdon stellen Ansprüche an den Motorradfahrer. Dafür wird, wer hier unterwegs ist, mit fantastischen Eindrücken und Panoramen belohnt. Vorsicht ist bei schlechterem Wetter und nach heftigeren Niederschlägen geboten, dann wird schon mal einiges an Sand und Steinen auf die Strecke gespült. Und für die Berge unbedingt warme Sachen einpacken, dort ist es fast immer frischer als an der Küste.

PÄSSE DER TOUR

Im Forêt des Maures wartet der 411 Meter hohe Col de Taillude. Der Col de Fourches liegt in 535 Metern Höhe. Die D 41 führt in 414 Metern Höhe über den Col de Babaou und weiter zum 200 Meter hohen Col de Gratteloup. Der Col de Cagou-Ven ist 237 Meter hoch, der Col de Callebasse gerade mal 129 Meter, bietet dafür aber einen tollen Meerblick. Rund um die Verdonschlucht haben einige Strecken Pass-Charakter, sind aber nicht als solche benamt. Der 915 Meter hohe Col du Bel-Homme schließt die Runde ab.

ÜBERNACHTUNG

Aparthotel Le Clos de Oliviers Grimaud
1394 Route Départementale 14 (D 14)
F-83310 Grimaud
Sehr ansprechende Apartments mit prima Ausstattung in ruhiger Lage, schöne Anlage mit Pool, Restaurant, toller Service, Sonnenterrasse, eigener Parkplatz.
www.leclosdesoliviersgrimaud.fr
GPS 43.276058, 6.552828

Camping de la Plage
Route du Littoral 2226, F-83310 Grimaud
Sehr gut ausgestatteter Campingplatz direkt am Meer mit 450 Stellplätzen mit Shop, Restaurant und umfangreichem Angebot.
www.camping-de-la-plage.de
GPS 43.282130, 6.586001

KOMBINATIONSMÖGLICHKEITEN

Die Tour an der Côte d'Azur und durch das Hinterland lässt sich mit der Provence-Runde Tour 25 kombinieren. Im Umfeld finden sich zudem unzählige weitere spannende Möglichkeiten für abwechslungsreiche Erkundungen, etwa in der Tour 24.

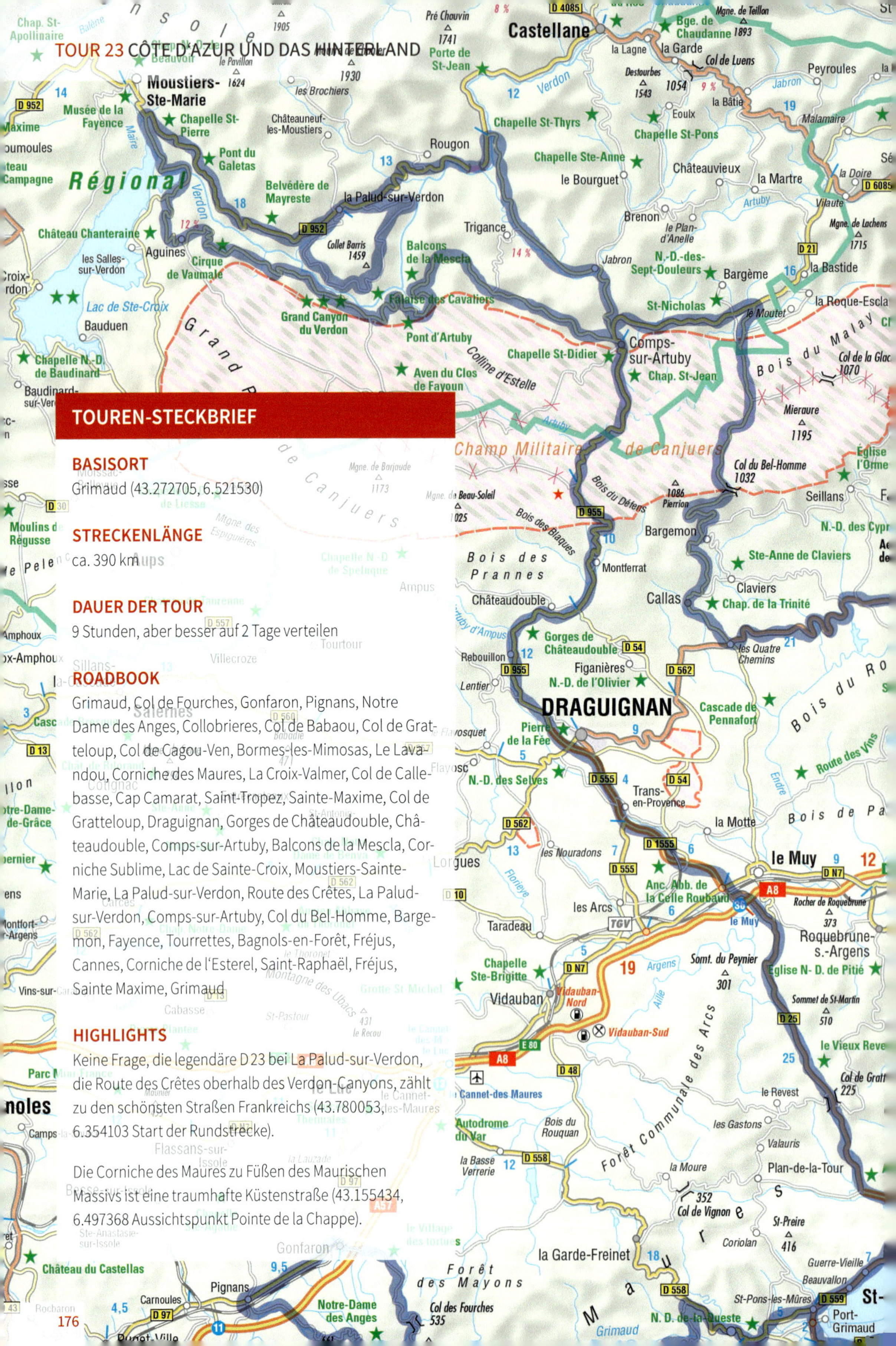

TOUREN-STECKBRIEF

BASISORT

Grimaud (43.272705, 6.521530)

STRECKENLÄNGE

ca. 390 km

DAUER DER TOUR

9 Stunden, aber besser auf 2 Tage verteilen

ROADBOOK

Grimaud, Col de Fourches, Gonfaron, Pignans, Notre Dame des Anges, Collobrieres, Col de Babaou, Col de Gratteloup, Col de Cagou-Ven, Bormes-les-Mimosas, Le Lavandou, Corniche des Maures, La Croix-Valmer, Col de Callebasse, Cap Camarat, Saint-Tropez, Sainte-Maxime, Col de Gratteloup, Draguignan, Gorges de Châteaudouble, Châteaudouble, Comps-sur-Artuby, Balcons de la Mescla, Corniche Sublime, Lac de Sainte-Croix, Moustiers-Sainte-Marie, La Palud-sur-Verdon, Route des Crêtes, La Palud-sur-Verdon, Comps-sur-Artuby, Col du Bel-Homme, Bargemon, Fayence, Tourrettes, Bagnols-en-Forêt, Fréjus, Cannes, Corniche de l'Esterel, Saint-Raphaël, Fréjus, Sainte Maxime, Grimaud

HIGHLIGHTS

Keine Frage, die legendäre D 23 bei La Palud-sur-Verdon, die Route des Crêtes oberhalb des Verdon-Canyons, zählt zu den schönsten Straßen Frankreichs (43.780053, 6.354103 Start der Rundstrecke).

Die Corniche des Maures zu Füßen des Maurischen Massivs ist eine traumhafte Küstenstraße (43.155434, 6.497368 Aussichtspunkt Pointe de la Chappe).

Mougins
Vallauris
le Cannet
Juan-les-Pins
Golfe Juan
Rocheville
Pégomas
Tanneron
Auribeau-sur-Siagne
Massif du Tanneron
Mandelieu-la-Napoule
CANNES
Festival du Film
Plage de Cannes
Cap de la Croisette
Île Ste-Marguerite
Île St-Honorat
Abbaye Île St-Honorat
Golfe de la Napoule
la Napoule
Théoule-sur-Mer
Plage Théoule-s.-Mer
la Galère
Miramar
Pointe de l'Esquillon
Port de Miramar
Massif de l'Estérel
Pic de l'Ours 496
le Trayas
Plage du Trayas
Pic du Cap Roux 453
Pointe du Cap Roux
Plage de Anthéor
Anthéor
Agay
Port de Agay
Cap du Dramont
Phare Cap du Dramont
Boulouris
le Dramont
ST-RAPHAËL
Valescure
FRÉJUS
Fréjus-Plage
Port St-Raphaël
Golfe de Fréjus
St-Aygulf
Plage de St-Aygulf
Corniche de l'Estérel
la Gaillarde
Pointe de la Calle
les Issambres
Plage les Issambres
San-Peïre-sur-Mer
Baie de Bougnon
le Lissandre 242
Col de Bougnon 154
Val-d'Esquières
Plan-de-la-Tour
Aqualand
Valauris
le Revest
Col de Gratteloup 225
le Vieux Revest
Sommet de St-Martin 510
Eglise N-D. de Pitié
Roquebrune-s.-Argens
Rocher de Roquebrune 373
Ancien Pont Romain
Puget-s.-Argens
le Muy
Bois de Palayson
Parc Animalier
Mosquée
Arènes
Pagode bouddhique
Chapelle N.-D. de Jérusalem
Aquarium
Mt. Vinaigre 618
les Adrets
les Adrets-de-l'Esterel
le Planestel
Bois de Bagnols
Bagnols-en-Forêt
St-Paul-en-Forêt
Bois de l'Ermite
Lac de St-Cassien
Bois du Rouet
St-Denis
Route des Vins
Aerodrome de Fayence
N.-D. des Cyprès
Ste-Anne de Claviers
les Terrassonnes
la Colle-Noire
les Marioris
Castel de Guiol 431
Minelle
les Termes
la Bocca

le Luc
le Cannet-des-Maures
Sources Thermales
Autodrome du Var
la Lauzade
la Basse Verrerie
Bois du Rouquan
Forêt Communale des Maures
la Moure
Col de Vignon 352
la Garde-Freinet
Gonfaron
Pignans
le Village des tortues
Forêt des Mayons
Col des Fourches 535
779 la Sauvette
Notre-Dame des Anges
Crête des Martels
Ancien Eglise de Collobrières
Collobrières
Chartreuse de la Verne
Barrage de la Verne
Capelude
Grimaud
N. D. de la Queste
Cogolin
Port-Grimaud
St-Tropez
Ste-Maxime
Golfe de St-Tropez
Plage des Graniers
Cap de St-Tropez
les Salins
Chap. Ste-Anne
Bastagne Moulin
Gassin
Ramatuelle
Moulins de Paillas
la Croix-Valmer
l'Escalet
Gigaro
Baie de Cavalaire
Port Cavalaire-sur-Mer
Cavalaire-sur-Mer
Cap Cartaya
Plage de la Briande
Cap Lardier
le Rayol
Canadel-sur-Mer
Pramousquier
Cap Nègre
Cavalière
Aiguebelle
LE LAVANDOU
Port Le Lavandou
Plage de la Favière
Corniche des Maures
Bormes-les-Mimosas
Château de Bormes
la Londe-les-Maures
Parc d'Oiseaux Tropicaux
Col de Gratteloup 199
Col de Babaou
St-Guillaume
Sommet du Laquina 599
Menhirs du Laquina
la Môle
Bois de la Colle
les Guiols
Valcros
la Rivière
le Temple 424
le Fédon 449
Massif des Maures
Forêt de Pierrefeu
Chapelle Ste-Agathe
Plan-de-la-Tour
St-Preire 416
Guerre-Vieille
Beauvallon
St-Pons-les-Mûres
Aqualand
Baie de Bougnon
Pointe des Sardinaux
Plage Ste-Maxime

Tour 24 Côte d'Azur

Französische Riviera

Vom Trubel der Küste führt diese Tour über einsame Pässe bis in den Nationalpark Mercantour.

Einmalige Straßenführung des Col de Turini.

LA TURBIE Wer dem Verkehrschaos in Monaco entgehen und dennoch einen Blick auf die Millionärs-Enklave werfen möchte, ist hier genau richtig.

NIZZA Die wohl lebendigste, bunteste, liebenswerteste Stadt der Côte d'Azur sollte man sich nicht entgehen lassen.

GORGES DE LA VÉSUBIE Sind die Montagne du Chiers als nächstes überwunden, führt uns der Weg tief hinab ins Tal des Var. Aus nordöstlicher Richtung mündet die Vesubie in den Var und ergießt sich dabei aus einer dramatischen Schlucht, die einen Besuch unbedingt lohnt.

GRASSE Eine knappe Stunde Fahrt sollte man von Nizza aus schon einplanen, um die bezaubernde Parfümstadt Grasse zu erreichen. Neben den Museen und Shops der Produzenten wie Fragonard ist das städtische

Parfümmuseum nicht nur für die Sozia ein Genuss.

CASTELLANE Die Route Napoléon streift hier den Beginn der spektakulären Verdun-Schlucht. Der hübsche, typisch provenzalische Ort wird von einem steilen Felsen überragt, auf dessen Hochplateau die Kirche Notre Dame du Roc thront.

ENTREVAUX Bereits im 5. Jahrhundert wurde der Ort Bischofssitz. Hier steht eine der markanten Festungen des legendären Baumeisters Vauban, die zwar 1690 in Auftrag gegeben und begonnen, aber niemals vollendet wurde. Im Ort gibt es übrigens auch ein privates Motorradmuseum.

COL DE LA COUILLOLE Der Abschnitt von Guillaumes über Valberg bis Roubion findet seinen Höhepunkt in diesem 1678 Meter hohen Pass. Als Extratipp: An der Passhöhe liegt das Restaurant La Fripounière. Hier sollte man unbedingt zum Essen einkehren. Besser, frischer und schmackhafter kann regionale Küche kaum sein. Ein Genuss.

Blick auf Roubion von der Ostrampe des Col de la Couillole.

LE BORÉON Im Parc Alpha leben mehrere Wolfsrudel in großen Gehegen mit Beobachtungspunkten. www.alpha-loup.com

COL DE TURINI Trotz seiner gerade mal 1607 Höhenmeter ist dieser Pass eine Legende. Das liegt zum einen sicher an den heißen Winternächten während so mancher Rally Monte Carlo, zum anderen aber auch an der wohl einmaligen Straßenführung. ◂

Zwiegespräch mit Wölfen im Gehänge von Le Boreon.

TOUREN-STECKBRIEF

BASISORT
Menton (43.774657, 7.504992)

STRECKENLÄNGE
ca. 420 km

DAUER DER TOUR
2 Tage

ROADBOOK
Menton, Nizza, Cagnes-sur-Mer, Vence, Couregoules, Bramafan, Le Pré Lac, Saint- Vallier-de-Thiey, Séranon, Castellane, Col de Toutes Aures, Entrevaux, Guillaumes, Beuil, Saint-Martin-Vésubie, Col de Turini, Sospel, Menton

ÜBERNACHTUNG
Hôtel Napoleon
29 Porte de France
06500 Menton
Frisch renoviertes Haus mit Pool und sicherem Parken. Gute Lage zu Strand und Restaurants.
www.napoleon-menton.com
(43.782858, 7.511978)

La « zu
Füßen des Col de Turini.

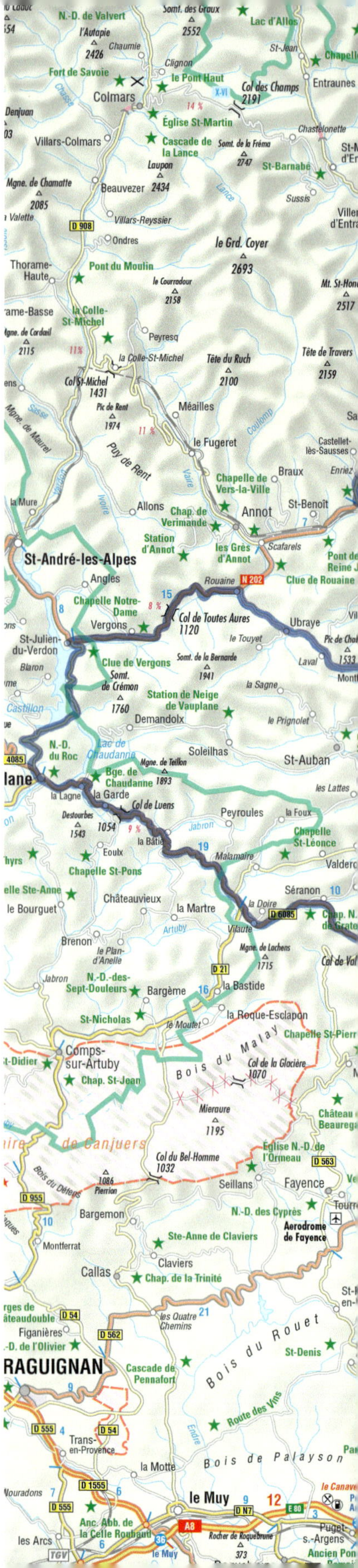

Mercantour
Parc National du Mercantour
Alpi Marittime
ITALIA
FRANCE
St-Martin-Vésubie
Puget-Théniers
Entrevaux
Beuil
Valberg
Roquebillière
Lantosque
Sospel
Levens
Contes
l'Escarène
Vence
St-Paul
CAGNES-sur-Mer
GRASSE
NICE
MONTE CARLO
MONACO
Villefranche-sur-Mer
Beausoleil
Menton
ANTIBES
Vallauris
Mougins
le Cannet
CANNES
Mandelieu-la-Napoule
ST-RAPHAËL
Golfe de la Napoule
Îles de Lérins
Baie des Anges
Corniches de la Riviera
Côte d'Azur
Massif de l'Estérel
Massif du Tanneron
Aéroport de Nice-Côte-d'Azur
St-Vallier-de-Thiey
Roquestéron
Coursegoules

SHOEI

Tour 25

In der Provence

Am heiligen Berg

Rund um den über 1900 Meter hohen Mont Ventoux liegt eine der schönsten Landschaften der Provence. Idyllische Dörfer, riesige Lavendelfelder, fantastische Panoramen und herausfordernde Motorradstrecken warten auf erlebnishungrige Motorradfahrer. Hier kommt jeder Zweiradfahrer auf seine Kosten.

Kurvenspaß nördlich des Mont Ventoux.

Von der knallgelben Markise, die im Sommer das Café vor Hitze und Sonne schützt, ist nichts zu sehen. Zwischen den noch unbelaubten Ästen der Platanen scheinen wärmende Sonnenstrahlen hindurch und lassen unsere Gesichter sanft glühen. Der Café au lait auf dem kleinen Tisch vor uns dampft ein wenig vor sich hin. Die bunten, hölzernen Läden und Fenster der umliegenden Häuser sind weit geöffnet. Es wird langsam aber sicher Sommer und jeder will sich davon ein Stückchen einfangen. Wir sitzen hier in Carpentras, im provenzalischen Département Vaucluse, zwischen dem Tal der Rhône und dem Mont Ventoux, und genießen unser Frühstück in frischer Luft.

Eine gute halbe Stunde später gleiten wir mit dem Mopped durch die fantastische Landschaft hinauf auf das Plateau de Vaucluse. Dunkelgrünes Nadelholz gleitet an uns vorbei, der Geruch von frischem, klebrigen Harz und feuchtem Wald steigt unter unsere Helme. Wären wir ein paar Tage früher hier gewesen, hätten wir den Geruch verbrannten Gummis und das Kreischen hochtouriger Motoren vernehmen können. Dies ist die Strecke der Rallye de Venasque. Kein Wunder, die anspruchsvolle Piste windet sich wie eine abgerollte Luftschlange die Hänge der provenzalischen Berge hinauf und hinunter. Die tiefschwarzen Spuren auf dem Asphalt lassen ahnen, mit welchen dramatischen Drifts die Piloten hier ums Eck fegten.

Hinein ins rote Dorf

Die wilde Bergstrecke über den Col de Murs führt uns nach Roussillon. „Plus beaux villages de France" steht gleich neben dem Ortsschild – besonders schöne Dörfer Frankreichs. Nur die allerschönsten dürfen sich mit diesem offiziellen Siegel schmücken, und Roussillon hat es sich redlich verdient. Vicus Russulus, rotes Dorf, nannten

Bis ins späte Frühjahr kann auf dem Mont Ventoux noch Schnee liegen.

die Römer das kleine Nest, in dem sie schon damals den roten Ocker abbauten. Bis 1930 lebte die Gemeinde vom Gewinn der roten Erde, die als Rohstoff für Farben diente. Heute lebt sie einfach von ihrer Schönheit. Die malerischen Gässchen und Plätze, einladende Cafés und nette Läden faszinieren einfach. Wir schlendern begeistertzwischendenbildschönen,alten Gemäuern hindurch.

Saturnin-lès-Apt, überragt vom ruinösen Château aus dem 11. Jahrhundert, führt uns weiter in das Plateau hinein. Ein paar verwegene Kurven und Brückchen weiter grüßt uns gleich das nächste Château: der viereckige Bau von Javon. Lust auf grandiose Panoramen? Da gibt es nur eins: Kurz vor Sault rechts abbiegen auf die D 245. Die führt in einer riesigen Schleife über den östlichen Rand des Plateaus und offeriert einfach geniale Ausblicke. Aus knapp 1000 Metern Höhe genießen wir den tollen Blick über bewaldete Höhenzüge, tief eingeschnittene Täler mit rauschenden Wildbächen. Hinter Brouville werden es sogar 1050 Meter. Am Aussichtspunkt lasse ich die 800er ausrollen. Außer dem leisen Knistern des abkühlenden Motors und dem Rufen der in der Luft gleitenden Greifvögel herrscht absolute Stille – Balsam für die Seele.

Trubel in Sault

Sault, das kleine geschäftige Städtchen, ist da schon wieder von ganz andere Güte. Hierher kommen viele Anwohner der Region, kaufen die Dinge des täglichen Lebens. Im Zeitungsladen stehen schwatzende Menschen und das große Café-Restaurant, das am Rand der Altstadt mit einer riesigen

Spektakulär ist die Straßenführung in der Nesque-Schlucht.

Terrasse und fantastischer Aussicht protzt, ist immer gut besucht. In einem kleinen Lebensmittelladen kaufen wir Käse, Baguette und ein bisschen Obst, dann geht's wieder hinaus aus den engen Mauern Saults und hinein in die Weite zu Füßen des Mont Ventoux.

Zwar könnten wir direkt von hier mit dem Aufstieg loslegen, das wäre aber schade. Wenigstens drei Ziele gilt es vorher noch zu erkunden. Das erste haben wir schon nach gut zehn Minuten erreicht: den Col de l'Homme Mort. Der 1212 Meter hohe Pass überquert die Montagne d'Albion und ist vor allem bei Rennradfahrern beliebt und gefürchtet zugleich. Ziel Nummer zwei, durch das wir kurz danach rollen: das urige Bergdörfchen Montbrun-les-Bains. Zu Füßen eines urigen Châteaus, dessen alter Turm sich steil in den Himmel streckt, scheint der graue Stein der dicht gedrängt stehenden Häuser am Hang direkt aus den Felsen zu wachsen. Erker und Türme, Terrassen und Balkone kleben an den Mauern. Darunter liegen ein paar terrassenförmige Gärten, gespickt mit grünen Büschen, abgestützt mit maroden Steinen.

Das dritte Highlight auf dem Weg zum Gipfel ist zweifelsohne die D 40 gleich nördlich des Mont Ventoux. Es macht unglaublich Spaß, auf ihr durch diese herrliche, sonnige Landschaft zu rollen. Kurze, knorrige Weinstöcke, unglaubliche Mengen gelb leuchtenden Löwenzahns, stachelige, blühende

EXTRA-TIPP

DIE MÄRKTE DER PROVENCE Einen ganz besonderen Eindruck haben bei uns die Märkte der Region hinterlassen. Es macht immer wieder richtig Spaß, durch die Stände zu schlendern, einen Blick auf die lokalen Erzeugnisse zu werfen und hier und da leckere Köstlichkeiten zu probieren. Außerdem bietet sich hier die beste Gelegenheit frisches Obst, aromatischen Käse, eine herzhafte Wurst und knuspriges Baguette für das nächste Picknick zu besorgen. Außerdem lässt sich hier so manches Andenken und Mitbringsel erstehen.

Die schönsten Märkte der Region: Sault, Malemort-du-Comtat und Villes-sur-Auzon am Mittwoch; Monieux und Saint Christol d'Albion am Sonntag; Banon und Mormoiron am Dienstag und Revest-du-Bion am Freitag. Samstags empfiehlt sich der Markt in Montbrun-les-Bains. Zumeist finden die Märkte am Vormittag, etwa von 8 Uhr bis 12.30 Uhr statt. Sehr schön ist auch der lokale Erzeuger-Markt jeden Samstag im Juli und August ab 17 Uhr auf dem Dorfplatz von Blauvac.

www.provence.de/provence-entdecken/maerkte.html

In Sault lässt sich prima shoppen (rechts) und dahingerafft am Col des Toten Mannes (rechte Seite).

Macchia und kleine, zerfallene Steinhütten flankieren die Strecke, die sich sanft durch die grüne Landschaft windet – ein Gedicht.

Viel zu kurz erscheinen uns die gut 25 Kilometer Traumstrecke, als wir Vaison-la-Romaine erreichen. Das quirlige, bei Touristen beliebte Städtchen, bietet alles, was das Herz begehrt. Hier lässt sich bummeln, shoppen, essen, trinken. Mindestens zweimal in der Woche ist Markt, dann werden regionale Köstlichkeiten angeboten. Mit der BMW rollen wir durch die engen Gassen der Altstadt, die durch das malerische Flüsschen Ouvèze in zwei Teile geteilt wird. Wie der Name andeutet: Schon die Römer wussten dieses Dorf zu schätzen. Hier kreuzten sich einst zwei wichtige antike Römerstraßen. Heute ist Vaison-la-Romaine die größte archäologische Ausgrabungsstätte Frankreichs.

Kurzentschlossen fragen wir in einem der vielen kleinen Hotels nach und bekommen problemlos ein Zimmer und für das Mopped eine Garage. Damit steht einem abendlichen Bummel durch die mittelalterliche Altstadt nichts mehr im Weg. Schließlich muss man ja auch die köstlichen Weine der Region testen, die rund um Vaison-la-Romaine reichlich angebaut werden.

Auf den Mont Ventoux

Am nächsten Morgen nehmen wir Anlauf für die Besteigung des Mont Ventoux. Ein paar Kilometer südlich von Vaison ragt der heilige Berg der Kelten

Vaison-la-Romaine: eine Stadt mit römischem Erbe.

Montbrun-les-Bains zählt zu Frankreichs schönsten Dörfern (oben). Fußbad im eiskalten Bergbach (unten).

fast 2 000 Meter hoch in den Himmel. Durch die kühle Morgenluft bahnen wir uns den Weg entlang des Flüsschens Groseau, nur einem der vielen Rinnsale, die die Flanken des „Mons Ventosus", des „Windigen Bergs", hinunter stürzen.

Mont Ventoux, der Name lässt nicht nur die Augen Tausender Rennradler leuchten, die jedes Jahr ihren Schweiß auf dessen Bergstraßen verlieren, auch für Alpinisten hat der heilige Berg Kultstatus. „Den höchsten Berg dieser Gegend, den man nicht unverdient Ventosus, den Windumbrausten, nennt, habe ich am heutigen Tage bestiegen, einzig von der Begierde getrieben, diese ungewöhnliche Höhenregion mit eigenen Augen zu sehen."

Dieser Satz wäre nicht so ungewöhnlich, wäre er nicht 675 Jahre alt. Es war am 26. April 1336, als der Dichter Francesco Petrarca den Mont Ventoux bestieg, allein der Besteigung willen. Seine überlieferte Beschreibung dieses für damalige Zeiten völlig ungewöhnlichen Ausflugs gilt seither als Geburtsstunde des Alpinismus.

Bergsteigen als Selbstzweck, das gab es vorher noch nie.

Auch Kiki und ich fühlen uns wie Alpinisten. In fantastischen Schleifen und Serpentinen wurstelt sich die Straße in immer höhere Gefilde. Immer weiter fällt der Blick weit hinaus in die Landschaft der Provence. Steil geht es hinauf. Wir rollen durch ganz verschiedene Klima- und Vegetationszonen und je höher wir kommen, umso frischer wird es. Zum Finale noch mal eine Handvoll kerniger Kurven, dann rollen wir auf dem Gipfel am Col des Tempêtes aus. Es weht ordentlich, aber die Aussicht ist grandios.

Gezackte Bergkämme

Recht flott machen wir uns mit klammen Fingern wieder vom Acker. Jeder Meter abwärts lässt es wieder wärmer werden und am Ende dieser genialen Mont Ventoux-Runde lassen wir uns unten im Tal in einem der gemütlichen Cafés von Malaucène die Sonne ins Gesicht scheinen. Die Dentelles de Montmirail rufen nach uns. Die Dentelles, das sind eine Reihe spitz gezackter Bergkämme, zu deren Füßen sich eine herrliche Weinlandschaft erstreckt. Eine schmale Asphaltstrecke windet sich durch die liebliche Landschaft, führt durch Rebstöcke und um kleine, plätschernde Wildbäche herum.

Gleich hinter Suzette setze ich den Blinker, und wir biegen ab mitten in die grauen Felsen hinein. Die kleine, kurvenreiche Passstraße führt durch das Felsenwirrwarr hindurch und nach nur wenigen Kilometern endet sogar der Asphalt. Auf dem festgefahrenen

Die gewaltigen Ockerfelsen bei Roussillon.

Die Provence ist ein riesiges Kurvenparadies.

Schotter geht es staubig und zügig voran und nur ein paar freundlich grüßende Wanderer teilen den Weg mit uns.

Von hier ist es nur ein Katzensprung nach Carpentras und eigentlich könnten wir hier auch unsere Tour beenden, wenn da nicht noch ein ganz besonders spannendes Ziel wäre. Also fliegen wir über kleine Nebenstrecken bis nach Sault. Gleich hinter deessen Ortsausgang beginnen die Gorges de la Nesque.

Unbewohnte Tiefe

Schon die ersten Meter der grandiosen Bergstrecke D 942 lassen erahnen, was da auf uns zukommt. Kaum habe ich die erste Kehre hinter mir, öffnet sich rechterhand die Schlucht der Nesque. Seit Tausenden von Jahren hat der Gebirgsfluss einen bis zu 400 Meter tiefen Canyon in die Karstlandschaft geschmirgelt. Immer wieder fällt unser Blick in die unbewohnte Tiefe. Steile, wild zerklüftete Berghänge, an deren Flanken sich dichte, grüne Bäume mit ihren Wurzeln im Gestein festkrallen, fassen die Schlucht ein. Nicht nur an den offiziellen Aussichtspunkten genießen wir die herrlichen Panoramen und Blicke in die weite Landschaft. Ein paar Tunnel und der anspruchsvolle Fernwanderweg GR9 begleiten uns durch die Gorges.

In Villes-sur-Auzon enden die Gorges de la Nesque. Ich steuere Carpentras an und mit einem letzten Schlenker über das inmitten der Berge liegende Blauvac erreichen wir bald wieder das Zentrum der Region zwischen dem Mont Ventoux und dem Rhône-Tal, aus dem wir irgendwann in den nächsten Tagen wieder unseren Heimweg antreten müssen. ◂

INFOS ZUR TOUR

CHARAKTERISTIK

Diese herrliche und aussichtsreiche Tour ist ein bunter Mix aus gut ausgebauten, kurvenreichen Landstraßen und schmalen, verwinkelten Bergstrecken auf denen es schon mal etwas enger zugeht. Auf den Rampen des Mont Ventoux tummeln sich viele Radfahrer, bisweilen sind sie ziemlich erschöpft und daher unkonzentriert – bitte ausreichend Abstand halten. Vorsicht auch bei starkem Wind, uns hat es auf dem Mont-Ventoux-Gipfel schon mal glatt umgepustet.

PÄSSE DER TOUR

Den Anfang macht der 627 Meter hohe Col de Murs zwischen Carpentras und Roussillon. Im Osten der Tour folgt der Col de l'Homme Mort mit 1212 Metern und kurz danach der 1068 Meter hohe Col de Macuègne. Quer über den Mont Ventoux geht es auf dem 1912 Meter hohen Col de Tempêtes. Etwas westlich von Malaucène lockt der Col du Cayron in 396 Metern Höhe und vor Sault der Col Notre Dame des Abbeilles mit 996 Metern.

ÜBERNACHTUNG

Camping Municipal de Villes-sur-Auzon

Chemin du Stade 30, F-84570 Villes-sur-Auzon

Sympathischer Campingplatz direkt an der Auffahrt zum Mont Ventoux, einfache Ausstattung, aber sehr sauber, ein paar Minuten zu Fuß ins Städtchen.

www.villes-sur-auzon.fr

GPS 44.055037, 5.237145

Bed & Breakfast Les Tilleuls d'Elisée

Avenue Jules Mazen 1, F-84110 Vaison-la-Romaine

Sehr schönes Haus in klasse, zentraler Lage mit einladender Terrasse und gutem Frühstück, gemütliche Zimmer und richtig freundlicher Empfang.

www.vaisonchambres.info

GPS 44.242729, 5.068609

KOMBINATIONSMÖGLICHKEITEN

Tour 22 durch den südlich anschließenden Luberon ist die perfekte Kombination mit dieser Route. Auch hier gilt: Wer noch mehr Kilometer fahren möchte, steuert den östlich gelegenen Grand Canyon du Verdon, in der Tour 23 beschrieben, an. Außerdem bietet sich hier eine direkte Verbindung in die Drôme provençale – Tour 26 –an.

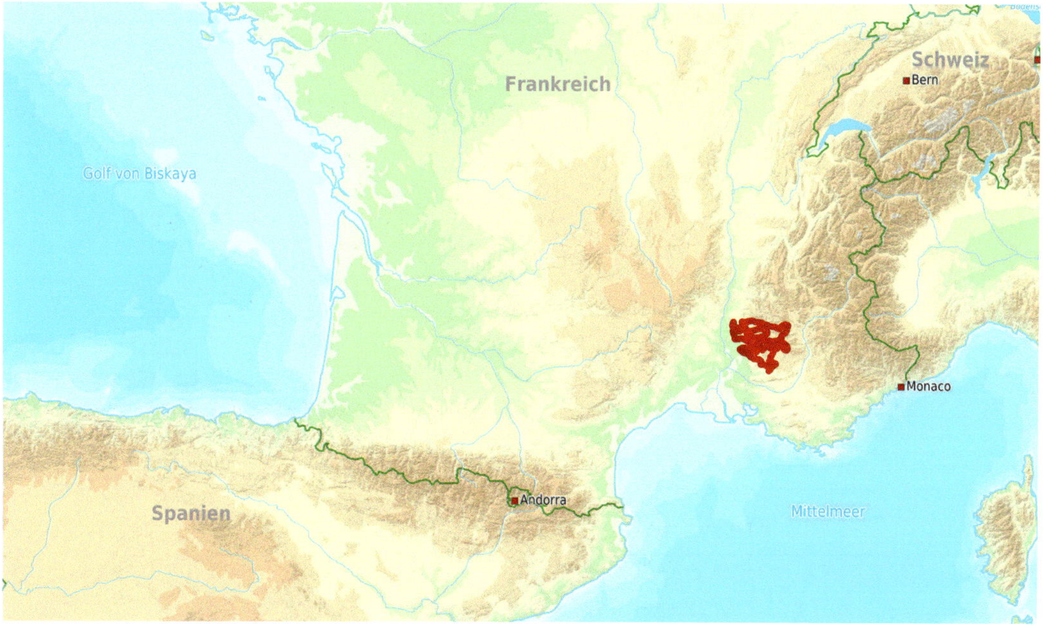

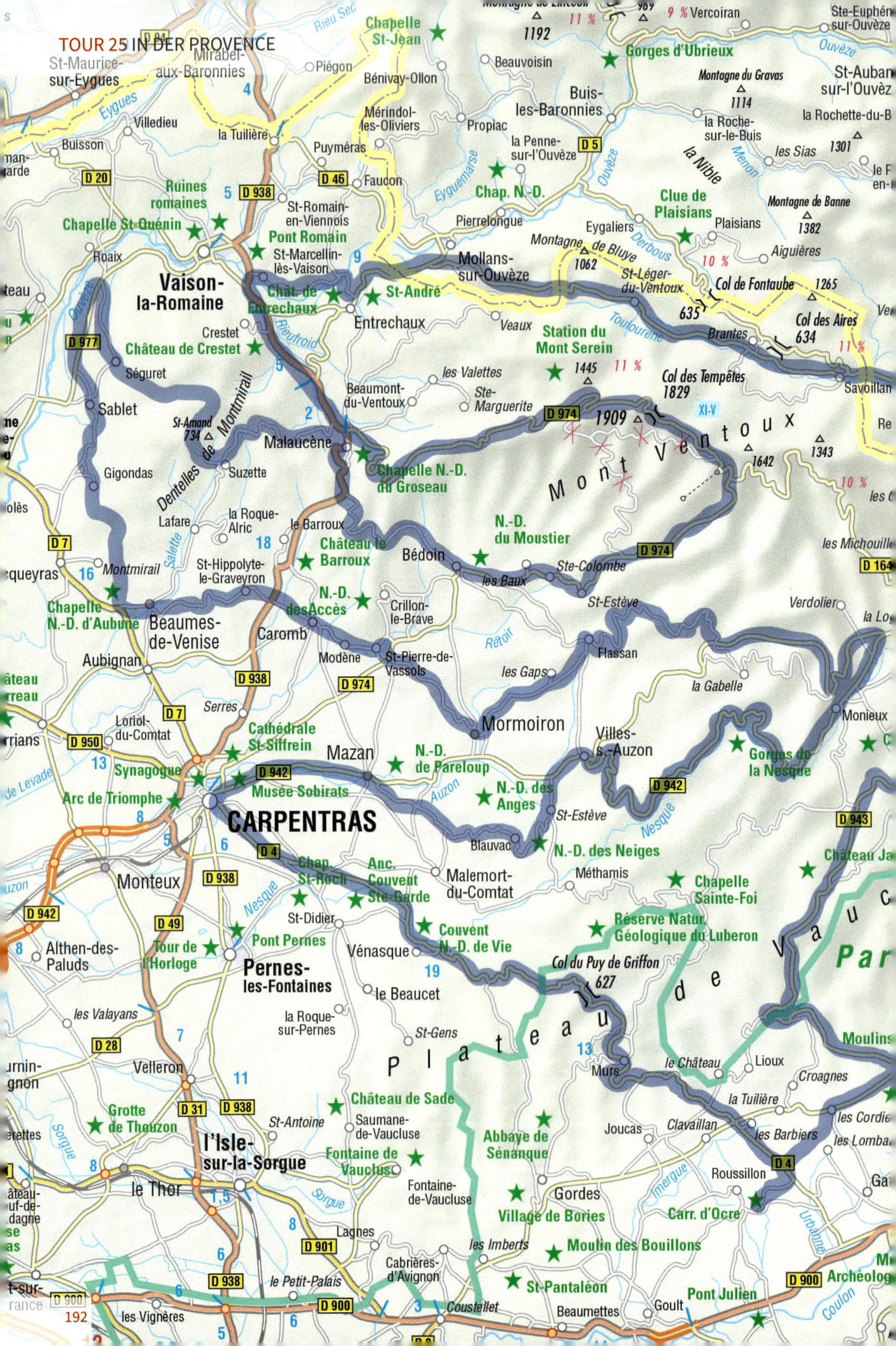
St-Maurice-sur-Eygues
Mirabel-aux-Baronnies
Piégon
Chapelle St-Jean
1192
Vercoiran
Ste-Euphémie-sur-Ouvèze
Beauvoisin
Gorges d'Ubrieux
Bénivay-Ollon
Montagne du Gravas 1114
St-Auban-sur-l'Ouvèze
Buis-les-Baronnies
Villedieu
Mérindol-les-Oliviers
Propiac
la Roche-sur-le-Buis
la Rochette-du-Buis
Buisson
la Tuilière
Puyméras
la Penne-sur-l'Ouvèze
D 5
les Sias
1301
la Nible
D 20
D 46
Faucon
Chap. N.-D.
Clue de Plaisians
Montagne de Banne 1382
Ruines romaines
D 938
St-Romain-en-Viennois
Pierrelongue
Plaisians
Chapelle St-Quénin
Pont Romain
St-Marcellin-lès-Vaison
Eygaliers
Montagne de Bluye 1062
Aiguières
Roaix
Mollans-sur-Ouvèze
St-Léger-du-Ventoux
Col de Fontaube
1265
Vaison-la-Romaine
Chât. de Entrechaux
St-André
635
Entrechaux
Veaux
Brantes
Col des Aires 634
Crestet
Station du Mont Serein
D 977
Château de Crestet
1445
Col des Tempêtes 1829
Séguret
les Valettes
Savoillan
Beaumont-du-Ventoux
Ste-Marguerite
Sablet
St-Amand 734
Dentelles de Montmirail
D 974
1909
Mont Ventoux
Malaucène
1642
1343
Chapelle N.-D. du Groseau
Gigondas
Suzette
la Roque-Alric
Lafare
le Barroux
N.-D. du Moustier
D 7
Château le Barroux
Bédoin
D 974
les Michouilles
Montmirail
St-Hippolyte-le-Graveyron
les Baux
Ste-Colombe
D 164
N.-D. desAccès
Crillon-le-Brave
St-Estève
Verdolier
Chapelle N.-D. d'Aubune
Beaumes-de-Venise
Carомb
Aubignan
Modène
St-Pierre-de-Vassols
Flassan
D 938
D 974
les Gaps
la Gabelle
Serres
D 7
Loriol-du-Comtat
Mormoiron
Monieux
D 950
Cathédrale St-Siffrein
Villes-s.-Auzon
Mazan
N.-D. de Pareloup
Gorges de la Nesque
Synagogue
D 942
Musée Sobirats
Arc de Triomphe
N.-D. des Anges
D 942
CARPENTRAS
St-Estève
D 943
D 4
Blauvac
N.-D. des Neiges
Château Juvaux
Chap. St-Roch
Anc. Couvent Ste-Garde
Malemort-du-Comtat
Méthamis
Chapelle Sainte-Foi
Monteux
D 938
D 942
St-Didier
Couvent N.-D. de Vie
Réserve Natur. Géologique du Luberon
D 49
Pont Pernes
Vénasque
Althen-des-Paluds
Tour de l'Horloge
Pernes-les-Fontaines
Col du Puy de Griffon 627
le Beaucet
Plateau de Vaucluse
les Valayans
la Roque-sur-Pernes
St-Gens
D 28
Velleron
Murs
le Château
Lioux
Croagnes
la Tuilière
Grotte de Thouzon
D 31
D 938
Château de Sade
Saumane-de-Vaucluse
St-Antoine
Joucas
Clavaillan
les Barbiers
les Cordiers
l'Isle-sur-la-Sorgue
Fontaine de Vaucluse
Abbaye de Sénanque
D 4
le Thor
Fontaine-de-Vaucluse
Gordes
Roussillon
Village de Bories
Carr. d'Ocre
Lagnes
D 901
les Imberts
Moulin des Bouillons
Cabrières-d'Avignon
D 938
le Petit-Palais
St-Pantaléon
D 900
Pont Julien
Archéologie
Coustellet
Goult
D 900
les Vignères
Beaumettes

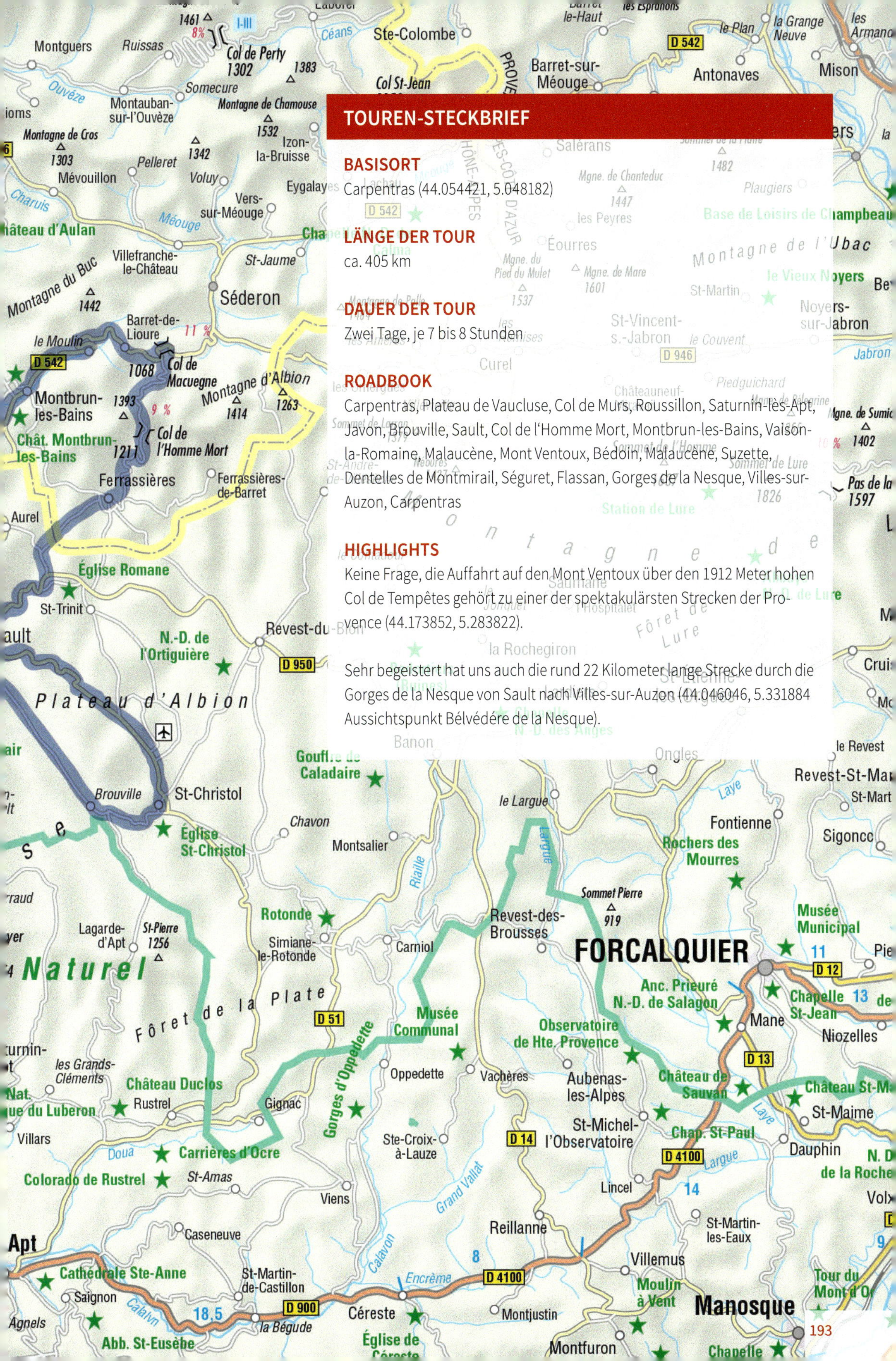

TOUREN-STECKBRIEF

BASISORT
Carpentras (44.054421, 5.048182)

LÄNGE DER TOUR
ca. 405 km

DAUER DER TOUR
Zwei Tage, je 7 bis 8 Stunden

ROADBOOK
Carpentras, Plateau de Vaucluse, Col de Murs, Roussillon, Saturnin-les-Apt, Javon, Brouville, Sault, Col de l'Homme Mort, Montbrun-les-Bains, Vaison-la-Romaine, Malaucène, Mont Ventoux, Bédoin, Malaucène, Suzette, Dentelles de Montmirail, Séguret, Flassan, Gorges de la Nesque, Villes-sur-Auzon, Carpentras

HIGHLIGHTS
Keine Frage, die Auffahrt auf den Mont Ventoux über den 1912 Meter hohen Col de Tempêtes gehört zu einer der spektakulärsten Strecken der Provence (44.173852, 5.283822).

Sehr begeistert hat uns auch die rund 22 Kilometer lange Strecke durch die Gorges de la Nesque von Sault nach Villes-sur-Auzon (44.046046, 5.331884 Aussichtspunkt Bélvédére de la Nesque).

Tour 26 Drôme Provençale

Tor zum Süden

Eine außergewöhnliche Landschaft, Weine und einsame Straßen bietet diese am Westrand der Alpen gelegene Region.

NYONS Das Städtchen an der Eygues ist definitiv einen Besuch wert. Früher erreichte man den Ort über eine alte Römerbrücke, die den Fluss überspannt. Die Brücke, heute ein Monument historique, ist noch immer befahrbar. Gleich links hinter der Brücke gelangt man in die Altstadt mit ihren bunten Häusern. Rund um den mit Platanen bestandenen Place du Marché laden etliche Restaurants und Cafés zur Pause und einen kleinen Bummel ein. Nyons ist weithin bekannt für seine schwarzen Oliven.

D 94 Der Streckenabschnitt zwischen Nyons und Verclause ist einer der schönsten und abwechslungsreichsten der Drôme-Provençale. Spektakulär ist der erste Teil, es geht durch die Gorges de Saint-May. Das Flüsschen Eygues hat sich hier tief in den Felsen gegraben, die Schlucht ist trotzdem sehr gut befahrbar. Eng wird es nur an einer Stelle,

Am Gorges de Saint-May hat sich die Eygues tief in den Felsen gegraben.

hier musste die Straße durch einen einspurigen Tunnel geführt werden. Später weitet sich das Tal, die gesamte Strecke ist ein Genuss und trotzdem flott befahrbar.

ETAPPE BUIS-LES-BARONNIES – ST-AUBAN-SUR-LÓUVÈZE Die Straße folgt dem Tal der Ouvèze, das mal als Schlucht und mal lieblich mit Aussicht punktet. Kurve folgt Kurve in sehr abwechslungsreicher Landschaft mit vielen Lavendelfeldern und Olivenhainen.

GORGES DU TOULOURENC Über den Schluchteingang wacht imposant das Château d'Aulan. Die Schlucht selbst ist sehr eng, Ausweichstellen sind selten. Das Wasser springt in etlichen Terrassen in die Tiefe, flankiert von einem kleinen Sträßchen.

BUIS-LES-BARONNIES Winklige Gassen und farbenfrohe Fassaden laden zu einem Boxenstopp ein. Der Marktplatz bietet neben vielen Restaurants und Cafés auch schattige Plätze unter den für die Provence so typischen Platanen.

MONTBRUN-LES-BAINS Seit 1982 zählt der kleine Ort ganz offiziell zu den schönsten Dörfern Frankreichs. Zwischen den Hängen des Ventoux und des Montagne de Lure liegt der ehemalige Thermalkurort auf einer kleinen Anhöhe inmitten von Lavendelfeldern und Aromapflanzen. Ein Besuch lohnt sich auf jeden Fall, zumal von hier anspruchsvolle Etappen in alle Richtungen starten.

Die alte Römerbrücke führt nach Nyons hinein.

ROSANS Kleines charmantes Dorf mit mittelalterlichen Gassen und einem sehenswerten Wehrturm.

D 541 Vorbei an der markanten Kulisse der Festungsanlage von Grignan führt die letzte Etappe dieser Route nun durch ein ausgedehntes Weinanbaugebiet Richtung Nyons. Einige der besten Weine Frankreichs werden hier ausgebaut. ◂

Aussichtsreich geht es auf den Col de Perty hinauf.

TOUREN-STECKBRIEF

BASISORT
Nyons (44.360356, 5.139541)

STRECKENLÄNGE
ca. 273 km

DAUER DER TOUR
1 – 2 Tage

ROADBOOK
Nyons, Sahune, Col de Soubeyrand, Montguers, Col de Perty, Laborel, Laux-Montaux, Cerclause, Rosans, La Motte-Chalancon, Volvent, Crupies, Bourdeaux, Dieulefit, Taulignan, Grignan, Valréas, Nyons

ÜBERNACHTUNG
Une Autre Maison

45 Avenue Henri Rochier
F-26110 Nyons
Hier ist der Name Programm: Das Haus ist herrlich anders, herrlich charmant. Zehn sehr individuelle Zimmer für einen tollen Aufenthalt.
www.uneautremaison.com
(44.361537, 5.136485)

Schroffe Felslandschaft am
Col des Roustans.

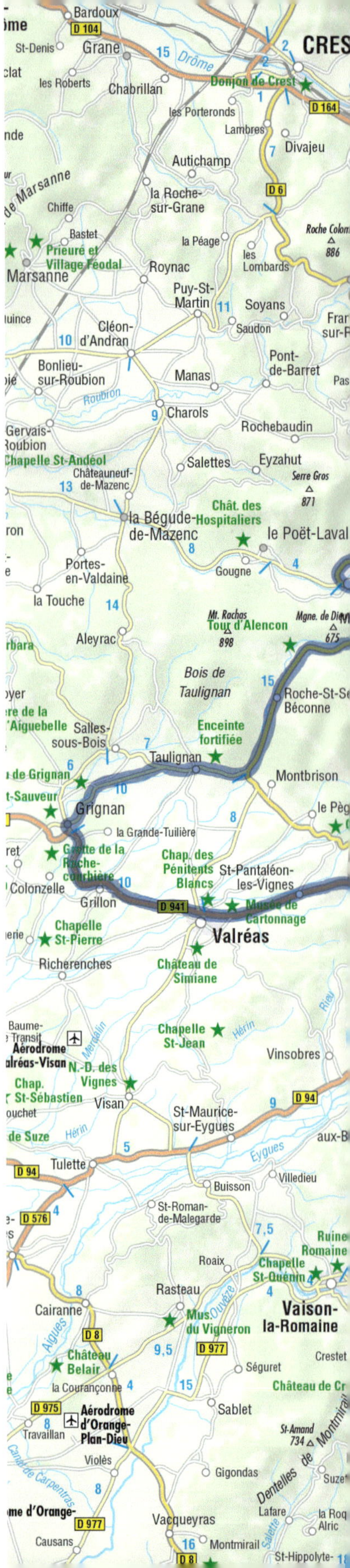

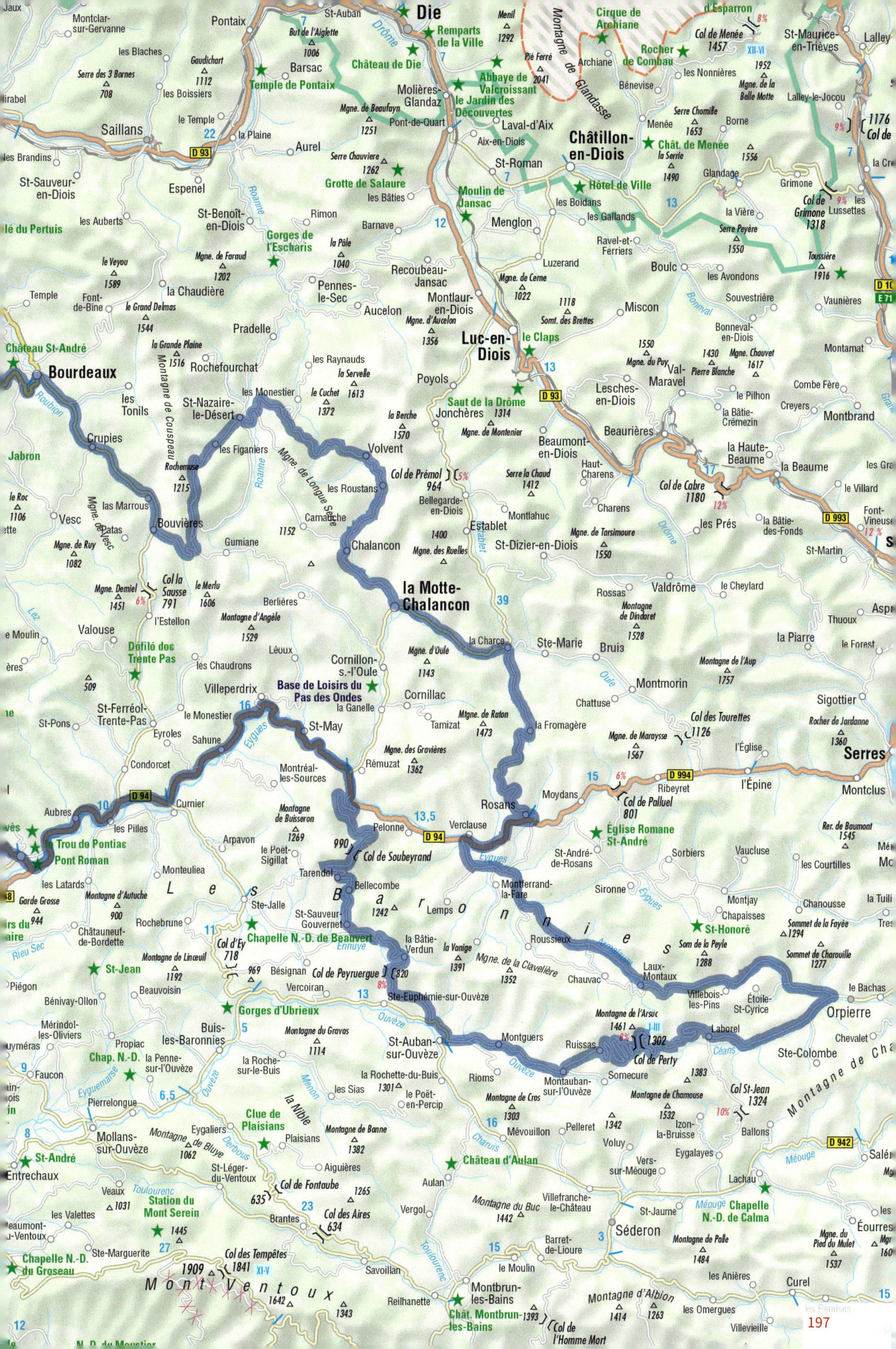
Die
Remparts de la Ville
Château de Die
Abbaye de Valcroissant
Le Jardin des Découvertes
Cirque de Archiane
Rocher de Combau
Montagne de Glandasse
Col de Menée 1457
Temple de Pontaix
Pontaix
Barsac
Saillans
Aurel
Espenel
St-Sauveur-en-Diois
St-Benoît-en-Diois
Grotte de Salaure
Moulin de Jansac
Châtillon-en-Diois
Hôtel de Ville
Chât. de Menée
Col de Grimone 1318
Gorges de l'Escharis
Recoubeau-Jansac
Montlaur-en-Diois
Luc-en-Diois
le Claps
Saut de la Drôme
Château St-André
Bourdeaux
Crupies
Bouvières
Vesc
St-Nazaire-le-Désert
Volvent
Col de Prémol 964
Chalancon
la Motte-Chalancon
Col de Cabre 1180
Valdrôme
Col la Sausse 791
Défilé des Trente Pas
Base de Loisirs du Pas des Ondes
Villeperdrix
St-May
Rémuzat
Cornillac
Montmorin
Col des Tourettes 1126
Serres
Col de Palluel 801
Église Romane St-André
Rosans
Verclause
Pelonne
Col de Soubeyrand
Trou de Pontiac
Pont Roman
Curnier
Montréal-les-Sources
Les Baronnies
Chapelle N.-D. de Beauvert
Col d'Ey 718
Col de Peyruergue 820
Ste-Euphémie-sur-Ouvèze
St-Honoré
Laux-Montaux
Orpierre
Col de Perty 1302
Col St-Jean 1324
St-Jean
Gorges d'Ubrieux
Buis-les-Baronnies
St-Auban-sur-Ouvèze
Montauban-sur-l'Ouvèze
Chap. N.-D.
Clue de Plaisians
Château d'Aulan
Mollans-sur-Ouvèze
St-André
Entrechaux
Station du Mont Serein
Col de Fontaube 635
Col des Aires 634
Séderon
Chapelle N.-D. de Calma
Chapelle N.-D. du Groseau
Col des Tempêtes 1841
Mont Ventoux
Montbrun-les-Bains
Chât. Montbrun-les-Bains
Col de l'Homme Mort

Tour 27

Der Vercors

Im Reich der Kurven

Das Gebirge des Vercors ganz im Westen der französischen Alpen birgt einige der schönsten und spannendsten Straßen Europas. Hunderte Meter senkrecht über den Tälern geht es durch unglaubliche Galerien und die Pässe des Vercors führen durch fantastische Landschaften – der wahr gewordene Motorrad-Traum.

Aussichtsreich geht es im Vercors zur Sache.

Spektakulär sind die Felsdurchbrüche am Combe Laval.

Eigentlich ist es ja nur ein Katzensprung bis hin zu einer der schönsten Ecken der „Grande Nation": gerade mal 600 Kilometer vom Südwesten Deutschlands aus oder 800 Kilometer aus dem Rheinland. Und kaum hat man die Region Auvergne-Rhône-Alpes erreicht, da ist es auch nicht mehr weit bis nach Saint-Jean-en-Royan. Das nette Städtchen, direkt am westlichen Rand des Parc Régional du Vercors, ist unser Basislager für fantastische Touren durch eine der spektakulärsten Regionen Frankreichs: durch den Vercors.

Es ist noch früh am Morgen, als wir Saint-Jean-en-Royan in südwestlicher Richtung verlassen. Den Weg aus der Stadt zu finden, ist kein Problem. Erstens ist Saint-Jean-en-Royan durchaus überschaubar, zweitens folgen wir einfach den Schildern zu einer der größten Sehenswürdigkeiten der Region, dem Combe Laval. Über die D 76 zirkeln wir uns in die Höhe und haben bald den Col Gaudissard erreicht. Der 840 Meter hohe Pass markiert das nördliche Ende der atemberaubenden Route de Combe Laval. Gelesen hatten wir, dass der nun folgende Streckenabschnitt bis zum 1015 Meter hohen Col de la Machine zu den spektakulärsten Bergstraßen dieser Welt gehören soll. Aber wie das nun mal so ist mit den Superlativen, wir waren skeptisch.

Senkrecht in die Tiefe

Aber wir hätten es besser wissen können. Nicht ganz ohne Grund konnte der bis zu 2 350 Meter aufsteigende Vercors erst im 20. Jahrhundert verkehrsmäßig erschlossen werden. Dabei ist es hier am Combe Laval gar nicht mal die pure Höhe, schließlich bewegen wir uns „nur“ auf rund 1000 Metern, aber es gibt so gut wie keinen Übergang zum Flachland der Rhône- und Izère-Täler. Direkt neben der zum großen Teil in den blanken Fels gesprengten Straße geht es über 600 Meter senkrecht in die Tiefe, getrennt vom Asphalt nur durch ein kniehohes Mäuerchen – welch ein Szenario!

Immer wieder rollen wir am Felsen aus, bleiben staunend stehen, wagen den Blick in die Tiefe. Das ist definitiv nur ein Vergnügen für Schwindelfreie. Es geht durch grobe Tunnel, schmale Durchfahrten und um Felsnadeln herum. Vereinzelt steigen jetzt am Morgen aus der Tiefe noch ein paar Nebelschwaden empor, die den mystischen Eindruck noch intensiv verstärken. Wir sind mächtig beeindruckt.

Am Col de la Machine, dem beliebten Motorrad-Treffpunkt, bietet der Parkplatz nochmals einen spektakulären Blick in die Tiefe, dann geht es über den kleinen Weiler Lente weiter gen Süden. Hier erinnert ein Denkmal an die Massaker der deutschen Wehrmacht an französischen Widerstandskämpfern, die sich in die unzugänglichen Wälder des Vercors zurückgezogen hatten. Aber auch vor Alten, Kindern, Krankenschwestern machten die Deutschen im Juli 1944 keinen Halt, annähernd 850 Menschenleben kostete das Wüten der

Partisanendenkmal bei Lente (oben) und Fernblick beim Col de la Bataille (unten).

An Kurven mangelt es nicht im Vercors.

Soldaten. Betroffen und nachdenklich fahren wir weiter.

„Col de la Portette" steht auf dem Schild, dass uns wenig später nach rechts abbiegen lässt. Der 1 175 Meter hohe Pass liegt auf der D 199, die sich kurvenreich durch den westlichen Rand des Vercors windet – eine echte Spaß-Strecke. Schräglage für Schräglage kreuzen wir durch die Berge. Saftig grüne Wiesen und dichte Wälder wechseln im Minutentakt und immer wieder finden sich herrliche Aussichtspunkte mit tollen Panoramen.

Bis in den späten Vormittag ist das eine oder andere Tal tief unter uns mit dichten Nebelschwaden gefüllt, bedeckt wie mit strahlend weißer Watte. Bis zum 1313 Meter hohen Col de la Bataille geht es noch ein wenig bergan, dann steuern wir den Col de Limouches in 1086 Metern Höhe an, und gleich darauf geht es in unzähligen spannenden Serpentinen in die Tiefe, hinunter in das Tal der Rhône. „Kurven auf zehn Kilometer" verspricht das Verkehrsschild. Es sind ganz sicher noch ein paar mehr.

AUTOREN-TIPP

DIE PARTISANENREPUBLIK RÉPUBLIQUE DU VERCORS

Während des Zweiten Weltkriegs war der Vercors ein bedeutendes Zentrum des französischen Widerstands gegen die deutschen Besatzer. Von hier aus organisierten die französischen Partisanen, die Maquisards, ihre Aktivitäten im Rhône-Tal und in den Alpen. Im Juni 1944 riefen die Widerstandskämpfer die République du Vercors aus. Über 4 000 Maquisards kündigten im Vercors einen offenen, bewaffneten Aufstand an.

Nur einen Mont später landeten deutsche Fallschirmjäger bei Vassieux-en-Vercors. Verstärkt durch eine gepanzerte Kampfgruppe und Gebirgsjäger machten sie die beiden Dörfer Vassieux-en-Vercors und La Chapelle-en-Vercors sowie unzählige Bauernhöfe dem Erdboden gleich. Zivilisten wurden als Repressalie hingerichtet, gefangene und verwundete Widerstandskämpfer erschossen, dabei starben 639 Maquisards und über 200 Zivilisten. Zahlreiche Partisanen retteten sich in die unzugänglichen Wälder bei Lente.

In Vassieux-en-Vercors erinnert heute das Musée de la Résistance mit dem Ehrenfriedhof Cimetière National du Vercors an dieses traurige Kapitel.

GPS 44.895361, 5.370745

Steil bergauf

Grünes Land, zufrieden schmatzende Kühe auf den Weiden, blühender Löwenzahn und ländliche Idylle begleiten uns durch das Tal. Nur wenige Kilometer sind es bis Barbières. Dort machen wir auf dem, etwas außerhalb liegenden Sportplatz Rast, legen uns in die Sonne und genießen unser Picknick. Gut erholt und gestärkt geht es bald wieder steil bergauf. Zum Col de Tourniel geht es mächtig kurvenreich wieder auf 1 145 Meter Höhe, die herrliche D 70 führt uns entlang der Montagne de l'Epenet anschließend zum Col de la Rochette.

Der ist zwar nur 558 Meter hoch, dafür macht die Strecke eine Menge Spaß und führt uns schließlich wieder zurück nach Saint-Jean-en-Royan,

unseren Basisort und damit zum zweiten Teil dieser faszinierenden Vercors-Runde.

Überhängende Felsen

Diesmal verlassen wir den sympathischen Ort in nördlicher Richtung, passieren das etwas quirligere Pont-en-Royans und steuern die Gorges de la Bourne an. 24 Kilometer purer Fahrspaß, so lassen sich die Gorges treffend beschreiben. Auch hier ist die Fahrbahn zum Teil in den Fels geschlagen. Viele Engstellen, knackige Kurven und überhängende Felsen bitten um Aufmerksamkeit. So manche Kratzspur am Stein rechts und links des Asphalts zeugt von wahrscheinlich recht teuren Autoreparaturen.

Zwischendurch locken immer wieder interessante Aussichtspunkte. Zwar führt die Strecke durch die Gorges de la Bourne bis nach Villard-de-Lans, wir folgen aber nach etwa zwei Dritteln der Strecke den Schildern zur Route des Ecouges in Richtung Norden.

Auch die D 35 ist, wie so viele Strecken im Vercors, eine echte straßen-

Die D70 am Col de Tourniel (oben) und bei St. Jean en Royans (unten).

Der Streckenabschnitt Combe Laval gehört zu den spektakulärsten Bergstrecken Europas.

Pont-en-Royans ist ein Dorf mit Flair (oben). Unterwegs in den Gorges de la Bourne (unten).

bauliche Meisterleistung. Sie führt aus den Gorges de la Bourne hinaus, steigt erst steil und kurvig an, führt dann durch das Dorf Rencurel und wird schließlich zur legendären Route des Ecouges.

Im Winter häufig gesperrt, verläuft sie nun entlang des wild schäumenden

Bergbachs Drevenne und findet ihren Höhepunkt im gut 500 Meter langen Tunnel des Ecouges. Der stockfinstere, grob in den Fels geschlagene Tunnel erinnert eher an einen Bergstollen und ist nur einspurig; zwei Ausweichstellen für den Begegnungsverkehr müssen reichen. Uns macht die Tour durch den engen Fels Spaß, aber für klaustrophobe Menschen ist sie keine Empfehlung. Wild durch die Schlucht zirkelnd geht es auf der D 35 weiter, bis diese sich dem Isère-Tal zuwendet und mit nicht wenigen Kurven über Saint-Gervais hinunter ins Tal führt.

Durch das Flusstal

Für rund acht Kilometer folgen wir entlang der Isère der viel befahrenen N 532, die sich durch das Flusstal schlängelt. Sie ist die deutlich schönere Alternative als die Isère-Tal-Autobahn und entsprechend ist der Verkehr. Macht nichts, bei Cognin-les-Gorges verlassen wir sie schon wieder und wenden uns auf der D 22 den Gorges du Nan zu. „Parcours difficile ou dangereux“ verspricht die Michelin-Karte.

Schwierig und gefährlich finden wir sie nun eigentlich nicht, aber man sollte schon über ein gesundes Maß an Erfahrung verfügen, um die vielen Kurven und Kehren mit dem Motorrad angstfrei zu genießen, die wieder hinauf in den Vercors führen. Zumal die Strecke stellenweise richtig eng ist. Begegnungsverkehr mit dem Auto ist bisweilen unmöglich, zum Glück sind hier aber auch nur wenige Autofahrer unterwegs.

Über Le Fas düsen wir auf der schmalen D 31 weiter gen Süden und

erreichen bald Presles. Nur wenige Kilometer dahinter bremst uns der Col de la Croix de Toutes Aures aus. Von dem in 560 Metern Höhe liegenden Pass bietet sich ein fantastischer Blick auf die umliegenden Berge, die mit ihren steilen Felswänden

Faszinierende Bergstrecke (oben) und Aussichtspunkt oberhalb des Flusses Bourne (unten)

Der Aussichtspunkt Belvédère de Valchevrière bei Villard-de-Lans.

in den Himmel ragen. Mit reichlich Kurven und Kehren windet sich die D 292 schließlich wieder hinunter in die grandiosen Gorges de la Bourne.

Riesige Höhle

Dabei sollte man für die letzten Kilometer vor der Schlucht die Variante über das Örtchen Choranche wählen. Nicht nur, weil die Strecke einfach toll ist, sondern weil hier auch die Grotte de Choranche liegt. Die riesige Höhle tief in den Vercors-Bergen wurde erst 1871 entdeckt und gehört heute zu einer der großen Attraktionen der Region. Die Besichtigung der bildschönen Höhle ist im Rahmen einer einstündigen Führung möglich. Zwar ist diese nur in französischer Sprache, es gibt aber eine deutsche Broschüre – und selbst, wenn man nichts versteht, lohnt sich der Besuch auf jeden Fall.

In der sogenannten Kathedrale, dem größten Saal des begehbaren Höhlensystems, werden die Besucher mit einer Licht- und Soundshow überrascht. Die Moppedklamotten lässt man am besten an, in der Höhle herrschen konstante zehn Grad. Eine prima Gelegenheit, sich auch mal etwas abzukühlen.

Noch ein paar Schwünge, dann haben wir Pont-en-Royans erreicht. Gerade recht, um in dem urigen Städtchen einen entspannten Café au lait zum Abschluss dieser spannenden Route zu genießen, denn von hier aus sind es gerade mal noch neun Kilometer, dann haben wir wieder unseren Ausgangsort Saint-Jean-en-Royan erreicht. Von dem werden wir in den folgenden Tagen noch so manche Tour in den Vercors starten, denn zu sehen und zu fahren gibt es hier noch reichlich. ◀

INFOS ZUR TOUR

CHARAKTERISTIK

Erfahrung und Können sollte mitbringen, wer diese höchst anspruchsvolle Tour durch eine der schönsten Landschaften Frankreichs fährt. Extrem enge Bergsträßchen von Felsen flankiert, knackige und steile Serpentinen und nicht zuletzt der enge Tunnel auf der Route des Ecouges sind eine echte Herausforderung. Belohnt wird man dadurch mit einer traumhaften Runde, die ihresgleichen in den Alpen sucht.

PÄSSE DER TOUR

Der 840 Meter hohe Pass Col Gaudissard und der 1015 Meter hohe Col de la Machine rahmen den fantastischen Combe Laval ein. Der Col de la Portette liegt in 1175 Metern Höhe am westlichen Rand des Vercors, es folgt der 1313 Meter hohe Col de la Bataille und der Col de Limouches in 1086 Metern Höhe. Der Col de Tourniel zählt 1145 Meter Höhe, die D70 führt zum Col de la Rochette in 558 Metern Höhe. Der Col de la Croix de Toutes Aures beendet den Kurvenreigen in 560 Metern Höhe.

ÜBERNACHTUNG

Camping Municipal Les Bords de Lyonne
Avenue de Provence 50, F-26190 Saint-Jean-en-Royans
Der einladende Campingplatz hat uns sehr gut gefallen, einfach ausgestattet, aber sehr sauber, ruhig und günstig gelegen, sehr nettes Team, nur wenige Minuten zu Fuß in den Ort.
www.camping-saintjeanenroyans.com
GPS 45.011264, 5.286952

Hotel le Marronnier
Rue de la Mairie 715, F-38680 Rencurel
Motorrad-affines Hotel mit 25 Zimmern, ansprechendem Restaurant, Terrasse, Schwimmbad, Pannenservice, Waschplatz und vielem mehr, einfach klasse.
www.hotellemarronnier.com
GPS 45.104933, 5.472579

KOMBINATIONSMÖGLICHKEITEN

Diese Tour durch den Vercors lässt sich perfekt mit der Runde 16 durch die Region Ardèche kombinieren. In die südlich gelegene Drôme provençale geht es alternativ auf der Tour 26.

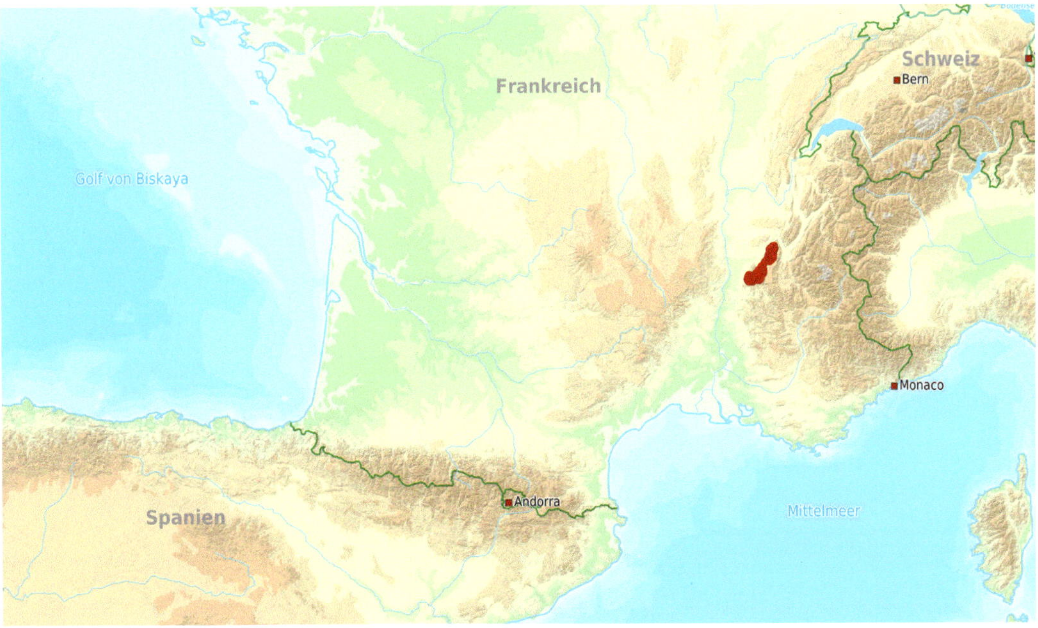

TOUREN-STECKBRIEF

BASISORT

Saint-Jean-en-Royans (45.018261, 5.293238)

STRECKENLÄNGE

ca. 200 km

DAUER DER TOUR

8 Stunden

ROADBOOK

Saint-Jean-en-Royan, Col Gaudissard, Combe Laval, Col de la Machine, Lente, Col de la Bataille, Barbières, Col de Tourniel, Montagne de l'Epenet, Saint-Jean-en-Royan, Pont-en-Royans, Gorges de la Bourne, Rencurel, Route des Ecouges, Tunnel des Ecouges, Saint-Gervais, Cognin-les-Gorges, Le Fas, Presles, Col de la Croix de Toutes Aures, Gorges de la Bourne, Choranche, Pont-en-Royans, Saint-Jean-en-Royan

HIGHLIGHTS

Der Combe Laval mit seiner unglaublichen Straßenführung ist DAS Highlight – nicht nur dieser spannenden Runde (45.000944, 5.332342 etwa mittig).

Die Gorges de la Bourne zwischen Pont-en-Royan und Villard-de-Lans sind des Tourenfahrers Traum (45.067159, 5.378861 etwa mittig).

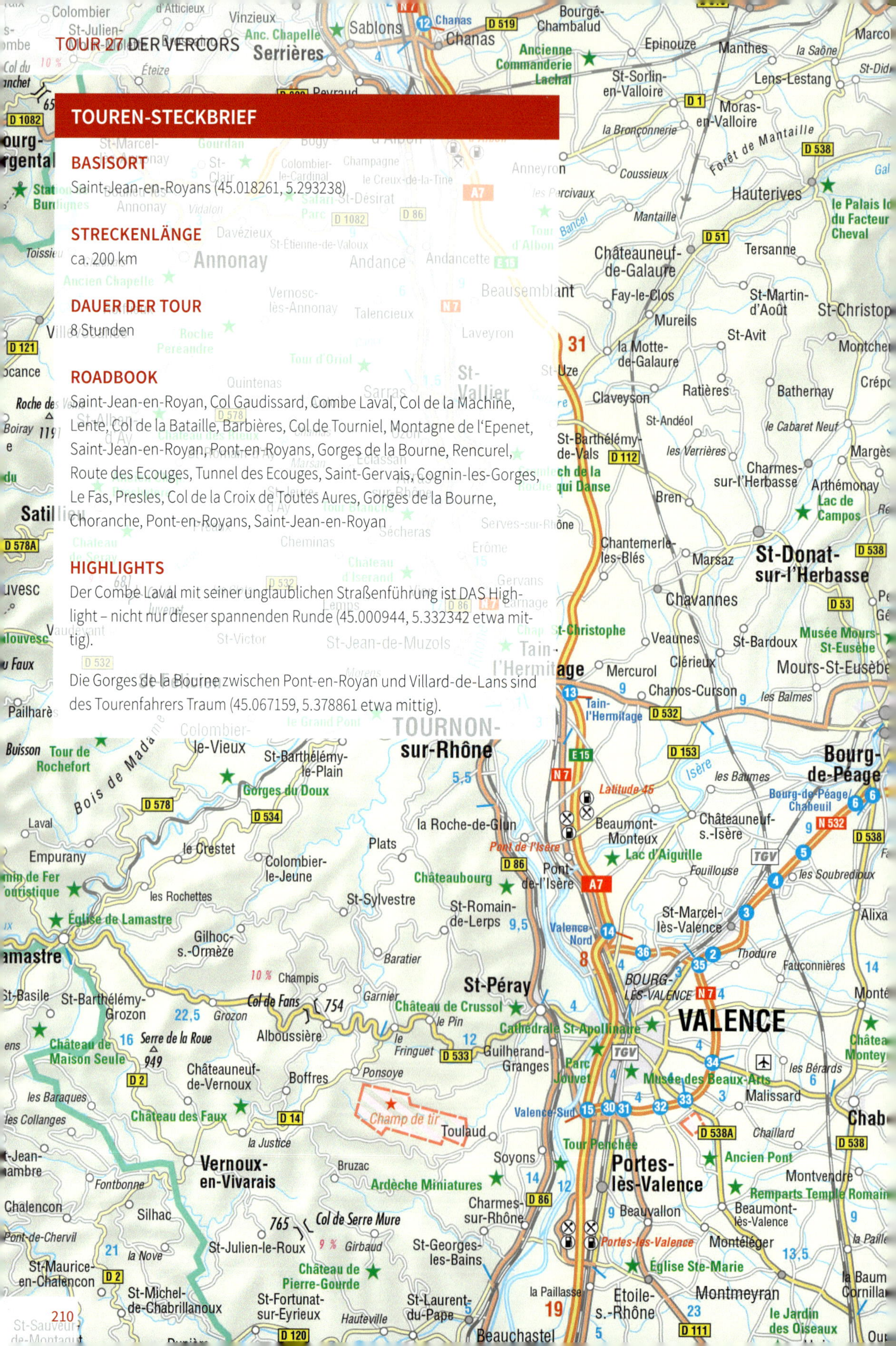

Champ de tir de Chambaran
Parc Naturel de Chambaran
Chambaran
Forêt domaniale de Chambaran
Roybon
Col de la Toutes Aures
Col du Cognet
Tullins
A49
E 713
Vinay
l'Albenc
Abbaye de la Trappe-de-Chambaran
Château de Quincivet
N.-D. de-l'Osier
Chât. de Montravel
N.-D. d'Armieux
St-Antoine-l'Abbaye
Anc. Abbaye
la Forêt aux Champignons et Insectes Géants
St-Marcellin
Gorges St-Gervais
Cognin-les-Gorges
Gorges du Nan
Malleval
Col de Romeyère
Autrans
Méaudre
Gorges du Méaudret
Forêt des Coulmes
Station de le Faz
St. de Presles
Tour de Montmiral
l'Arthaudière
Château Delphinal
Base de Loisirs de Marandan
Grottes de Choranche
Gorges de la Bourne
Villard-de-Lans
Grotte de la Goule Blanche
Porte de la Drôme
Royans-Vercors
Grotte de Thaïs
Pont-en-Royans
Grotte de Bournillon
Parc Naturel Régional des
Herbouilly
Corrençon-en-Vercors
Romans-sur-Isère
St-Jean-en-Royans
Col Gaudissart 840
Combe Laval
Grds. Goulets
la Chapelle-en-Vercors
Col de la Machine 1011
Montagne de l'Echarasson
Montagne de Musan
Chartreuse
Mur des Fusillés
Col de la Portette 1175
Lente
Grotte de la Draye Blanche
Grotte du Brudour
St-Vincent-la-Commanderie
Chap. St-Pierre
Eglise Rom. de Léoncel
Léoncel
Col de la Bataille
Font-d'Urle
Vassieux-en-Vercors
Col de St-Alexis 1222
Grotte de la Luire
Champ de tir du Vercors
Altisurface du Col de Bacchus
Col de Bacchus 980
Centre Préhistorique
Col de Rousset 1254
Gorges d'Omblèze
Cascade de la Druise
Château du Montrond
Hauts-Plateaux du Vercors
Plan-de-Baix
Chamaloc
Marignac-en-Diois
St-Julien-en-Quint

Tour 28 Alpes des Hautes Provence

Dramatische Berge

Das Département im Süden Frankreichs wird von seiner Bergwelt geprägt. Dazwischen liegen lohnenswerte Städte.

Der vielseitige Col de Cayolle.

BARCELONNETTE Wenn es mal einen malerischen Stützpunkt in den französischen Alpen gibt, der einen durchaus längeren Aufenthalt lohnt, dann ist es Barcelonnette, die Hauptstadt des Ubaye-Tals. Neben grandiosen Hochalpen-Touren in alle Himmelsrichtungen gibt es hier faszinierende Geschichte und Geschichten zu entdecken, tolle Gastronomie und im Sommer ein sehr ausgeprägtes Nachtleben.

ETAPPE BARCELONNETTE – CAYOLLE Zunächst aber durchquert die Route auf einem Abschnitt von fünf Kilometern die Gorges du Bachelard, eine wunderschöne Schlucht. Danach lässt die Zufahrt zum Col de la Cayolle viel Zeit für landschaftlichen Genuss. Nicht umsonst zählt der Pass zu den schönsten und vielseitigsten der französischen Alpen. Abwechslung bietet vor allem die teilweise steile Südrampe zuhauf und fordert die ganze Aufmerksamkeit des ausgeschlafenen Bezwingers.

Von **COLMARS** aus geht es über 28 wundervoll kurvenreiche Kilometer nach Saint-Martin-d'Entraunes. Vorsicht ist auf der Westrampe geboten, da diese auf fast der gesamten Strecke nur einspurig befahrbar ist. Wenn einem ein Auto entgegenkommt, hilft hier nur stehen bleiben und ganz rechts an den Rand fahren. Hinzu kommen tiefe Wasserrinnen, Bodenwellen und sogar das eine oder andere Schlagloch. Dafür ist die Ostrampe perfekt in Schuss und bietet Fahrvergnügen pur. Die Passhöhe befindet sich auf 2 095 Metern. Sie ist zugleich die Grenze zwischen den Départements Alpes Maritimes und Alpes-de-Haute-Provence. Lange verweilen muss man dort allerdings nicht, da die Infrastruktur quasi nicht vorhanden ist. Nicht einmal ein kleines Wirtshaus hat sich dorthin verirrt.

DIGNE-LES-BAINS In der Hauptstadt der Hochprovence geht das Leben angesichts der dramatischen Bergkulisse, die sich Richtung Norden auftut, gelassen zu. Der Kurort weiß aber auch mit Europas größtem Ammonitenfeld zu punkten: über 1500 versteinerte Tieren aus den letzten 200 Millionen Jahren.

Bergidylle pur auf dem Weg nach Barcelonnette.

LAC DE SERRE-PONÇON Eine besonders gute Aussicht lässt sich von einem etwas abseits der kurvenreichen D 954 gelegenen Punkt in Le Sauze-du-Lac genießen. Hier kann der Blick über weite Teile des Gewässers wie auch die sich teilweise steil emporhebenden Berghänge schweifen.

LE LAUZET-UBAYE Am Kreuzungspunkt der D 954 mit der D 900 liegt das Gemeindegebiet von Le Lauzet-Ubaye. Der Ort hat sich zu einem Mekka für Rafter, Kanuten und Kletterer gemausert. Entsprechende Angebote sind an den Ufern des Flusses Ubaye allerhand zu finden. ◂

Blick auf den Stausee Lac Serre-Poncon.

TOUREN-STECKBRIEF

BASISORT
Jausiers (44.419450, 6.733820)

STRECKENLÄNGE
ca. 317 km

DAUER DER TOUR
1 – 2 Tage

ROADBOOK
Jausiers, Barcelonnette, Uvernet-Fours, Col de la Cayolle, Saint-Martin d'Entraunes, Colmars, Saint-André-les-Alpes, Digne-les-Bains, Le Bès, Col du Fanget, Col de Carcinets, Chorges, Savines-le-Lac, Le Lauzet-Ubaye, Jausiers

ÜBERNACHTUNG
Le Sans Souci
Quartier Sainte-Anne
04850 Jausiers
Schöne, komfortable Zimmer, sehr gutes Essen. Verschlossener Stellplatz für Motorräder vorhanden.
www.le-sans-souci.com
(44.413676, 6.728804)

Der Col de la Cayolle zählt zu den schönsten und vielseitigsten der französischen Alpen.

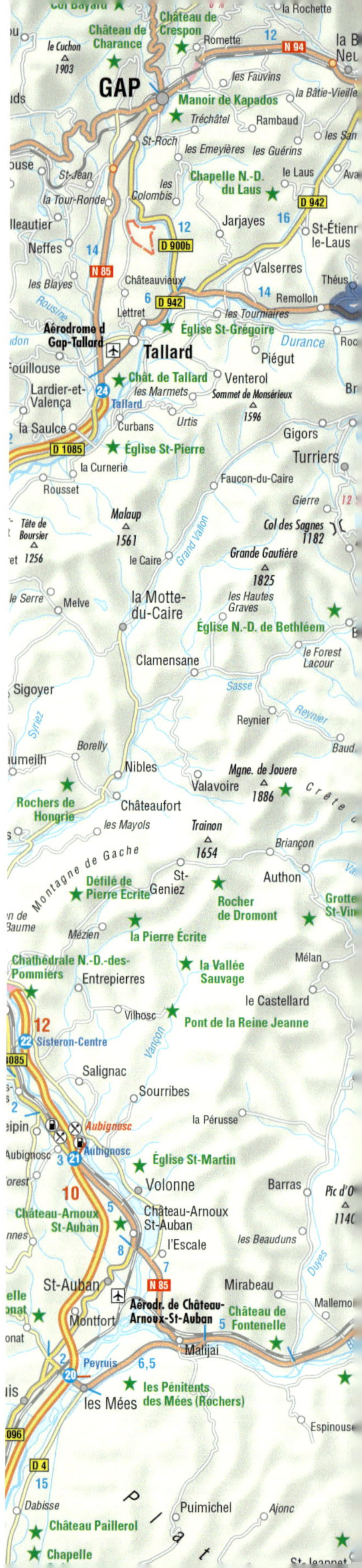

Embrun
Station de Réallon
St-Apollinaire
Lac de St-Apollinaire
Puy-Sanières
Château de Picomtal
Ancien Tour Brune
Baratier
St-Sauveur
Crévoux
Station de Crévoux
Station de Crots
Crots
Les Orres
Station des Orres
Abbaye de Boscodon
Forêt de Boscodon
Savines-le-Lac
Lac de Serre-Ponçon
Musée de la Vallée
la Montagne aux Marmottes
Pic de Morgon 2327
Cirque de Morgon
Font. de l'Ours
Cascade de Costeplane
Pramouton
Col de Vars 2111
Grd. Parpaillon 2988
la Redoute de Berwick
Fort de St-Ours
Pont du Châtelet
St-Paul-sur-Ubaye
Meyronnes
la Condamine-Châtelard
Forts de Roche la Croix
Larche
Station de St-Anne-la-Condamine
Grand Bérard 3048
Batterie de Cuguret
Jausiers
Forêt du Riou-Bourdoux
Église de St-Pons
St-Pons
Barcelonnette
Musée de la Vallée
Cascade le Rocha
Fort Joubert ou St-Vincent
Barrage de Serre-Ponçon
la Bréole
Rousset
Pont Romain
le Lauzet-Ubaye
St-Vincent-les-Forts
Col St-Jean 1333
Station St-Jean-Montclar
Montclar
Méolans-Revel
les Thuiles
Forêt de Gimette
Pra-Loup
Station de Pra-Loup
Uvernet-Fours
Enchastrayes
Super-Sauze
Station le Sauze
Col de Garcinets
Selonnet
Citadelle
Seyne
Ancien Couvent
Station de Chabanon-Selonnet
Col du Fanget 1459
Station du Grand Puy
Col de Maure 1346
Petite Séolane 2854
Grande Séolane 2909
l'Aiguillette 2610
Roche Close 2739
la Foux-d'Allos
Col d'Allos 2240
Gorges du Bachelard
Tête de Glaudon 2630
Ref. de Bayasse
Parc National
Ref. de la Cayolle
Col de la Cayolle 2327
Mont Pelat 3051
Tête de l'Estrop 2961
Cab. de l'Esptrop
la Tête Noire 2560
Station le Seignus
Allos
N.-D. de Valvert
Lac d'Allos
Chapelle St-Sába
Entraunes
Ferne Béridon
Auzet
Verdaches
Clues de Vardaches
Barles
Clues de Barles
Blayeul Sommet 2189
Col du Labouret 1240
Prads-Haute-Bléone
Somt. du Caduc 2654
Somt. des Graux 2552
Fort de Savoie
le Pont Haut
Colmars
Col des Champs 2191
Église St-Martin
Cascade de la Lance
St-Barnabé
St-Martin-d'Entraunes
Villeneuve-d'Entraunes
Beaujeu
la Javie
Mgne. du Carton 2123
Somt. de Denjuan 2403
Villars-Colmars
Beauvezer
Chap. N.-D. de Lausière
Crête de Blayeul
Montagne de Côte Longue
Mgne. de Chamatte 2085
le Grd. Coyer 2693
Draix
Archail
Marcoux
Mgne. du Cheval Blanc 2323
Pont du Moulin
Thorame-Haute
Thorame-Basse
Centre Géologique
Cathédrale N.-D.-du-Bourg
DIGNE-les-Bains
Pic du Couard 1988
Chapelle St-Jean
Chapelle St-Thomas
Ancien Source Salée
Église N.-D. d'Entraigues
La Colle-St-Michel
Col St-Michel 1431
Tête du Ruch 2100
Tête de Travers 2159
Somt. de Cousson 1516
Tartonne
Lambruisse
Château de Clumanc
Clumanc
Méailles
Le Fugeret
Chapelle de Vers-la-Ville
Annot
Châteauredon
Chaudon-Norante
Château de Frouchier
Plus Haut Château
la Fontaine Salée
Col des Robines 988
St-André-les-Alpes
Chapelle Notre-Dame
Station d'Annot
les Grès d'Annot
Pont de la Reine Jeanne
Clue de Rouaine
Col de Toutes Aures 1120
Barrême
Mgne. de Beynes 1598
Gorges de
Vergons

Tour 29 Nationalpark Écrins

Ein Geheimtipp

Der Nationalpark Écrins gehört nicht zu den bekanntesten – dafür aber zu den faszinierendsten in Frankreich.

BRIANÇON Die Alpen sind nicht gerade arm an strategisch günstigen Lagen. Doch Briançon, der französischen Hochalpenstadt in der sich die Wege aus Gap, Grenoble und Turin kreuzen, kam schon von jeher eine besondere Rolle zu. Zu Anfang und noch einmal am Ende des 17. Jahrhunderts fiel die Stadt großen Feuersbrünsten fast vollständig zum Opfer. Der anschließend initiierte Wiederaufbau ließ wehrhafte Festungen rund um den Ort entstehen. Der Baumeister Vauban wurde mit dem Wiederaufbau beauftragt. Etliche seiner in Frankreich bis heute prägenden Festungsanlagen sind als UNESCO Weltkulturerbe deklariert worden – so bereits 2008 auch Briançon.

COL D'IZOARD Einer der schönsten Pässe der Alpen überhaupt. Vom Verkehr weitgehend verschont, weil es eine schnellere Alternative durch das

Motoradtreffpunkt am Col de Lautaret.

Tal der Durance gibt. Dennoch ist die Strecke durchgehend asphaltiert und in gutem Zustand.

Die Nordrampe ist ein Traumritt durch eine weitgehend intakte, hochalpine Landschaft. Mit dem markanten Scheitelpunkt wandelt sich dieses Bild dramatisch. Das Casse Déserte genannte Gebiet sieht aus wie eine Mondlandschaft – aus der an jeder Ecke Felsnadeln sprießen.

SAINT-VÉRAN Mit seiner Höhe von 2 040 Metern ist der malerische Ort die höchstgelegene selbstständige Gemeinde Europas. Ihr gesamtes Gebiet erstreckt sich von 1756 bis 3 175 Meter Höhe. Neben einer denkmalgeschützten Kirche sind rund 20 Wandsonnenuhren aus der Renaissancezeit an Fassaden über das ganze Dorf verstreut zu entdecken. Einziger Nachteil: Von einem tiefer liegenden Parkplatz aus muss man das alpine Kleinod zu Fuß erobern. Doch ein Bergrestaurant mit Hochgebirgsküche entschädigt für die Mühe.

GAP Die Stadt wurde zur Alpenstadt des Jahres 2002 gekürt und bietet eine umfassende Infrastruktur für Reisende.

PARC NATIONAL DES ÉCRINS Obwohl die Fahrt an der Schutzhütte Gioberney ihr Ende findet, lohnt es sich dennoch, bis zur letzten Asphaltkante zu fahren. Hier sollte man unbedingt die Wanderstiefel schnüren und sich auf einen Ausflug in die hochalpine Umgebung des Nationalparks, gerne auch „Frankreichs Himalaya" genannt, einlassen. Atemberaubende Ausblicke und Naturschönheiten werden es einem danken.

LE BOURG-D'OISANS Die prächtige, quirlige Alpenstadt ist ein Mekka für Kletterer und Radfahrer – nicht zuletzt wegen ihrer Lage zu Füßen der legendären Auffahrt nach Alpe d'Huez. Der Wochenend-Markt mit seinen regionalen Käse- und Wurstspezialitäten und einigem Kunsthandwerk ist ein beliebter (und belebter) Treffpunkt und uneingeschränkt zu empfehlen.

COL DU LAUTARET Die Straße über den 2 058 Meter hohen Pass beginnt bereits in Bourg-d'Oisans und endet erst rund 67 Kilometer östlich in Briançon. Die gut 24 Kilometer sind hervorragend ausgebaut ◄

Nordrampe des Col d'Izoards.

TOUREN-STECKBRIEF

BASISORT
Briançon (44.899348, 6.643391)

STRECKENLÄNGE
ca. 477 km

DAUER DER TOUR
2 Tge

ROADBOOK
Briançon, Col d'Izoard, Les Moulins, Saint-Véran, Guillestre, Savines le-Lac, Chorges, Gap, St-Bonnet-en-Champsaur, Saint-Firmin, Chalet du Gioberney, Saint- Firmin, Corps, Mens, La Mure, Vizille, Rochetailée, Alpe-d'Huez, La Grave, Briançon

ÜBERNACHTUNG
Hotel Mont-Brison
3 Avenue du Général de Gaulle
F-05100 Briançon
Das Hotel liegt in der Nähe der historischen Altstadt. Einfaches Hotel mit praktisch eingerichteten Zimmern. Überdachte Motorradstellplätze gibt es im Innenhof.
www.hotelmontbrison.com
(44.895777, 6.633166)

Westlich vom Col du Lautaret thront auf 1500 Metern Höhe die Gemeinde La Grave.

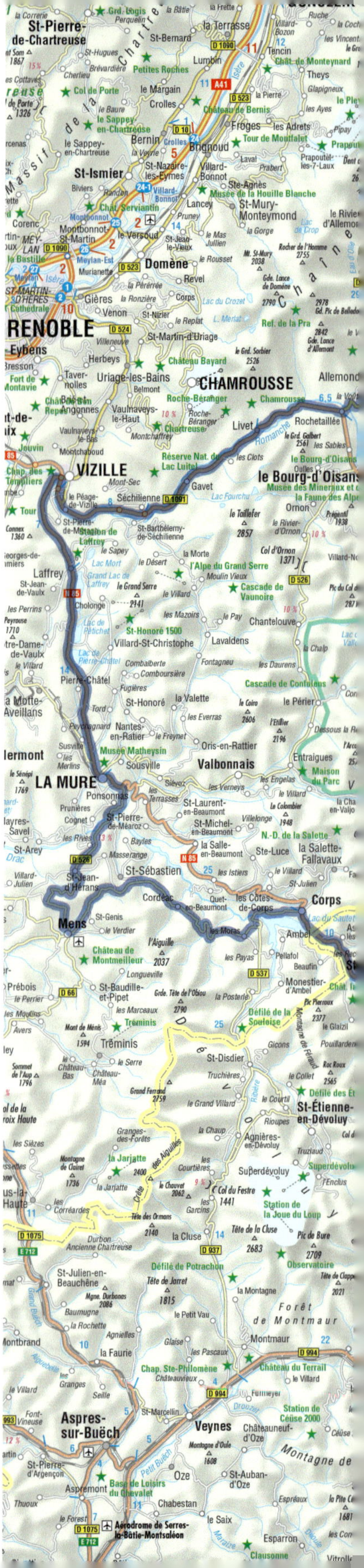

ST-JEAN-de-MAURIENNE
St-Michel-de-Maurienne
MODANE
Valloire
BARDONECCHIA
Oulx
Sestriere
Alpe-d'Huez
les Deux Alpes
la Grave
Col du Galibier
le Monêtier-les-Bains
BRIANÇON
Parc National des Écrins
Massif des Écrins
l'Argentière-la-Bessée
Vallouise
Aiguilles
Guillestre
Mt-Dauphin
Embrun
Chorges
GAP
St-Bonnet-en-Champsaur
Orcières
Champsaur
Valgaudemar
Lac de Serre-Ponçon
Savines-le-Lac
Tallard
le Lauzet-Ubaye
Jausiers
St-Véran
Château-Queyras
Molines-en-Queyras
Cesana Torinese
FRANCE
ITALIA
RHÔNE-ALPES
PROVENCE-ALPES-CÔTE D'AZUR
Barre des Écrins 4102
Mt. Thabor 3181

Tour 30 Nationalpark Vanoise

Majestät der Alpen

Der Nationalpark hat mit dem Col de l'Iseran den höchsten asphaltierten Pass der Alpen – und weitere Schmankerl – zu bieten.

Orientierungspause am Cormet de Roselend.

ALBERTVILLE Unterhalb der mittelalterlichen Siedlung Conflans entstand im 19. Jahrhundert die Neustadt. Sie war Austragungsort der 1992er-Winterolympiade.

COL DE LA MADELEINE Mit seinen 1993 Metern verfehlt der Col de la Madeleine knapp die „magische" 2000-er-Grenze. Aber die fast 50 Kilometer lange Strecke hat ganz andere Qualitäten zu bieten.Zunächst einmal können sich Motorradfans bei der Tour de France, die den Pass häufig nutzt, für einen weitgehend perfekten Belag bedanken. Dann sind da noch die rund 1500 Höhenmeter, die es auf beiden Seiten des Scheitels zu überwinden gilt. Das erfolgt zwar nicht in spektakulären Serpentinen, aber über teilweise kurvenreiche, teilweise auch recht steile Abschnitte jenseits von zehn Prozent, so dass Aufmerksamkeit stets gefordert ist. Absolutes Highlight ist die prächtige Alpenkulisse, auf die man immer wieder Blicke erhascht.

COL DE LA CROIX DE FER Der kurvenreiche Anstieg zum 2 068 Meter hohen Pass zählt vor allem wegen seiner Ausblicke auf die Belledonne-Kette zu den schönsten Strecken der Region.

SAINT-JEAN-DE-MAURIENNE Der kleine Hauptort des Maurienne-Tals ist nicht besonders hübsch, doch immerhin seit dem 6. Jahrhundert besiedelt. Außerdem ist es der Stammsitz der bekannten Messerfabrik Opinel, deren Produkte einen ähnlichen Ruf wie die Schweizer Messer haben. Besuche in Museum und Shop sollten eingeplant werden.

COL DE L'ISERAN Er ist die zu Unrecht oft verkannte „Majestät der Alpen". Nicht die Höchstschwierigkeit, aber der höchste asphaltierte Straßenpass des gesamten Gebirgszugs. Er ist auch höher als der Col de la Bonette, dessen Scheitel es „nur" auf 2 715 Meter bringt.Der Iseran ist damit auch „das Meisterstück" der Route des Grandes Alpes und weist Steigungen bis zwölf Prozent auf. Die Verbindung zwischen Tarentaise und Maurienne ist 61 Kilometer lang. Der Aussichtspunkt „Belvédère de la Tarantaise" auf 2 530 Metern an der Nordrampe belohnt einen Stopp mit grandioser Fernsicht. Und am Scheitel lockt die sehenswerte Natursteinkapelle zu einem Besuch.

CORMET DE ROSELEND Nicht wenige meinen, dass der Cormet de Roselend einer der schönsten Alpenpässe ist, den Frankreich aufzuweisen hat.Die Wintersperre auf dem 1967 Meter hohen Pass gilt zumeist nur von Dezember bis April, also relativ kurz für die sonstigen Verhältnisse in den französischen Hochalpen.Zu verdanken haben wir die meisterliche Streckenführung einer ehemaligen Großbaustelle: Der so wunderbar türkis schimmernde Lac de Roselend ist ein erst in den 1950er Jahren errichteter Stausee. Die jetzige Straße an ihm vorbei und über den Pass wurde zunächst als Zufahrt zur Baustelle angelegt. Zwar bestand von Osten eher eine Auffahrt auf die Passhöhe, die war aber bis 1960 nicht mit dem Beaufortain verbunden. ◂

Die Nordrampe des Col de l'Iseran.

TOUREN-STECKBRIEF

BASISORT
Albertville (45.676320, 6.393980)

STRECKENLÄNGE
ca. 336 km

DAUER DER TOUR
1 – 2 Tage

ROADBOOK
Albertville, La Combe, Pussy, Col de La Madeleine, Saint-Etienne-de-Cuisines, Col du Glandon, Col de la Croix de Fer, Saint-Jean-de-Maurienne, Saint-Michel-de-Maurienne, Modane, Lanslebourg-Mont-Cenis, Val-d'Isère, Bourg-Saint-Maurice, Beaufort, Albertville

ÜBERNACHTUNG
Le Roma
85 Chemin du Pont Albertin
F-73200 Albertville
Behagliches 3-Sterne-Hotel mit Pool und schönem Blick in die Berge. Gute Anbindung an die Autobahn und trotz der Nähe zur N 90 sehr ruhig. Das Hotel bietet 115 Zimmern in unterschiedlichen Kategorien.
www.le-roma.com
(45.657861, 6.377249)

Gipfelpanorama am Col de la Croix de Fer.

Morgex
Pré-St-Didier
la Thuile
La Thuile/ La Rosiere
Colle del Piccolo S. Bernardo
Col du Petit St-Bernard
2188
Notre-Dame-de-Bellecombe
les Saisies
Col de Saisies 1633
Beaufort
Villard-sur-Doron
Cormet de Roselend 1967
Lac de Roselend
Arêches
Station Arêches
Refuge des Arolles
St-Guérin
Rochers des Enclaves
Contamines Robert-Blanc
Grde. Falaise de Séloge
Petite Falaise de Séloge
Fort de la Redoute
Station de la Rosière
la Rosière
Bourg-St-Maurice
Séez
Fort de la Platte
Fort du Truc
Musée de la Ville
Musée de Hauteville-Gondon
les Arcs
Arc1600
Arc 2000
Arc 1800
Landry
Vallandry
N-D. des Vernettes
Chalet-Ref. de Rosuel
Ste-Foy-Tarentaise
Station de Ste-Foy
Glaciers de la Gurra
Glacier des Balmes
Grand Assaly 3174
Testa del Rutor 3486
Ghiacciaio del Rutor
Valgrisenche
FRANCE
ITALIA
Aime
Mâcot-la-Plagne
Peisey-Nancroix
Station d'Aime
Station de Grand Naves
Feissons-s.-Isère
Cevins
Longefoy
Notre-Dame-du-Pré
la Plagne
Altisurface du Glacier de la Chiaupe
Belle-Plagne
Champagny-en-Vanoise
Réserve Naturelle de Tignes-Champagny
Tignes-le-Lac
Ref. Entre le Lac
Ref. du Lasonnay
Val-Claret
Station de Val-d'Isère
VAL-D'ISÈRE
Glacier de la Grande Motte
Ref. de la Leisse
Col de l'Iseran 2762
Réserve Naturelle de la Grande Sassière
Station La Daille
Lac de la Sassière
Léchère
Aigueblanche
MOÛTIERS
Salins-les-Thermes
Brides-les-Bains
Bozel
Montagny
les Allues
Courchevel 1550
COURCHEVEL1850
Méribel
Méribel-Mottaret
St-Martin-de-Belleville
St-Jean-de-Belleville
Pralognan-la-Vanoise
Glacier des Volnets
Pointe de la Grande Casse 3855
Grande Motte 3656
Parc National de la Vanoise
Chapelle St-Barthélémy
Vallon de la Rocheure
Glacier des Roches Blanches
Bonneval-sur-Arc
Bessans
Glacier du Vallonnet
Plan du Lac
Chapelle St-Antoine
Chapelle St-Sébastien
Lanslevillard
Lanslebourg-Mont-Cenis
Col du Mont-Cenis
Lac du Mont-Cenis
Termignon
Sollières-l'Endroit
Grottes des Balmes
Anc. Fort de Montfoid
Anc. Fort de Pattacreuse
Ancien Fort de Ronce
Anc. Fort de Variselle
Prieuré de St-Pierre-d'Extravache
les Ménuires
Val-Thorens
Rés. Natur. du Plan de Tuéda
Massif de la Vanoise
Refuge le Lou
Station de Val-Thorens
Aiguille de Péclet 3562
Péclet-Polset
Ref. de l'Orgère
Glacier de la Vanoise
Dent Parrachée 3697
Aussois
Fort Marie-Christine
Fort V.-Emmanuel
Fort Marie-Thérèse
Bramans
Refuge le Sullet
Champ de tir du Petit Mt. Cenis
Mt. d'Ambin
St-Michel-de-Maurienne
Chapelle N.-D. des Neiges
Fort du Sapey
Pont Modane
MODANE
Fort du Replaton
Fourneaux
Valfréjus
Station de Valfréjus
Col du Télégraphe 1570
Valmeinier
Valmeinier 1800
Champ de tir de Mt. Thabor
Tunnel du Fréjus
Roche du Grd. Argentier
Ghio. dell'Agnello
Pnte. Sommeiller 3350
FRANCE
ITALIA
Susa
Giaglione
Chiomonte
Novalesa
Moncenisio
RHÔNE-ALPES

Tour 31 Massif des Bauges

Sommer-Ski

Diese Runde verknüpft die nördlichen französischen Skigebiete zu einer wunderbaren Motorradtour.

In Annecy beginnt der Aufstieg auf den Col des Aravis.

ANNECY Die Aussicht ist phänomenal. Umgeben von Alpengipfeln ist die savoyische Stadt äußerst martitim geprägt. Und hier tobt das Leben, vor allem entlang des Seeufers und den Kanälen. Am Ufer des Sees, dessen klares Wasser unter Tauchern Legende ist, muss zunächst einiges an Verkehr ertragen werden. Annecy ist eben beliebt – und hat als mittelalterliches Juwel auch darunter zu leiden. Dennoch gehört ein Besuch der prächtigen Altstadt mit ihren verwinkelten Gassen unbedingt dazu.

COL DE LESCHAUX Von Annecy aus geht es weiter ins Massif des Bauges. Der Gebirgskamm hat Motorradfahrern reichlich zu bieten. Kaum Verkehr bei schöner Streckenführung zeichnet eine gute Handvoll Pässe aus, die durch das waldreiche Gebiet führen. Dieser Pass ist mit 897 Metern der erste auf dieser Tour.

COL DE LA CLUSE Auch wenn dem 1 184 Meter hohen Pass ein markanter Scheitel fehlt, so ist er doch ein kurvenreicher Genuss, der einen bis ans Ostufer des Lac du Bourget führt.

COL DES PRÉS Auf 1 142 Meter kommt dessen Scheitel, zu dem ein Wechselbad von Kehren und Kurven hinauf ins Herz des Bauges-Massivs führen.

COL DE L'ARPETTAZ Dieser Pass zählt zu den kleinen, noch weitgehend unbekannten Übergängen der französischen Alpen. Dabei kann er 37 grandiose Kehren zur Überwindung der gut 1000 Meter Höhenunterschied zwischen Ugine im Val d'Arly und dem Scheitelpunkt aufweisen.

Außer mit Wanderern und Radfahrern ist hier mit wenig Verkehr zu rechnen. Am Pass führt eine asphaltierte Strecke wieder hinab ins Flusstal.

Mehr Spannung aber verspricht die Schotteretappe durch die Aravis-Berge. Dieser Abschnitt zieht sich an der Bergkette entlang bis hinüber zum Scheitelpunkt des Col des Aravis, ist aber nur erfahrenen Schotterfahrern zu empfehlen.

COL DE SAISIES Der Pass schwingt sich gut ausgebaut auf 1633 Meter empor und endet an der Skistation von Les Saisies. Von vielen der kleineren Ortschaften aus ist bei gutem Wetter freier Blick auf den Mont Blanc möglich. Er gehört zur Route des Grandes Alpes. ◂

Palais de l'Île: Wie ein mächtiges Schiff liegt das befestigte Gebäude auf einer Insel im Fluss Le Thiou.

Die Region ist ein Skigebiet, wie die Sozia beim Shoppingbummel feststellt.

TOUREN-STECKBRIEF

BASISORT
Annecy (45.89822, 6.12903)

STRECKENLÄNGE
ca. 290 km

DAUER DER TOUR
1 Tag

ROADBOOK
Annecy, Col de Leschaux, Col de la Cluse, Lescheraines, Aillo le Jeune, Col de Prés, Saint-Jean d'Arvey, Col de Marocaz, Aiton, Albertville, Soney, Ugine, Les Saisies, Flumet, Col des Aravis, Thones, Annecy

ÜBERNACHTUNG
Hôtel du Château
16, Rampe du Château
F-74000 Annecy
Kleines, familiär geführtes Hotel in ruhiger Lage am Fuße der Burg von Annecy. Schöner Blick auf die Altstadt. Die Zimmer sind zweckmäßig eingerichtet, leckeres Frühstück mit regionalen Produkten. Eine geschlossene Garage ist für Motorräder reserviert.
www.annecy-hotel.com
(45.89775, 6.125111)

Der Lac d'Annecy ist bei Wassersportlern und Tauchern beliebt.

ANNECY
Annecy-le-Vieux
Meythet
Seynod
Sévrier
Lac d'Annecy
Veyrier-du-Lac
Menthon-St-Bernard
Talloires
St-Jorioz
Duingt
Doussard
Thônes
Thorens-Glières
les Villards-sur-Thônes
la Balme-de-Thuy
Thuy
Alex
Manigod
St-Jean-de-Sixt
le Grand-Bornand
le Chinaillon
la Clusaz
Col des Aravis 1486
la Giettaz
Chaîne des Aravis
Megève
Sallanches
Flumet
Notre-Dame-de-Bellecombe
Col de Saisies 1633
les Saisies
Villard-sur-Doron
Queige
UGINE
Marlens
St-Ferréol
Faverges
Giez
Golf de Giez-Lac d'Annecy
Seythenex
Col de Tamié 907
ALBERTVILLE
Tours-en-Savoie
Gilly-s.-Isère
Grignon
Frontenex
Monthion
Ste-Hélène-sur-Isère
Grésy-sur-Isère
Aiton
Bonvillard
Fort de Montperché
Aiguebelle
Randens
la Bâthie
Cevins
Feissons-s.-Isère
la Léchère
Aigueblanche
Valmorel
les Avanchers-Valmorel
Argentine
Musée de Argentine
Montsapey
Chamoux-s.-Gelon
St-Pierre-d'Albigny
Col du Frêne 950
Col de Leschaux 898
le Châtelard
Parc Naturel Régional du Massif des Bauges
Parc Naturel Régional
Col de Marocaz 958
Arbin
Montmélian
Pont Morens
la Trinité
Rotherens
St-Pierre-de-Belleville
Épierre
Bourgneuf
Col du Marais 833
Col de la Croix Fry 1467
le Chinaillon
Fort de Lestal
Musée Albertville
Fort du Mont
Chât. de Mercury
D 909
D 909a
D 1508
D 912
D 1212
D 925
D 1090
D 1006
A430
A43
N 90

Tour **32**

Der Jura

Die Region der Cols

Der französische Jura gilt nicht umsonst als die Region der Cols. Die Dichte der Pässe ist enorm und entsprechend groß ist die Zahl der spannenden und abwechslungsreichen Bergstrecken. Unterbrochen wird der Fahrspaß auf Kehren und Kurven nur von tollen Panoramen, die die Sicht freigeben auf eine herrliche, nur sehr dünn besiedelte Landschaft.

Aussichtsreich ist die Auffahrt zum Grand Colombier.

Kurzer Stopp bei St. Paule.

Der Jura ist ein mächtiger Gebirgszug im Nordwesten der Alpen. Aus Deutschland schnell erreichbar – rund 400 Kilometer Luftlinie sind es gerade mal von Frankfurt am Main oder München – warten in seinen Bergen gefühlt unendlich viele Kilometer schönster Landstraßen, die Kurvenspaß versprechen. Im südlichen Teil des Jura, mitten im riesigen Naturpark Parc Naturel Régional du Haut Jura liegt Saint-Claude.

Das einladende Mittelzentrum verfügt nicht nur über eine gute Infrastruktur, es ist auch sympathisch und liegt inmitten einer ganzen Reihe von Gebirgspässen und nur 60 kurvenreiche Kilometer vom Genfer See entfernt. Es ist also das ideale Basislager für spannende Motorradtouren im südlichen Jura.

Der Jura ist die Region der Cols. Nirgendwo sonst in Europa kennen wir eine solche Dichte an Pässen. So wundert es Kiki und mich nicht, dass wir, kaum haben wir Saint-Claude verlassen, schon am ersten Pass-Schild vorbei düsen. Über den Col de la Croix de la Serra rollen wir in 1049 Metern Höhe in Richtung Süden.

Würde das Schild dort nicht stehen, hätten wir den Pass kaum erkannt. Es geht eher geruhsam über das Hoch-

Für Blümchenpflücker: der Col de la Croix.

plateau, sanft steigt der Asphalt an und genauso fällt er jenseits des Passes wieder ab. Hinter Belleydoux warten ein paar entspannte Kurven im Grün, dann rollen wir durch Echallon.

Hier kreuzen wir den Weg des Bäcker-Wagens. In den Dörfern der Region gibt es kaum noch Läden, also touren viele regionale Erzeuger durchs Land und verkaufen direkt aus dem Auto. Perfekt, ein frisches knuspriges Baguette wandert in unseren Koffer.

Frisches Brot gibt es am Verkaufsstand in Echallon.

Natur pur

Wir nehmen Kurs auf Saint-Germain-de-Joux und landen auf der gut ausgebauten N 84. Die führt parallel der Autobahn nach Genf und entsprechend ist der Verkehr. Kein Problem, gerade mal fünf Kilometer sind wir auf der Nationalstraße unterwegs, dann heißt es schon wieder abbiegen. Das Plateau de Retord wartet auf uns. Die etwa 1000 Meter hohe Hochebene steht unter besonderem Schutz. Hier ist Natur pur und es gibt nur einige wenige kleine Weiler – eine echte Idylle.

Über das Örtchen Confort steuern wir die D 101 an. Die windet sich aussichtsreich über das Plateau, vorbei am Aussichtspunkt Crêt de Beauregard. Dieses Eckchen ist perfekt, um einfach mal die Moppedstiefel gegen Wanderschuhe zu tauschen. Im Winter ist die Gegend eines der ganz großen Skilanglauf-Mekkas. Gleich zwischen zwei Gipfeln hindurch führt die

Aussichtspunkt nahe des Col de Cuvery.

Dezente Deko: Überreste der Tour de France.

Straße uns über den Col de Cuvéry in 1 178 Metern Höhe. Nur etwa 90 Kilometer entfernt, östlich von uns, sehen wir die schneebedeckten Höhen des Mont Blanc-Massivs in die Höhe ragen. Ein toller Anblick.

Nur wenige Kilometer weiter westlich rollen wir schon gleich wieder über den nächsten Pass. Der Col de Bérentin erwartet uns in 1 144 Metern Höhe. Selbst jetzt, Ende Juni, ist hier nur wenig los. Einige wenige Radler strampeln über die D 55,. Zwischendurch begegnet uns mal ein einziger Motorradfahrer. Autos sehen wir so gut wie gar nicht. Das ändert sich auch am Col de Belleroche nicht, der uns ein kleines Stück weiter westlich in Empfang nimmt. Entlang des dichten Forêt des Moussières erreichen wir bald die D 31 und schon wieder den nächsten Pass, den Col de la Cheminée. So geht es immer weiter. Hier im Jura folgt tatsächlich Col auf Col und so arbeiten wir uns bergauf, bergab bis Hotonnes vor.

Einer der härtesten Pässe

Hier ist schon der Grand Colombier ausgeschildert, unser nächstes Ziel. Der gilt unter Kennern nicht nur als einer der schönsten, sondern auch als einer der härtesten Pässe der Grande Nation. Wer jemals die bis zu 20-prozentige Westrampe von Virieu-le-Petit aus befahren hat, kann sich gut vorstellen, weshalb. Hier gerieten schon die Teilnehmer der Tour de France ordentlich ins Schwitzen und Fluchen. Wer dann oben auf dem höchsten Punkt des Passes ankommt, darf sich dafür an einem der schönsten Ausblicke weit über das Rhône-Tal bis hin zum Mont Blanc erfreuen.

Der Pass liegt nur wenige Meter unterhalb des 1525 Meter hohen Gipfels, auf dem sich ein monumentales Gipfelkreuz befindet. Auf dem Parkplatz steht eine nette Kaffeebude, wir ordern mal gleich zwei leckere Cappuccino. Die fliegen uns allerdings

TIPP DES AUTORS

Gleich unterhalb des spaßigen Col de la Faucille liegt die Weltstadt **GENF** mit dem Genfer See. Genf ist immer einen Besuch wert und langweilig wird es dort garantiert nie. Schon von Weitem fällt der Jet d'Eau ins Auge, die mächtige Fontäne im Hafenbecken. 500 Liter Wasser pro Sekunde schießen mit 200 Kilometern pro Stunde bis zu 140 Meter in die Höhe – ein faszinierender Anblick. Nicht minder beeindruckend ist der Blick von der Kathedrale St. Peter auf die Stadt. 157 Stufen gilt es zu erklimmen, eine Mühe, die sich lohnt. Auch die Altstadt rund um die Kathedrale ist sehr reizvoll.

Genf ist eine internationale Stadt, 175 Staaten haben hier ihre diplomatischen Vertretungen. Besonders deutlich wird das am Palast der Nationen, dem europäischen Hauptquartier der Vereinten Nationen. Hier treffen sich jedes Jahr über 25 000 Delegierte und beraten über das Schicksal dieser Welt. Tägliche Führungen vermitteln einen interessanten Einblick in das Geschehen.

Der südlich von Genf gelegene Hausberg der Stadt, der 1380 Meter hohe Mont Salève, bietet nicht nur einen grandiosen Blick auf Stadt und See, er ist auch bei Gleitschirmfliegern und Motorradfahrern gleichermaßen beliebt. **GPS** 46.205605, 6.157812

zwei, drei Minuten später vor Schreck schon fast wieder aus der Hand. Denn just als wir gerade die fantastische Aussicht bewundern, schießen zwei Mirage-Jäger im Tiefstflug über unseren Kopf um gleich danach spektakulär in die Tiefe zur Rhône hinab zu donnern. Dass die beiden dabei exakt die 20 Meter Höhe zwischen der Passstraße und dem Gipfelkreuz nutzen, ist schon extrem spektakulär und sorgt für reichlich Stimmung auf dem Pass.

Auch Kiki und ich stürzen uns bald wieder in die Tiefe. Allerdings nicht ganz so spektakulär, sondern in aller Ruhe über die Passstraße hinunter in Richtung Rhônetal. Dabei empfiehlt sich übrigens die südliche Variante

Tallandschaft unterhalb des Grand Colombier.

An Kurven mangelt es nicht im Jura.

Berglandschaft zwischen St. Claude und Lajoux.

der Ostrampe. Sie ist noch spannender und bietet noch tollere Panoramen als das nördliche Pendant. Über Culoz landen wir schließlich im Tal, wo sich die zum Teil kanalisierte Rhône zwischen hohen Bergwänden durch die Landschaft schlängelt.

Beliebt bei Radlern

Gut zehn Kilometer halten wir uns in nördlicher Richtung, dann locken schon die ersten Schilder in Richtung des Col de la Biche. Der ist ebenso wie die anderen Pässe rund um den Grande Colombier ein Paradies für Rennradler und so teilen wir uns die Strecke mit unzähligen Radlern. Da aber ansonsten hier kaum jemand unterwegs ist, und mit dem Auto schon gleich gar nicht, ist das kein Problem.

Auch die Strecke wieder hinauf macht mächtig Spaß. Im kleinen Gignez beginnt der Aufstieg und über unzählige Kurven schrauben wir uns wieder hoch ins Hochplateau des südlichen Jura, traumhafte Panoramen inklusive. Oben auf dem 1325 Meter hohen Col de la Biche ist der Asphalt von dichtem Grün umgeben, aber nur wenige Meter weiter fällt dann der Blick wieder auf das grandiose Mont Blanc-Massiv, dessen schneebedeckte Gipfel aus einem dichten Wolkenband herausragen. Über die D 30 haben wir schon den nächsten Pass im Visier: den 1036 Meter hohen Col de Richemont, der uns weiter in nördliche Richtung führt.

Am einfachsten ist es, sich hier an die Beschilderung nach Bellegarde-sur-Valserine zu halten. Das kleine Industriestädtchen ist zwar nicht besonders sehenswert, aber hier beginnt die D 991, eine wirklich lohnenswerte Strecke durch das Tal der Valserine. Der Asphalt führt durch die Schlucht von Sous-Balme, die direkt unterhalb des höchsten Jura-Gipfels liegt.

Hier ragt der Crêt de la Neige 1720 Meter hoch in den Himmel. Der ist eines der beliebtesten Wanderreviere des Jura. Kein Wunder, seine karge Hochfläche ist felsenreich und zerklüftet, die abwechslungsreichen Wanderwege bieten tolle Aussichten und nur hier wachsen die einzigen Latschenkiefern des Jura. Wir nehmen uns fest vor, in den nächsten Tagen auch mal einen der faszinierenden, gut ausgeschilderten Pfade unter die Wanderschuh-Sohlen zu nehmen.

Fahrspaß satt

Die herrliche Route zu Füßen des Crêt de la Neige bringt uns schließlich nach Mijoux. Das kleine Dorf ist nicht nur Ausgangspunkt für spannende Jura-Wanderungen, sondern auch einer der wichtigsten Wintersportorte der Region. Zwei Seilbahnen und gleich mehrere Skilifte sorgen in der Umgebung für jede Menge Winterspaß. Uns reizt natürlich besonders der nahe gelegene Pass Col de la Faucille. Den haben wir auf unseren früheren Touren zum Genfer See schon kennen und schätzen gelernt. Daher lassen wir es uns nicht nehmen, auch diesmal wieder die unzähligen Kehren in Angriff zu nehmen. Der Col de la Faucille, das ist Fahrspaß satt.

Auf der breiten, gut ausgebauten und griffigen Strecke lassen sich ordentlich Schräglagen ausreizen und bummelnde Autotouristen sind mit einem kurzen Dreh am Gasgriff ruckzuck überholt. Viel zu kurz ist die fantastische Strecke hinunter nach Gex. Wer

Im Jura ist öfter Brückentag (oben) und der geduldige Wachposten am Fort des Rousses (unten).

Beste Grüße an die Leserschaft: gut gelauntes Autorenpaar am Grand Colombier.

mag und Zeit hat, hält sich hier an die Schilder in Richtung Genf. Die hochinteressante Weltstadt ist immer einen Besuch wert und eine große Motorradrunde um den Genfer See ist stets ein ganz besonderes Erlebnis.

Richtung Thermalkurort

Für heute stehen bei uns allerdings noch einige Jura-Kilometer auf dem Plan, also steuern wir in Richtung des Thermalkurorts Divonne-les-Bains. Nicht etwa, um in dem Sport- und Freizeitzentrum Baden zu gehen oder im großen Spielcasino zu zocken, sondern um wenige Kilometer dahinter wieder über die knackigen Kehren der Passstraße Côte de Nyon in die Höhenlagen des Jura zurückzukehren.

Ähnlich dem benachbarten Col de la Faucille lässt sich auch hier herrlich Gas geben. Mit dem Hauptständer unserer überaus agilen Honda X-Adv ziehen wir die eine oder andere Schramme über den Asphalt und dank des Sport-Modus geht es ganz schön flott ums Eck. So macht das Spaß!

Über den Col de la Givrine in 1228 Metern Höhe rollen wir bald nach Les Rousses hinein. Der Ort hat einiges zu bieten. Nicht nur diverse Skianlagen, auch im Sommer gibt es Interessantes zu entdecken. Zum Beispiel das ab 1815 erbaute, mächtige Fort des Rousses, dass zu den größten Anlagen dieser Art in Frankreich gehört. Spannend ist die Festung, weil in den riesigen Kellergewölben des Forts die größten Reifekeller für Comté-Käse in Europa liegen. Die anderthalbstündige Führung macht ordentlich Appetit auf den herzhaften Rohmilch-Käse.

Kurzweilig ist auch unser anschließender Rückweg nach Saint-Claude. Über Morez und den Aussichtspunkt Belvedere des Maquisards geht es vorbei am 1495 Meter hohen Crêt Pela. Der höchste Gipfel der Franche-Comté ist ein beliebtes Freizeitziel und nur wenige Kilometer südlich lockt die Schlucht Gorges du Flumen. Bis Saint-Claude, wo wir diese spannende Jura-Runde ausklingen lassen, sind es dann nur noch wenige Minuten. ◀

INFOS ZUR TOUR

CHARAKTERISTIK

Die Route durch den südlichen Teil des Jura lebt von der Abwechslung. Breite, gut ausgebaute Landstraßen gibt es hier ebenso wie kleine, zirkelige Bergsträßchen. Alles ist in der Regel gut fahrbar und mit ein wenig Kehren-Erfahrung spricht nichts gegen eine entspannte, aussichtsreiche Tour. In der Nebensaison kann es allerdings auf den Pässen schon mal etwa frischer werden, dann sollte ein wärmendes Kleidungsstück dabei sein.

PÄSSE DER TOUR

Der Jura ist das Land der Pässe, in der Reihenfolge der Tour sind es folgende: Col de la Croix de la Serra (1049 Meter), Col de Cuvery (1178 Meter), Col de Bérentin (1144 Meter), Col de Belleroche (1056 Meter), Col de la Cheminée (925 Meter), Col de Cuvillat (1073 Meter), Col de la Rochette (1112 Meter), Grand Colombier (1501 Meter), Col de la Biche (1325 Meter), Col de Richemont (1036 Meter), Col de la Faucille (1320 Meter), Col de la Givrine (1228 Meter).

ÜBERNACHTUNG

Camping du Martinet
Route du Martinet 14, F-39200 Villard Saint Sauveur
Sehr netter Campingplatz mit Restaurant, freundliches Team, prima Lage direkt am Fluss, gute Ausstattung.
www.camping-saint-claude.fr
GPS 46.3731834, 5.8728519

Jura Hôtel Restaurant Le Panoramic
Avenue de la Gare 40
F-39200 F-Saint-Claude
Einladendes Hotel mit netten Zimmern, zentrale, aber dennoch aussichtsreiche und schöne Lage, sympathisches Restaurant, gutes Frühstück, Garage fürs Motorrad.
www.jurahotel.com
GPS 46.389853, 5.860656

KOMBINATIONSMÖGLICHKEITEN

Diese Jura-Tour lässt sich hervorragend mit weiteren Strecken in der Franche Comté -Tour 33 - verbinden. Aber auch das östlich gelegne Massif des Bauges - Tour 31 - ist einen zusätzlichen Abstecher wert.

TOUREN-STECKBRIEF

BASISORT

Saint-Claude (46.386871, 5.865565)

LÄNGE DER TOUR

ca. 275 km

DAUER DER TOUR

8 Stunden

ROADBOOK

Saint-Claude, Col de la Croix de la Serra, Belleydoux, Echallon, Saint-Germain-de-Joux, Plateau de Retord, Confort, Crêt de Beauregard, Col de Cuvéry, Col de Bérentin, Col de la Cheminée, Hotonnes, Virieu-le-Petit, Grande Colombier, Culoz, Gignez, Col de la Biche, Bellegarde-sur-Valserine, Schlucht von Sous-Balme, Mijoux, Col de la Faucille, Gex, Divonne-les-Bains, Côte de Nyon, Col de la Givrine, les Rousses, Fort des Rousses, Morez, Belvedere des Maquisards, Saint-Claude

HIGHLIGHTS

Unser persönliches Highlight dieser Runde ist der grandiose Grande Colombier mit seinen steilen und kurvenreichen Rampen (45.906380, 5.759840 D120 gleich unterhalb des Gipfelkreuzes).

Richtigen Kurvenspaß bietet der Col de la Faucille zwischen Gex und Mijoux (46.351211, 6.043838 Panorama-Parkplatz am Restaurant).

Tour 33 Franche Comté

Verkanntes Land

Die Region haben die wenigsten Motorrad-Reisenden auf ihrer Tourenagenda. Das ist eindeutig ein Fehler.

Die Altstadt von Besançon schmiegt sich malerisch in die Fluss-Schleife des Doubs.

BESANÇON Die Hauptstadt der Region Franche-Comté ist eine gute Basis für Ausflüge in die wunderbaren Flusstäler des Umlands oder auch ins nördliche Jura. Allerdings hat die Stadt selbst schon einige Attraktionen zu bieten, die einen Aufenthalt lohnen. So sind die Kathedrale wie auch die Zitadelle sehenswert. Überhaupt lädt die malerisch in der Schleife des Flusses Doubs angelegte Altstadt zum Bummeln ein.

QUINGEY Immer wieder trifft die Route auf das Flüsschen Loue. Ein Abstecher lohnt sicher noch in den mittelalterlichen Ortskern von Quingey.

ARC-ET-SENANS Salzwasser aus Saline-les-Bains wurde hier in der nach Plänen des Architekten Claude-Nicolas Ledoux errichteten Königlichen Saline verdampft und damit Salz gewonnen. Heute ist das bauliche Meisterwerk ein UNSESCO-

Weltkulturerbe. Bevor man die Saline Royale verlässt, gilt es, unbedingt das der Architektur und dem Erbauer gewidmete Museum zu besuchen!

SALINS-LES-BAINS Ein Besuch der unteririschen Stollen sowie des Museums gibt im Kurort Auskunft über spannende 2 000 Jahre rund um das Thema Salz.

ARBOIS Wir befinden uns nun mitten im Herzen des Jura-Weingebiets. Sie liegt als Enklave innerhalb der Côtes du Jura. Im ehemaligen Wohnhaus gibt es einiges zu Leben und Wirken von Louis Pasteur zu entdecken, der mit seinen Forschungen zur Mikrobiologie auch den Weinbau beeinflusste. Südlich der Stadt liegen einige sehenswerte Grotten, die an heißen Tagen eine willkommene, weil kühlende, Abwechslung sind.

PONTARLIER In der Hauptstadt des Absinths wurde 1805 die erste Brennerei eröffnet. Das aus Wermut, Anis, Fenchel sowie zahlreichen Kräutern hergestellte, stark alkoholische Getränk wurde schnell unter Künstlern und Literaten populär. Ende des 19. Jahrhunderts geriet es in Verdacht, schwerwiegende gesundheitliche Schäden hervorzurufen. Lange war es in vielen europäischen Ländern und den USA verboten. Heute darf die wegen ihrer Färbung auch als „grüne Fee" bekannte Spirituose aber wieder hergestellt werden – so auch in Pontarlier. Neben den Brennereien gibt es noch ein spannendes Museum rund um die Geschichte des Absinth.

OUHANS Nördlich der Ortschaft liegt die stärkste Karstquelle im gesamten Jura. Die Wassermassen haben genügt, um sich gleich tief in den bewaldeten Kalkstein zu graben, was zu steilen Schluchten geführt hat. ◂

Die Königliche Saline von Arc-et-Senans.

Mächtige Kalksteinfelsen prägen die Route auf dem Weg nach Pontarlier.

TOUREN-STECKBRIEF

BASISORT

Besançon (47.24271, 6.02578)

STRECKENLÄNGE

ca. 237 km

DAUER DER TOUR

1 Tag

ROADBOOK

Besançon, Pugey, Épeugney, Rouhe, Quingey, Arc-et-Senans, Arbois, Saint-Germain-en-Montagne, Supt, Granges-Sainte-Marie, Pontarlier, Ornans, Besançon

ÜBERNACHTUNG

Hôtel Le Sauvage

6 Rue du Chapitre

F-25000 Besançon

Hübsches kleines Hotel im ehemaligen Klarissenkloster oberhalb der Stadt. Herrlicher Blick auf die mittelalterliche Altstadt und das Doubs-Tal. Die 24 Zimmer sind geräumig und im Boutique-Stil eingerichtet. Ein abgeschlossener Parkplatz ist vorhanden.

www.hotel-lesauvage.com

(47.231749, 6.027900)

Die Salzindustrie prägte die Entwicklung von Salins-les-Bains.

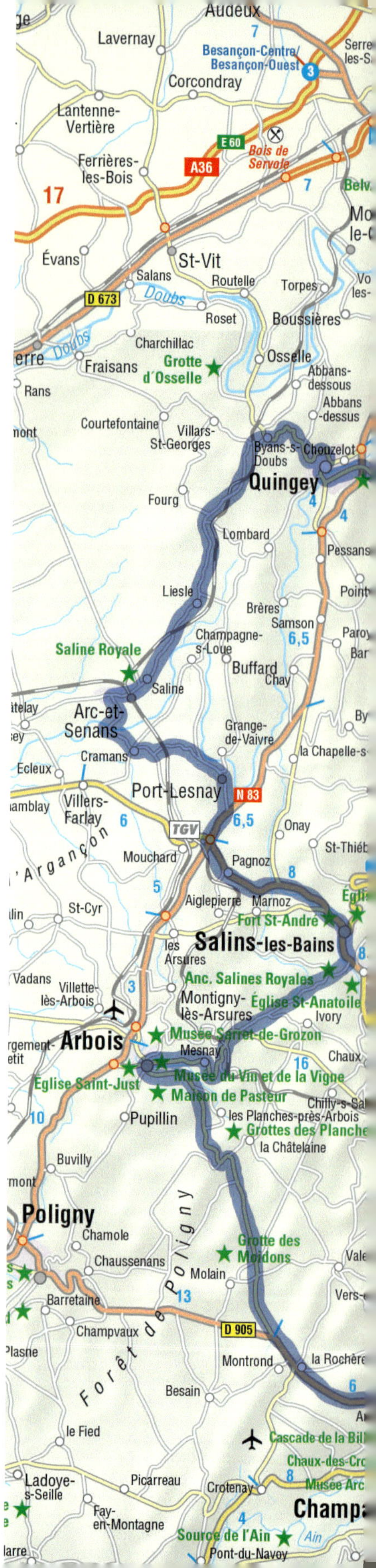

Tour 34 Vogesen-Nord

Reiche Historie

Diese kurvenreiche Tour führt zu gleich mehreren Städten mit altehrwürdiger Vergangenheit.

HAGUENAU Sehenswerte Fachwerkstadt. Die Nebenstrecke nach Wissembourg verläuft beschaulich und aussichtsreich in Halbhöhenlage durch Wälder und Weinberge.

WISSEMBOURG Hinter der Stadtmauer scheint die Zeit stehen geblieben zu sein. Cafés, Restaurants, Konditoreien, Geschäfte und Handwerksläden sind in entzückenden Fachwerkhäusern untergebracht. Bei schönem Wetter stehen überall Motorräder, deren Fahrer vor der Fahrt noch einen „Café crème“ kippen.

BITCHE Weithin sichtbar auf einem Hügel steht die klotzige Festung, das Wahrzeichen des bunten Städtchens Bitche. Vom Parkplatz geht man zu Fuß ein paar hundert Meter bergan und steht dann mitten in der gewaltigen Anlage, die militärisch nie erobert wurde. Ein gemütliches Café im

Die historischen Felsenhäuser in Graufthal.

Innenhof konkurriert mit den Bistros unten im Ort um Kundschaft.

LA PETITE-PIERRE Der pittoreske Ort ist wie geschaffen für den Pausenstopp. Die Etappen vor und nach La Petite-Pierre führen durch dichten Wald und machen mit ihren vielen Wechselkurven mächtig Spaß.

GRAUFTHAL Im 12. Jahrhundert rund um eine Benediktinerabtei entstanden, dienten mehrere in die hohen, rosa Sandsteinfelsen gegrabenen Häuser den Mönchen als Lager, bevor sie nach und nach in Wohnhäuser umgewandelt wurden. Die Felsen waren die Rückwand, das Gestein Decke und Boden. Nur die hellblauen Fassaden sind von Menschenhand erbaut. Heute zeigen die Felsenhäuser als Museum das Leben ihrer früheren Bewohner.

DABO Mit ihrer schnellen Streckenführung und ihren sauber gezogenen, übersichtlichen Kurven gehört die D 45 rund um Dabo zu den Highlights dieser Tour. Das Sahnestückchen stellt die Auffahrt zum Rocher du Dabo dar.

Von der Festung hat man einen tollen Ausblick auf Bitche.

Nach einer Handvoll flotter Wechselkurven erreicht man einen Aussichtsparkplatz mit tollem Blick über die Nordvogesen.

SAVERNE Malerisch am Rhein-Marne-Kanal gelegen, zieht die ehemalige römische Militärstation den Besucher mit ihrem prächtigen Schloss aus rotem Sandstein, ihrer Kanalpromenade und ihrer hübschen Altstadt sofort in ihren Bann. Nach einer Runde im Motorradsattel parkt man das Bike am besten am Rand der Fußgängerzone und setzt sich in eines der gemütlichen Cafés. ◂

Das Rohanschloss an der Kanalpromenade von Saverne.

TOUREN-STECKBRIEF

BASISORT
Haguenau (48.814130, 7.788480)

STRECKENLÄNGE
ca. 257 km

DAUER DER TOUR
1 Tag

ROADBOOK
Haguenau, Soultz-sous-Forêts, Wissembourg, Lembach, Bitche, Oberbronn-Zinswiller, Ingwiller, Wingen-sur-Moder, Saverne, Lutzelbourg, Dabo, Wasselonne, Hochfelden, Brumath, Haguenau

ÜBERNACHTUNG
Europe Hotel Haguenau
15 avenue du Professeur René Leriche
F-67500 Haguenau
Das 3-Sterne-Hotel liegt etwas außerhalb des Zentrums. Es bietet 50 komfortable und modern eingerichtete Zimmer unterschiedlicher Kategorien. Guter Ausgangspunkt für Touren durchs Elsass und die Vogesen.
www.europehotel.fr
(48.802572, 7.772495)

Das historische Zentrum
von Wissembourg.

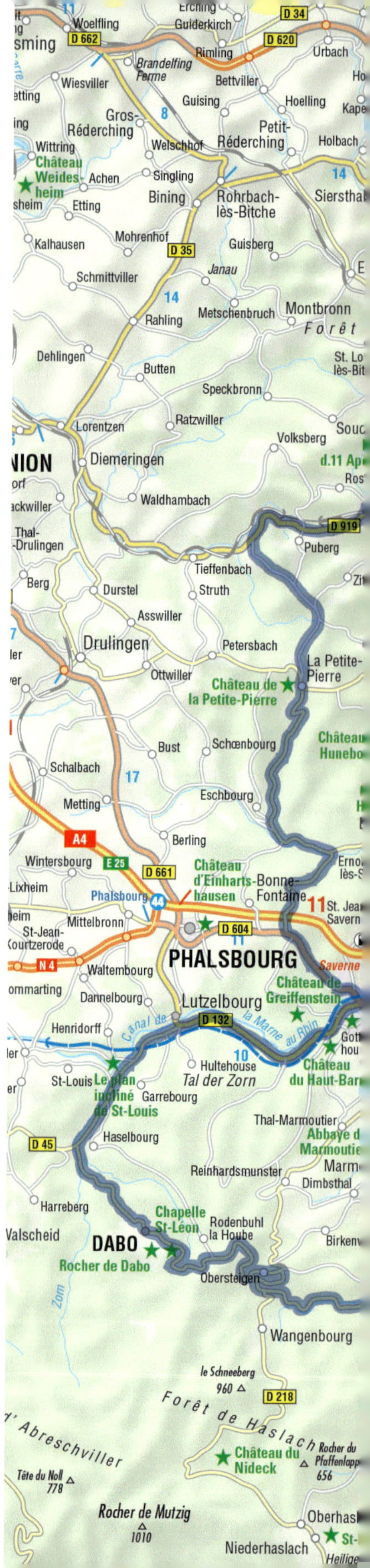

BITCHE
Citadelle de Bitche
Château du Waldeck
Parc naturel régional des Vosges du Nord
Altschlossfelsen
Hanviller
Roppeviller
Haspelschiedt
Schorbach
Schwangerbach
Pagezy
Eguelshardt
Sturzelbronn
Mummelsköpfe
Ludwigswinkel
Bremendehle
Fischbach bei Dahn
Rumbach
Bundenthal
Petersbächel
Unterpetersbächlerhof
Château de Wasigenstein
Wengelsbach
Schönau i.d. Pfalz
Hirschthal
Nothweiler
Niederschlettenbach
Ruine du Château Lutzelhardt
Obersteinbach
Niedersteinbach
Steinbachtal
Château de Fleckenstein
Wingen
Petit Wingen
DEUTSCHLAND
FRANCE
WISSEMBOURG
Weintor
Schweigen
Altenstadt
BERGZABERN
Oberotterbach
Rechtenbach
Bobenthal
Mundat-Wald
Oberer Mundat
Reisdorf
Böllenborn
Dörrenbach
Hohe Derst
Lauterschwan
Neunhoffen
Ruine du Château de Windstein
Château du Falkenstein
Dambach
Schwarzbach
Windstein
Nagelsthal
Winecker-thal
Lembach
Climbach
Rott
Oberhoffen-lès-Wissembourg
Steinseltz
Cleebourg
Riedseltz
Bremmelbach
Drachenbronn-Birlenbach
Hochwald
Mattstall
Langensoultzbach
Jaegerthal
Le Grand Wintersberg
Baerenthal
Philippsbourg
Mouterhouse
Thalhaeuseln
NIEDERBRONN-les-Bains
Château de Wasenbourg
le Wasenkoepfel
Oberbronn
Frœschwiller
Wœrth
Reichshoffen
Gœrsdorf
Mitschdorf
Lampertsloch
Preuschdorf
Dieffenbach-lès-Wœrth
Spachbach
Oberdorf
Merkwiller-Pechelbronn
Kutzenhausen
Lobsann
Ingolsheim
Keffenach
Memmelshoffen
Retschwiller
Schœnenbourg
St. Pierre et St. Paul
Soultz-sous-Forêts
Hunspach
Hoffen
Leiterswiller
Hohwiller
Kuhlendorf
Oberrœdern
Aschbach
Ritters-hoffen
Betschdorf
Schwabwiller
Halbmuhlbach
Untermuhlthal
Zinswiller
Lichtenberg
Château de Lichtenberg
Offwiller
Rothbach
Reipertswiller
Wimmenau
Gumbrechtshoffen
Gundershoffen
Morsbronn-les-Bains
Gunstett
la Sauer
Surbourg
Durrenbach
Walbourg
Forstheim
Griesbach
Uttenhoffen
Ingwiller
Mulhausen
Mietesheim
Sparsbach
Weinbourg
Menchhoffen
Zutzendorf
Kindwiller
Mertzwiller
Eschbach
Uberach
Pfaffenhoffen
Ober-soultzbach
Niedersoultzbach
Uttwiller
Obermodern
Niedermodern
Forêt de Haguenau
St-Pierre et St-Paul
Bouxwiller
Neuwiller-lès-Saverne
Dauendorf
Schweighouse-s.-Moder
Morschwiller
Uhlwiller
MARXENHOUSE
HAGUENAU
Musée Alsacien
Kaltenhouse
Soufflenheim
Schirrhoffen
Schirrhein
Sessenheim
Oberhoffen-sur-Moder
Bossels-hausen
Kirrwiller
Ettendorf
Imbsheim
Huttendorf
Ohlungen
Berstheim
Wintershouse
Lixhausen
Printzheim
Wickersheim
Gottesheim
Wilshausen
Hochfelden
Wittersheim
Hochstett
Batzendorf
Niederschaeffolsheim
BISCHWILLER
Rohrwiller
Drusenheim
Steinbourg
Dettwiller
Wilwisheim
Mommenheim
Bernolsheim
Schwindratzheim
Brumath
BRUMATH
Weitbruch
Gries
Geudertheim
Herrlisheim
LICHTENAU
SAVERNE
Rohan
Lupstein
Waldolwisheim
Ingenheim
Schaffhouse-sur-Zorn
Gingsheim
Wingersheim
Bilwisheim
Mittelhausen
Mittelschaeffolsheim
Weyersheim
Gambsheim
Offendorf
Hœrdt
Helmlingen
Furchhausen
Duntzenheim
Friedolsheim
Kleingœft
Rohr
Reutenbourg
Landersheim
Knœrsheim
Jetterswiller
Willgottheim
Reitwiller
Berstett
Eckwersheim
Vendenheim
La Wantzenau
Kilstett
Freistett
Rheinau
Truchtersheim
Schnersheim
Pfettisheim
Lamperthseim
Reichstett
Wasselonne
Kuttolsheim
Wiwersheim
Pfulgriesheim
Griesheim-sur-Souffel
Mundolsheim
Souffelweyersheim
Rheinbischofsheim
Diersheim
Honau
Leutesheim
Linx
Marlenheim
Fessenheim-le-Bas
Dingsheim
Niederhausbergen
BISCHHEIM
Schiltigheim
LA ROBERTSAU
Parlement Européen
Furdenheim
Oberhausbergen
Westhoffen
Traenheim
Scharrachbergheim-Irmstett
Ittenheim
WOLFISHEIM
KŒNIGSHOFFEN
Balbronn
Dangolsheim
Osthoffen
Achenheim
Eckbolsheim
STRASBOURG
Palais Rohan
la Grande Ile
Cathédrale
Kehl
KEHL
Auenheim
Hanauer Land
Bodersweier
Querbach
Legelshurst
Kork
Urloffen
Ergersheim
Soultz-les-Bains
Avolsheim
Ernolsheim
Hangenbieten
Lingolsheim
Ostwald
Porte de Schirmeck
NEUDORF
Mimram-brücke
SUNDHEIM
Odelshofen
Sand
Willstätt
Still
Mutzig
Molsheim
Eglise des Jésuites
Aéroport de Strasbourg-Entzheim
Baggersee
NEUHOF
Duppigheim
Hôtel
D 35
D 3
D 662
D 1062
D 27
D 28
D 263
D 919
D 1063
D 1340
D 421
D 37
D 25
D 2
D 41
D 1004
D 422
A4
A35
E 52
E 25
TGV
IC/EC

Tour 35 Vogesen-Mitte

Reben und Radien

Diese Runde führt von den Weinbergen des Rheintales hinauf in die schroffe Felslandschaft der Hochvogesen.

SÉLESTAT Die einstige Hauptstadt des Humanismus ist ein kleines Juwel. Sie führt zu Unrecht ein touristisches Mauerblümchendasein und bedarf vor dem Sprung in den Motorradsattel einer ausgedehnten Erkundung zu Fuß. Sélestats Blütezeit herrschte während der Renaissance, deren Bauwerke der Stadt noch heute ihren Stempel aufdrücken. Die humanistische Bibliothek ist eine von nur noch zwei in ganz Europa.

MONT SAINTE ODILE Auf Deutsch heißt er Odilienberg und erhebt sich weithin sichtbar als 763 Meter hoher Bergrücken mit darauf thronendem Kloster. Der meistbesuchte Wallfahrtsort im Elsass wurde um das Jahr 700 gegründet. Fahrerisch interessant ist die Zufahrtsstraße, die sich in schönen Kurven hinauf zum Kloster windet.

SAINTE-MARIE-AUX-MINES Im Tal des Flusses Lièpvrette gelegen, war

Schöne Kurvenschleife an der Weinstraße bei Turckheim.

die sympathische Stadt einst ein das Zentrum des Silberbergbaus. Die Bodenschätze prägten die geschichtliche Bedeutung Sainte-Maries und garantierten Arbeit für 3 000 Bergleute. Die beiden Minen Saint-Barthélemy und Saint-Louis-Eisenthür können per Besichtigungstour erkundet werden.

COL DU BONHOMME 949 Meter hoch – und zusammen mit dem Col de la Schlucht eine der schönsten Passstraßen der Vogesen. Die breite, perfekte Trasse mit ihren zig Kurven und Kehren verspricht Fahrspaß pur. Die beiden Bistros auf dem Sattel sind stets von Motorradfahrern umlagert.

COL DE LA SCHLUCHT Die Überquerung des 1135 Meter hohen Passes ist ein Klassiker in den Vogesen und eine Etappe, die ungetrübte Fahrfreude garantiert. Breit und perfekt ausgebaut, schwänzelt die Fahrbahn durch tiefen Mischwald und fordert die Schräglagenfreiheit des Bikes heraus.

COLLET DU LINGE Der 987 Meter hohe Pass war im Ersten Weltkrieg Schauplatz blutiger Kämpfe. Das Musée Mémorial du Linge gedenkt heute der zahlreichen Toten. Die Auffahrt erfolgt zunächst in Form einer runden Kurverei durch Weinberge, bevor ein schmales, Sträßchen vielfach gewunden den Schlussspurt einleitet.

TURCKHEIM Ein Prachtexemplar aus der fast unendlichen Reihe der Elsässer Fachwerkstädtchen. Im Standgas durchrollen oder auf einen schnellen Schwarzen einkehren.

Im Hinterland der Elsässer Weinstraße zwischen Sélestat und Colmar verbirgt sich der Col de Bagenelles.

COLMAR Fachwerkhäuser, Kanäle, blumengeschmückte Altstadt – dass der Charme der Hauptstadt des Départements Haut-Rhin auf den Besucher so unwiderstehlich wirkt, hat seine offensichtlichen Gründe.

RIBEAUVILLÉ / RIQUEWIHR Die beiden schönsten Perlen an der langen Kette Elsässer Weinorte. Man sollte auf jeden Fall eine Runde durch die reizenden, von Fachwerk gesäumten Gassen gehen. Und wieso nicht ein paar Flaschen Gewürztraminer, Riesling oder Edelzwicker in den Seitenkoffer packen? ◂

Erkundungstour durch das Zentrum von Sélestat.

TOUREN-STECKBRIEF

BASISORT
Sélestat (48.25786, 7.45192)

STRECKENLÄNGE
ca. 224 km

DAUER DER TOUR
1 Tag

ROADBOOK
Sélestat, Barr, Klingenthal, Col de la Charbonnière, Raves, Col de Sainte-Marie, Col du Pré de Raves, Col de la Schlucht, Les Trois-Epis, Ingersheim, Bergheim, Sélestat

ÜBERNACHTUNG
Chambres d'hôtes Le Domaine des Remparts
9 Boulevard Vauban
F-67600 Sélestat
Kleines Bed & Breakfast unweit der Altstadt in einem heimeligen Fachwerkhaus mit schönem Innenhof. Fünf liebevoll eingerichtete Zimmer und ein Studio. Reichhaltiges Frühstück.
www.gite-alsace-selestat.fr
(48.255391, 7.452077)

Der Collet du Linge war im Ersten Weltkrieg Schauplatz blutiger Kämpfe.

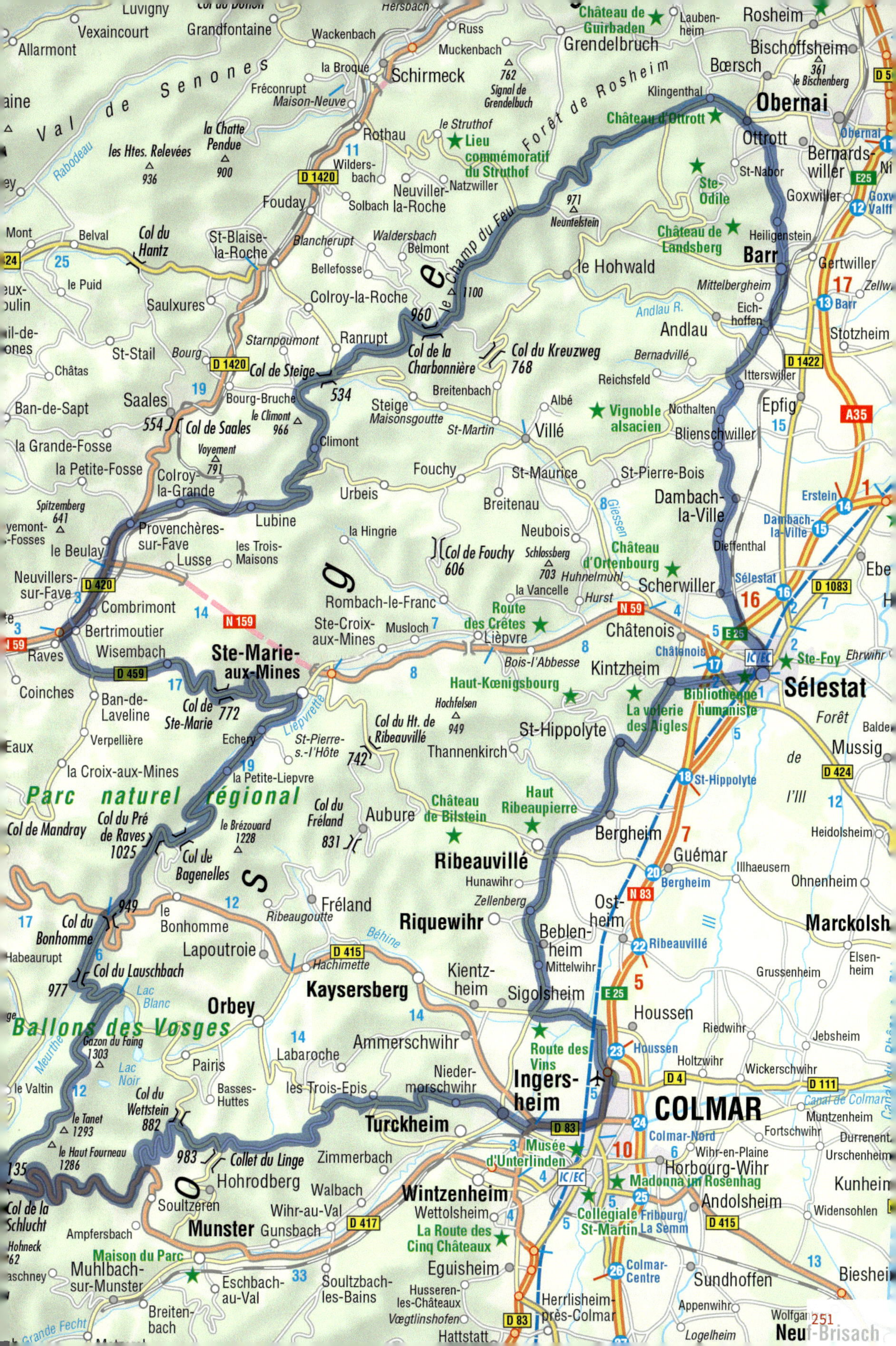

Luvigny
Vexaincourt
Grandfontaine
Allarmont
Wackenbach
Russ
Schirmeck
Muckenbach
Grendelbruch
Château de Guirbaden
Laubenheim
Rosheim
Bischoffsheim
Bœrsch
le Bischenberg
la Broque
Fréconrupt
Maison-Neuve
Val de Senones
Signal de Grendelbuch
Forêt de Rosheim
Klingenthal
Obernai
Château d'Ottrott
Ottrott
Bernardswiller
St-Nabor
Rothau
le Struthof
Lieu commémoratif du Struthof
les Htes. Relevées
la Chatte Pendue
Wildersbach
Neuviller-la-Roche
Natzwiller
Ste-Odile
Goxwiller
Fouday
Solbach
Neuntelstein
Château de Landsberg
Heiligenstein
Belval
Col du Hantz
St-Blaise-la-Roche
Blancherupt
Waldersbach
Belmont
Barr
Gertwiller
le Puid
Bellefosse
le Hohwald
Mittelbergheim
Saulxures
Colroy-la-Roche
le Champ du Feu
Andlau R.
Eichhoffen
Andlau
Stotzheim
St-Stail
Bourg
Starnpoumont
Ranrupt
Col de la Charbonnière
Col du Kreuzweg
Bernadvillé
Châtas
Col de Steige
Reichsfeld
Itterswiller
Saales
Bourg-Bruche
Steige
Maisonsgoutte
Breitenbach
Albé
Vignoble alsacien
Nothalten
Epfig
Ban-de-Sapt
Col de Saales
le Climont
Climont
St-Martin
Villé
Blienschwiller
la Grande-Fosse
Voyemont
la Petite-Fosse
Colroy-la-Grande
Fouchy
St-Maurice
St-Pierre-Bois
Urbeis
Breitenau
Dambach-la-Ville
Erstein
Spitzemberg
Provenchères-sur-Fave
Lubine
le Beulay
Lusse
les Trois-Maisons
la Hingrie
Col de Fouchy
Neubois
Schlossberg
Château d'Ortenbourg
Dieffenthal
Neuvillers-sur-Fave
Huhnelmuhl
Hurst
la Vancelle
Scherwiller
Sélestat
Combrimont
Rombach-le-Franc
Route des Crêtes
Châtenois
Bertrimoutier
Ste-Croix-aux-Mines
Musloch
Lièpvre
Raves
Wisembach
Ste-Marie-aux-Mines
Bois-l'Abbesse
Kintzheim
Ste-Foy
Ehrwihr
Coinches
Haut-Kœnigsbourg
Bibliothèque humaniste
Ban-de-Laveline
Col de Ste-Marie
Hochfelsen
La volerie des Aigles
Forêt de l'Ill
Echery
Lièpvrette
St-Pierre-s.-l'Hôte
Col du Ht. de Ribeauvillé
St-Hippolyte
Mussig
Verpellière
Thannenkirch
la Croix-aux-Mines
la Petite-Lièpvre
Parc naturel régional
Col du Fréland
Château de Bilstein
Haut Ribeaupierre
Col de Mandray
Col du Pré de Raves
le Brézouard
Aubure
Bergheim
Heidolsheim
Col de Bagenelles
Ribeauvillé
Guémar
Hunawihr
Illhaeusern
Ohnenheim
Zellenberg
Ostheim
le Bonhomme
Fréland
Ribeaugoutte
Riquewihr
Marckolsheim
Col du Bonhomme
Béhine
Beblenheim
Elsenheim
Habeaurupt
Lapoutroie
Hachimette
Mittelwihr
Grussenheim
Col du Lauschbach
Kientzheim
Lac Blanc
Kaysersberg
Sigolsheim
Orbey
Houssen
Ballons des Vosges
Gazon du Faing
Ammerschwihr
Riedwihr
Jebsheim
Meurthe
Labaroche
Route des Vins
Holtzwihr
Lac Noir
Pairis
Niedermorschwihr
Wickerschwihr
le Valtin
Basses-Huttes
les Trois-Epis
Ingersheim
Col du Wettstein
COLMAR
Canal de Colmar
Muntzenheim
le Tanet
Turckheim
Fortschwihr
Durrenentzen
Urschenheim
le Haut Fourneau
Collet du Linge
Zimmerbach
Musée d'Unterlinden
Colmar-Nord
Wihr-en-Plaine
Horbourg-Wihr
Hohrodberg
Madonna im Rosenhag
Kunheim
Col de la Schlucht
Soultzeren
Walbach
Wintzenheim
Andolsheim
Wihr-au-Val
Wettolsheim
Collégiale St-Martin
Fribourg/La Semm
Widensohlen
Hohneck
Ampfersbach
Munster
Gunsbach
La Route des Cinq Châteaux
Maison du Parc
Colmar-Centre
Muhlbach-sur-Munster
Eschbach-au-Val
Soultzbach-les-Bains
Eguisheim
Sundhoffen
Biesheim
Husseren-les-Châteaux
Herrlisheim-près-Colmar
Breitenbach
Vœgtlinshofen
Appenwihr
Grande Fecht
Hattstatt
Logelheim
Neuf-Brisach

Tour 36 Vogesen-Süd

Pracht-Straße

Am Westhang der Vogesen windet sich die Route des Crêtes – oder auch Vogesenkammstraße – über gleich mehrere Berge.

ROUTE DES CRÊTES In unseren Breiten auch Vogesenkammstraße genannt, erstreckt sie sich auf insgesamt 77 Kilometer und gehört nicht zufällig zu den beliebtesten Bergstraßen in Frankreich. Die Route verläuft fast vollständig entlang des Hauptkamms der Südvogesen und man bleibt durchweg auf Höhen rund um 1200 Meter. Fahrspaß ist auch dadurch garantiert, dass die Straße automatisch über die Kurvenpassagen von Col de la Schlucht, Le Hohneck, Markstein und Grand Ballon führt. Allerdings passiert man auch diverse Schauplätze des Ersten Weltkriegs, da die Straße zu jener Zeit als Versorgungsweg für das französische Militär angelegt wurde.

Wir haben uns vor allem in das Hohneck verliebt: Es ist eine kleine und ziemlich wellige Serpentinen-Straße, die auf den Gipfel führt. Oben am Bergrestaurant wartet ein fantas-

Durch den Teufelsfelsen am Col de la Schlucht.

tisches 360-Grad-Panorama über die Vogesen auf Besucher. Zu empfehlen ist auch das Berglokal mit sonniger Terrasse am Abzweig der Serpentinen-Straße an der Routes des Crêtes. Hier kann man besonders an den Wochenenden das Kommen und Gehen der Motorräder, Oldtimer und Ausflugsfahrer beobachten.

GRAND BALLON Mit 1424 Metern Höhe ist der Grand Ballon (auf Deutsch: der Große Belchen) der höchste Berg der Vogesen. Auch er war im Ersten Weltkrieg stark umkämpft. Davon zeugt auf der 1343 Meter hohen Passhöhe ein Denkmal. Zudem steht dort eine Radarstation, die heutzutage von den Flughäfen Straßburg und Basel-Mühlhausen genutzt wird. Man passiert ihn auf der kurvenreichen Straße D 431, Teil der Vogesenkammstraße Route de Crêtes, die einmal quer durch den regionalen Naturpark „Ballons des Vosges" führt.

COL DE BRAMONT Ein holperiges, geflicktes Sträßchen überquert den 956 Meter hohen Pass und entzückt jeden Biker mit seinen knackigen Serpentinen. Vor allem die Abfahrt nach Wildenstein hat es in sich.

COL D'ODEREN Sehr abwechslungsreich präsentiert sich die Ostrampe mit einigen stattlichen Kehren. Man durchquert unterwegs einige Hänge mit riesigen Felsbrocken, die einem stellenweise durchaus Angst einjagen können. Natürlich unbegründet! Nach Westen fällt die Straße schließlich in ein schön gelegenes Hochtal ab.

Beginn der Ostrampe hinauf zum Ballon d'Alsace.

BALLON D'ALSACE Genau genommen handelt es sich um einen 1247 Meter hohen Berg (auf Deutsch: Elsässer oder Welcher Belchen). Die Passstraße ist als D 465 ausgeschildert und verläuft kurz unterhalb des Gipfels. Bei gutem Wetter hat man eine spektakuläre Sicht auf diverse Gipfel: im Westen bis weit ins Lothringische und im Süden bis zu den Bergketten der Haute Saône.

COL DU HUNDSRUCK Es ist Kurvenfeuerwerk auf mittelmäßigem Belag. Ein Halt lohnt sich am Scheitel an der Auberge de la Fourmi. Neben kulinarischen Stärkungen beeindrucken vor allem die wunderbaren Aussichten auf die Ausläufer des Elsasses und des südlich davon liegenden Burgunds. ◂

Ostrampe des Col d'Oderen.

TOUREN-STECKBRIEF

BASISORT
Thann (47.80966, 7.10214)

STRECKENLÄNGE
ca. 235 km

DAUER DER TOUR
1 Tag

ROADBOOK
Thann, Cerney, Le Grand Ballon, Col de la Schlucht, Col du Bonhomme, Plainfaing, Le Valtin, Gérardmer, La Bresse, Kruth, Col d'Oderen, Le Thillot, Col du Ballon, Oberbruck, Thann

ÜBERNACHTUNG
Hôtel Restaurant Au Floridor
54 Rue du Floridor
F-68800 Thann
Familiär geführtes Hotel mit 14 Zimmern. In ruhiger Lage am Waldrand, etwa 2 km von Thann entfernt. Modern eingerichtete Zimmer, sehr gutes Frühstück. Das Restaurant serviert traditionelle elsässische Gerichte. Gesicherter Parkplatz ist vorhanden und Motorradfahrer sind willkommen.
www.hotel-floridor-thann.com
(47.807562, 7.086884)

Weitblicke gibt es viele an der Route des Crêtes.

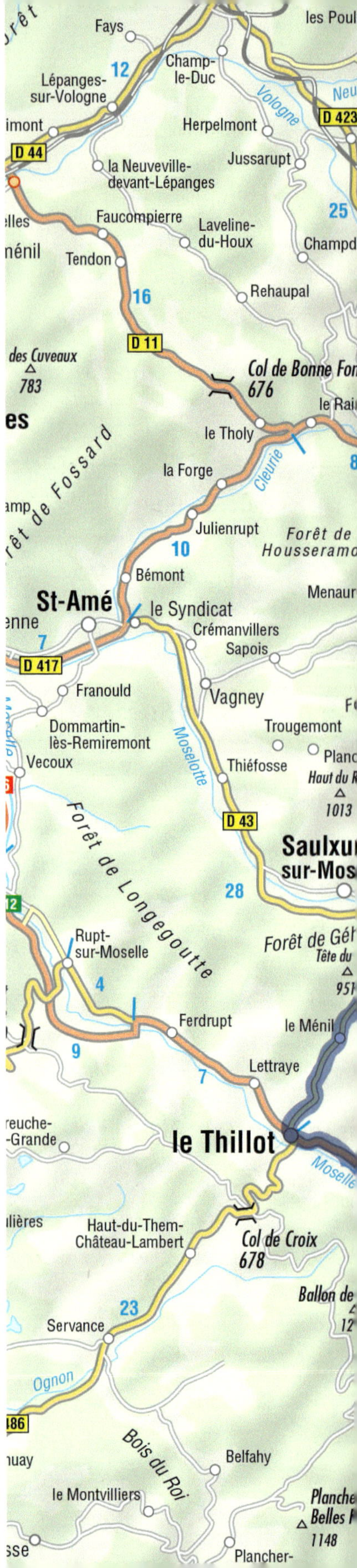

Parc naturel régional des Ballons des Vosges
Fraize
Anould
Plainfaing
Col de Mandray
694
Col du Pré de Raves 1025
Col de Bagenelles
le Brézouard 1228
Col du Fréland 831
Aubure
Fréland
Ribeauvillé
Riquewihr
Col du Bonhomme 949
le Bonhomme
Lapoutroie
Hachimette
Kaysersberg
Orbey
Ammerschwihr
Col du Lauschbach
977
Lac Blanc
Gazon du Faing 1303
Lac Noir
Pairis
Labaroche
Basses-Huttes
les Trois-Epis
Turckheim
Col du Wettstein 882
le Tanet 1293
le Haut Fourneau 1286
Collet du Linge 983
Hohrodberg
Zimmerbach
Walbach
Soultzeren
Wihr-au-Val
Munster
Gunsbach
Col de la Schlucht 1135
le Hohneck 1362
Ampfersbach
Maison du Parc
Muhlbach-sur-Munster
Gaschney
Eschbach-au-Val
Soultzbach-les-Bains
Breitenbach
Kastelberg 1346
Rainkopf 1304
Mittlach
Grande Fecht
Metzeral
Sondernach
Landersbach
Rothenbachkopf 1316
Schnepfenried
Schnepfenriedkopf 1258
Wasserbourg
Gueberschwihr
le Petit Ballon 1267
Osenbach
Wintzfelden
Col du Platzerwasel 1193
Col d'Hahnenbrunnen 1180
le Klintzkopf 1329
Soultzmatt
Rouffach
Lauch
Lautenbach
L'abbaye de Murbach
Murbach
Buhl
Orschwihr
Bergholtzzell
Notre-Dame de Guebwiller
Guebwiller
Bergholtz
Forêt de Guebwiller
le Markstein
le Grand Ballon 1424
Rimbach-près-Guebwiller
Jungholtz
Soultz Haut-Rhin
Issenheim
Goldbach
Vieil Armand
Hartmannswiller
Wuenheim
Bollwiller
Col de Herrenfluh 835
le Herrenfluh
Berrwiller
Wattwiller
Staffelfelden
Steinbach
Uffholtz
St-Thiébaut
Cernay
Thur
Vieux-Thann
Wittelsheim
Thann
Willer-sur-Thur
Moosch
St-Amarin
Ranspach
Urbès
Mollau
Fellering
Oderen
Kruth
Col d'Oderen 884
Ventron
Wildenstein
le Grand Ventron 1204
Col de Bramont 956
la Bresse
Lac des Corbeaux
Col de Grosse Pierre 955
Bas-Rupts
Gérardmer
Lac de Gérardmer
Xonrupt-Longemer
Lac de Longemer
Lac de Retournemer
Col des Feignes 954
Belles-huttes
Roche du Diable 1129
la Moineaudière
le Valtin
le Grand-Valtin
Col de Martimpré 798
Kichompré
Forêt de la Haute-Meurthe
Haute de Steige 1097
Sachemont
Habeaurupt
Gerbépal
Col du Plafond 620
Corcieux
Vanémont
la Houssière
Bellegoutte
Arrentès-de-Corcieux
Barbey-Seroux
la Basse-de-Martimpré
Petite Meurthe
Meurthe
Cornimont
Les Barangès
Ballons des Vosges
Source de la Moselle
l'Arcenaire 1093
Col de Bussang 731
Bussang
St-Maurice-sur-Moselle
Tête des Perches 1224
Vosges
Ballon d'Alsace 1250
Rimbach-près-Masevaux
le Rossberg 1191
Col du Hunsrück 748
Bourbach-le-Haut
Leimbach
Aspach-le-Haut
Oberbruck
Wegscheid
Dolleren
Sewen
Langenfeld
Sickert
Niederbruck
Masevaux
L'abbaye Masevaux
Mont Jean 1086
Lamadeleine-Val-des-Anges
Michelbach
Richwiller
Pfastatt
D 8
D 415
D 417
D 486
D 430
D 43
D 431
D 5
D 83
D 466
D 14
N 66
E 512

Tour 37 Korsika-Nord

Unterhalb des Fingers

Korsika ist die größte französische Insel im Mittelmeer und bietet im Norden faszinierende Städte und tolle Höhenstraßen.

BASTIA Wer von Frankreich oder Genua mit der Fähre kommt, landet genau hier. Die 1378 von den Genuesern gegründete Stadt wurde sogar mal zur Inselhauptstadt ernannt. Bastia besitzt den Charme alter Mittelmeerstädte, begeistert mit seinen hohen Häusern entlang enger Gassen und seiner durch farbige Fensterläden hervorgehobenen diskreten Eleganz. Die Festung oberhalb der Stadt führte zur Namensgebung.

CAP CORSE Die steile, 40 Kilometer lange gebirgige Landzunge zeigt wie ein Finger in Richtung Norden. Eine Höhenstraße führt um die Halbinsel und bietet atemberaubende Aussichten.

NONZA Bekannt ist das kleine Dorf, das auf einem 200 Meter hohen Felsen liegt, vor allem durch seinen grauen Strand, der seine Farbe vom Schiefergestein hat. Auf einer Länge von über einem Kilometer erstreckt er sich

Unterwegs am Cap Corse, an der felsigen Nordküste.

unterhalb der Häuser und des 1550 erbauten quadratischen und inzwischen restaurierten Genueserturms.

SAINT-FLORENT Der Ort liegt hoch im Nordwesten der Insel Korsika am Golf mit gleichen Namen zwischen dem fast unbesiedelten Désert des Agriates und dem Cap Corse. Wegen seines Flairs wird er auch als das korsische Saint-Tropez bezeichnet.

L'ÎLE-ROUSSE Die Hafenstadt erhielt ihren Namen wegen der typischen roten Felsen an der Küste. Zu den Attraktionen gehört die Markthalle, deren Dachkonstruktion von insgesamt 21 Säulen getragen wird.

SAN COLOMBANO Die Straße über den Pass verbindet die Orte Belgodère im Norden und Ponte Leccia im Süden des 692 Meter hohen Überganges. Obwohl die Balagne auch gerne als der Garten Korsikas bezeichnet wird, findet man entlang der Passstraße nur eine spärliche Vegetation vor.

ASCO-SCHLUCHT Zehn fantastische Tourenkilometer geleiten einen tief ins Tal hinein. Eine Panoramastraße führt noch bis an den Fuß des Monte Cinto, die mit 2706 Metern höchste Erhebung der Insel.

COL DE SANTO STEFANO Der 369 Meter hohe Pass ist ein geschichtsträchtiger Ort. Am 30. September 1943 wurden hier deutsche Truppen erstmals im Zweiten Weltkrieg zurückgedrängt. Dieses Ereignis hat den Weg bereitet – nicht nur für die Befreiung von Bastia, sondern von ganz Korsika, dem ersten befreiten Stück Frankreichs, was die Korsen bis heute alljährlich feiern.

COL DE TEGHIME Die Passhöhe des Col de Teghime ist mit 536 Metern zwar alles andere als hoch, dennoch ist die Fahrt auf ihn hinauf ein unbedingtes Muss bei einem Korsika-Besuch. Zum einen gibt es dort einen Gedenkort aus dem Zweiten Weltkrieg zu besichtigen und zum anderem ist es ein fahrerisches Highlight. Die Passstraße durchquert das Cap Corse – den nördlichen Zeigefinger der Insel – mittig und zeigt sich dabei äußerst kurvenreich. Ein Traum. ◂

Blick auf den Leuchtturm von L'Île-Rousse.

TOUREN-STECKBRIEF

BASISORT
Bastia (42.70356, 9.4541)

STRECKENLÄNGE
ca. 350 km

DAUER DER TOUR
1 –2 Tage

ROADBOOK
Bastia, Erbalunga, Rogliano, Nonza, Saint-Florent, L'Île-Rousse, Lozari, Col de San Colombano, Gorges de l'Asco, Ponte Leccia, Barchetta, Ortale, Col de Santo Stefano, Bastia

ÜBERNACHTUNG
Hôtel Napoléon
43 Boulevard Paoli
F-20200 Bastia
Zentral in der Innenstadt gelegenes Hotel. Klimatisierte und modern eingerichtete Zimmer. In der Nähe befinden sich die Zitadelle und der alte Hafen. Vom Fähranleger etwa 500 Meter entfernt. Perfekt für die An- oder Abreise.
www.hotel-napoleon-bastia.fr
(42.701746, 9.450456)

Saint-Florent gilt auch als das korsische Saint-Tropez

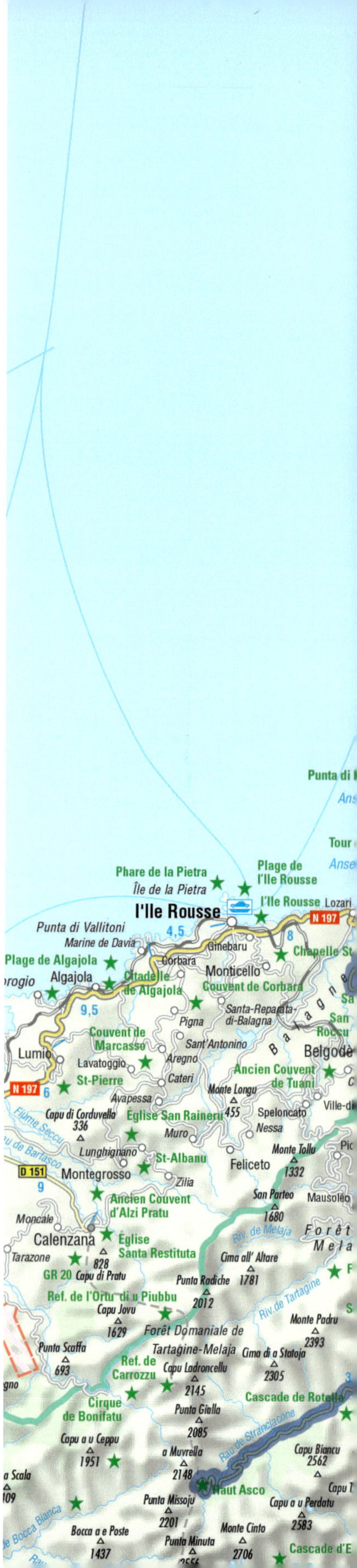

Capo Grosso
Tollare
Tour d'Agnello
Cap Corse
Baie de Capandola
Barcaggio
Monte Maggiore 359
Plage de Capandola
Église de Sant'Antonino
Église de Santa Maria
Capo Bianco
Poggio
Îles Finocchiarola
Botticella
Cannelle
Chapelle Santa Restituta
Granaggiolo
Tour Centuri-Port
Baie de Tamarone
Punta di a Coscia
Centuri-Port
Rogliano
D 80
Port de Macinaggio
Château de Camera
Camera
Macinaggio
Morsiglia
Bettolacce
Tomino
Plage de Macinaggio
Mucchieta
N.D. des Grèces
Église de San Paolo
Capu Corvoli
Punta di Gulfidoni 608
Marine de Méria
Golfu Alisco
Pastina
Méria
Tour Marine de Méria
Pino
Col de Santa Lucia 381
St-Francois Anc. Couvent
Poggio
Campu
Fieno
Piazza
Punta di Stintinu
Mt. Grofiglieta 837
Castello
D 180
Port Santa Severa
Minerbio
Couv. d'Oveglia
Tulo
Santa Severa
Tour de Giottani
Barrettali
Carbonacce
Plage Santa Severa
Ortale
Marine de Porticciolo
Marine de Giottani
Conchiglio
Tour de l'Ossa
Lapedina
Pietracorbara
Martinco
Pinzuta
Rau de Furcone
Rau de Pietracorbara
Marine de Pietracorbara
Punta di Canelle
Canari
Tour de Castella
Abro
Cima di e Follicie 1324
San Michele
Marine de Canelle
Ogliastro
Balba
Crosciano
Santa Catalina Ancien Couvent
Punta Bianca
Sisco
Moline
Marine de Sisco
Marine d'Albo
Olcani
Église de San Michele
u Guadu Grande Riv.
Marie de Sisco
Monte Stello 1307
Plage de Nonza
Silgaggia
Nonza
Santa Maria di e Nevi
Chapelle St-Jean
Erbalunga
Couvent de Nonza
Celle
Pozzo
Tour de Erbalunga
Poretto
Monte Foscu 1102
Rau d'Arega
Plage de Erbalunga
Tour Negra
Figarella
Lavasina
Miomo
San-Martino-di Lota
Punta Negra
Punta di Mignola
Plage de Saleccia
Marine de Farinole
Bracolaccia
San Hyacinthe
Punta di Curza
Grigione
Punta di Malfalcu
Plage de Loto
Farinole
Pietranera
Marina d'Alga
Phare de Mortella
Ville-di-Pietrabugno
Plage de Bastia
Punta di Solche
Étang du Loto
Punta Vecchaia
Baie de l'Acciolu
Cima d'Ortella 416
Punta Mortella
Musée de Bastia
Bastia
Golfe de St-Florent
Patrimonio
Cardo
Port de Bastia
Désert des Agriates
Port St-Florent
Barbaggio
Serra di Pignu 960
Monserrato
Cima d'Ifana 479
Citadelle de St-Florent
Anc. Cathedral du Nebbio
Phares la Citadelle
Monte Genova 421
Rau de Suarella
La Citadelle de Bastia
Cima a Forca 211
Bocca di Vezzu 311
Suerta
Lupino
Rau d'Infana
Casta
St-Florent
Col de Teghime 536
Montesoro
Plage de Lupino
Ogliastro
Château Stèle
Dolmen
San Pancrace
l'Aliso Riv.
D 82
R. de Poggio
Furiani
Plage de la Marana
Monetta
Bacciala
Rosajola
Poggio-d'Oletta
Église de Sta-Maria
la Marana
Monte Filetto 842
Champ de tir de Casta-Sud
Couvent St-François
Cima di u Zuccarellu 955
Réserve Naturelle de l'Étang de Biguglia
Monte Negru 300
Moulin d'Isola
Oletta
Biguglia
Monte Vicinascu 1018
Olmeta-di-Tuda
Cima Alta 362
Église San-Pietro
Col de S. Stefano 368
Casatorra
Plage de Pineto
Sto-Pietro-di-Tenda
Sant'Antone
Pineto
Chapelle San Michele
San-Gavino-di-Tenda
Vallecalle
N 193
Urtaca
Pianello
Île San Damianu
Chap. Sta-Margarita
Rapale
D 5
M. Musso
Cima di Mihielli 652
Monte Asto 1535
Fusaja
Église San Michele
Ortale
Étang de Biguglia
Novella
Lama
Sorio
Murato
Plage de M. Musso
Castello San Colombano
Pieve
Rutali
Rau de Ficaretu
Chapelle San Jabicu
la Marane
N 197
Château Assigliani
Forêt Dom. de Stella
Rivinco
Borgo
Rau de San Colombano
Grottes d'Erbajolu
Aéroport de Bastia-Poretta
Chapelle San Michele
Pietralba
Chapelle Sant'Agostinu
Église San Michele
Crocetta
Église de la Canonica
Pedano
Monte Reghia di Pozzo 1469
Vignale
Lucciana
Chapelle San Roccu
Cima di Pristado 573
Campitello
Plage de la Marane
Cima di u Cugnolu 1113
N 1197
San Cervonio
Bigorno
Monte Tassu 1372
Volpajola
Scolca
Casamozza
Cité Antique
Vallica
Lento
Marcello
San Giustu
Camp du Cap Sud
Torre di Paganosa
Castifao
N 198
Barchetta
Cappuccini Couvent
Plage Camp du Cap Sud
Sant'Agostinu
Monte Tevisi 1146
Cavanaggia
Prunelli-di-Casacconi
Olmo
N 198
San Francescu Couv.
Moltifao
Costa Roda
Campile
Venzolasca
Marina di Sorbo
N 197
Torre d'Asinaja
Vescovato
Monte Terello 1310
Château Sepula
l'Ascu R.
Pont Génois
Bisinchi
Urvina
Loreto-di-Casinca
Sorbo-Ocagnano
Querciolo
Anghione
Grotte de Petralbellu
San Thomaso di Pastoreccia
Crocicchia
Ferlaggia
Valandella
Plage de Anghione
D 147
Forêt Communale de Moltifao
Ponte Leccia
Santa Maria di Riscamone
Valle-di-Rostino
Pastoreccia
Penta
Penta-di-Casinca
Tour San Pellegrinu
Gorges de l'Asco
Piedigriggio
Ortiporio
Silvareccio
Porri
Folelli
San Pellegrinu
Morosaglia
D 71
Giocatojo
Castellu di Serravalle
Taverna
Morosaglia
San Antone Couvent
Casalta
Taglio-Isolaccio
Plage San Pellegrinu
Ruines de Tribuna
Stoppia Nove
Église Santa Maria
Aig. de Popolasca
San Nicolao
Casaluna R.
San Pantaléo
la Porta
Terre Rosse
Scata
Pruno
Isolaccio
Cima a i Mori 2130
Castiglione
Prato-di-Giovellina
N 193
Forêt Dom. de Pinetu
Castineta
San Petru d'Accia
Figaretto
Gavignano
Croce
D 506
Pero-Casevecchie
Talasani
Château Francardo
Croix de Setonia
Aiti
Église San Cristofano
Plage de Figaretto
Rau de l'Ancinu
Francardo
Saliceto
Mte. San Petrone 1767
Polveroso
Francolacce
Velone-Orneto
Poggio-Mezzana
Forêt Dom. de Castiglione
Ponte Castirla
Sant'Angelu
San Lorenzo
Campana
Piazzole
R. de Canapaju
Ste-Lucie de Moriani
Scala di Santa Regina
D 84
San Michele
Lano
Erone
San Quilico
Piedicroce
Couvent d'Orezza
San-Giovanni-di-Moriani
Venzolasca
Castirla
Omessa
Pie d'Orezza
Parata
Cascade de
Moriani-Plage
L I

Tour 38 Korsika-Mitte

Napoléons Heimat

Zentralkorsika präsentiert sich für Motorradreisende äußerst abwechslungsreich und hat gleich mehrere Highlights zu bieten.

AJACCIO Die Stadt liegt an südlichen und östlichen Abhängen, was sicher mit ein Grund für das ausgesprochen milde Klima ist. Napoléon, der hier am 15. August 1769 zur Welt kam, ist heute allgegenwärtig. Man findet ihn auf Plätzen, in Schaufenstern sowie auf Straßen- und Caféschildern. Selbst der Flughafen wurde 2009 nach ihm umbenannt. Einen schönen Blick auf die Stadt hat man von der hinteren Hafenmauer. Wer Lust auf eine Bootstour hat, wird hier fündig. In der Saison fahren die Ausflugsboote mehrmals zu den Îles Sanguinaires und einmal täglich bis in den Golf von Porto und ins Naturreservat von Scandola. Auch Bonifacio steht im Angebot.

CARGÈSE Wegen ihrer malerischen Lage am Nordende des Golfs von Sagone und den schönen Stränden in der Umgebung hat sich die lebhafte kleine Stadt zu einem beliebten Reise-

Die Felsenlandschaft im Parc Régional Naturel Corse wird Calanche bezeichnet.

ziel auf Korsika entwickelt. Die Berge Korsikas reichen hier bis ans Meer heran. Einige Küstenstreifen zwischen Galéria und dem Golfe de Sagone sind sogar nur von der See her zugänglich.

PORTO Der einstige Hafen des Bergdorfes Ota. 1983 erklärte die UNESCO das Kap von Porto, die Calanches und die Halbinsel La Scandola zum Weltkulturerbe.

COL DE VERGIO Überquert man den höchsten Punkt der Passstraße Richtung Corte, den 1477 Meter hohen Col de Vergio, hat man einen atemberaubenden Blick auf die Bergmassive von Zentralkorsika. 1984 wurde auf der Passhöhe die 25 Tonnen schwere Statue „Christ Roi“ aufgestellt.

CORTE Im Herzen der Insel gelegen, ist der Ort mit einer atemberaubenden Natur gesegnet. Üppige Wälder, fruchtbare Täler, mächtige Berge, kristallklare Bergseen und eiskalte Flüsse umgeben geschichtsträchtige Altstadtgassen in Korsikas ehemaliger Hauptstadt. Die Stadt am Zusammenfluss von Restonica und Tavignano liegt inmitten des Parc Régional Naturel Corse und ist Korsikas einzige Universitätsstadt.

GORGES DE LA RESTONICA Das Restonica-Tal bei Corte, im Herzen des Parc Naturel Régional de Corse, ist wohl das berühmteste Wandergebiet der Insel. Graue Bergwände, strahlend weiße, runde Findlinge, breite, glatte Felsplatten. Dazwischen machen immer wieder wuchtige korsische Schwarzkiefern, sattgrüne Büsche und Sträucher die Schlucht zum abwechslungsreichen Erlebnis. Selbst bei großer Sommerhitze weht immer eine erfrischende Brise und ganz Mutige können in dem eiskalten und glasklaren Wasser des Restonica-Flusses ein Bad nehmen.

VIZZAVONA Direkt an die südliche Ausfahrt des mit 906 Metern höchstgelegenen Bahnhofs schließt sich der 3 916 Meter lange Vizzavona-Tunnel an: der längste Tunnel einer Schmalspurbahn in Frankreich. Außerdem ist das über 100 Meter hohe Eisenbahnviadukt erbaut von Gustave Eiffel sehenswert. Der nur wenige Kilometer westlich gelegene, 1 163 Meter hohe Vizzavona-Pass, der gleichzeitig die Grenze zwischen den Deépartements Corse-du-Sud und Haute-Corse markiert, ist Teil der Route National von Corte nach Ajaccio und für seine Wetteranfälligkeit berüchtigt.

BOCOGNANO Auf halbem Weg zwischen Ajaccio und Corte liegt das Dorf Bocognano. Es ist unter anderem berühmt für seine bevorzugte Lage am Fuße des Monte d'Oro, dessen Kastanienhaine und seinem Wasserfall mit dem hübschen Namen Voile de la mariée – auf Deutsch: Brautschleier. ◂

Der bezaubernde Hafen von Porto.

TOUREN-STECKBRIEF

BASISORT
Ajaccio (41.917190, 8.73475)

STRECKENLÄNGE
ca. 318 km

DAUER DER TOUR
1 –2 Tage

ROADBOOK
Ajaccio, Cargèse, Porto, Col de Vergio, Corte, Lac de Cavaccio, Corte, Vizzavona, Bocognano, Ajaccio

ÜBERNACHTUNG
Hôtel Castel Vecchio
7, Rue Paul Colonna d'Istria
F-20090 Ajaccio
Das 3-Sterne-Hotel liegt im Herzen Ajaccios mit schönem Blick auf den Jachthafen. Das Familienhotel hat 100 Zimmer, verfügt über einen Garten und Süßwasserpool. Kostenfreie Parkplätze.
www.hotel-castelvecchio.com
(41.933590, 8.740697)

Die grandiose Küstenstraße beginnt südlich von Porto.

Filosorma
Église de Santa Lucia
Château de Tuarelli
Tuarelli
Manso
Barghiana
Forêt Domaniale du Fangu
Monte Estremo
Santa Maria Couvent
Capu a u Ceppu 1951
Punta a Scala 1409
Bocca a e Poste 1437
Ref. Tighiettu
Paglia Orba 2525
Capu â Giallicchiccia 1619
Régional
Ref. Ciuttulu di i Mori
a Muvrella 2148
Haut Asco
Punta Missoju 2201
Punta Minuta 2556
Monte Cinto 2706
Lac du Cinto
Monte Albanu 2018
Grotte des Anges
Punta Licciola 2235
Musée Albertacce
Cascade de Radule
Capu Biancu 2562
Capu Terri Corscia 2109
Capu a u Perdatu 2583
Cascade d'Ercu
Forêt de Vecchiette
Bois de Liccioja
Corscia
Pantanacce
Lozzi
S.Pancraziu
Poggio
Calacuccia
Albertacce
Sidossi
Pont de Futanella
Casamaccioli
Forêt de Cavallo-Morto
Cima a i Mori 2130
Castiglione
Scala di Santa Regina
Forêt Dom. de Castiglione
Sant'Angelu
Forêt Communale de Corscia
Galghellu
Punta Finosa 1855
Chapelle Sta-Mariane
Musée de Corte
Forêt Dom. de Tavignano
Corte
Église et Bapt. de San-Giovanni
Chapelle de Grecs
Punta di a Gianfena 1408
Punta di i Castelli 2180
Gorges de la Restonica
Château Francardo
Ponte Castirla
Castirla
San Michele
Soveria
Francardo
Sant'Angelu
Omessa
Lano
Grotte et de Carpinella
Tralonca
Zuccarellu
Sta-Lucia di-Mercurio
Castellare-di-Mercurio
Aérodrome de Corte
N 193
N 200
Prato-di-Giovellina
Forêt Dom. de Pinetu
Croix de Setonia
Forêt Communale d'Evisa-Ota-Serriera
Serriera
Forêt Dom. de Sabinetu
Col de Vergio 1477
Castellu di Vergio
Forêt Domaniale d'Aitone
Village de Vacances d'Aitone
Capu di Valandru 1542
Capu di a Candela 1802
de la Corse
Capu â Vetta 1282
Porto
Ota
Evisa
Pont de Pianella
Cascades d'Aitone
Col de St-Pierre 1452
Capu di Melo 1564
Capu a u Tozzu 2007
Punta Artica 2327
Lac de Nino
Pont de Zaglia
D 84
Cristinacce
Marignana
Capu a e Macennule 1226
Capizzolu 1295
Cimatella 2098
Ref. de Manganu
Capu a u Chiostru 2295
Lac de Goria
Lac de Capitellu
Monte Rotondo 2622
Lac de Melo
Lavu di l'Oriente
Monte Cardu 2458
Santo-Pietro-di-Venaco
Château de Pozzo di Borgo
Col de Bellegranajo 723
Venaco
Serraggio
Pont Génois
Poggio-di-Venaco
Cascade Piscia a l'Onda
Poggio
Commune de Renno
St-Roch
Letia
u Favarone 1633
Monte Sant'Eliseo 1511
Punta di Casta Degna 1753
HAUTE-CORSE
CORSE-DU-SUD
GR 20
Punta Felicina
Lavu Bellebone
Pont du Vecchio
Punta Bagliacone 784
Noceta
Chapelle St-Roch
Punta di Crusta 1112
Soccia
Orto
Petra Piana
Punta di Petra Facciata 1733
Église Sta-Maria
Balogna
D 70
Rocher de l'Arca di a Cartena
Col de St. Antoine 491
Vico
Murzo
Guagno les Bains
Poggiolo
Guagno
Punta di Pinzi Corbini 2021
Punta a i Muzzolini 1634
Gorges du Manganellu
Fortin de Pasciolu
Vivario
Muracciole
Forêt Domaniale de Rospa
Couvent de St-François
Punta di Curiccia 1231
Forêt Comm. Guagno
Col de la Serra
807
Punta Muru 1565
Col de Sorba 1311
D 69
Cruciate
Punta di a Cuma
Punta di e Saltelle 920
Arbori
Monte Cervellu 1623
Rosazia
Pastricciola
Chiusa
Guigliazza
Forêt de Gattica
Ref. de l'Onda
Monte d'Oro 2389
2264
Punta Migliarellu
Vizzavona
Fort de Vizzavona
Forêt Domaniale de Vizzavona
Frasseto
Coggia
Vedolaccia
Salice
Rezza
Azzana
Scanalajaccia
Église de Notre-Dame des Carmes
Vignamajo
Col de Vizzavona 1163
Punta di l'Oriente 2112
Ghisoni
Chapelle de
D 344
Chapelle San Chirgu
Lopigna
Arro
Ambiegna
Punta di a Vida 866
Casaglione
Tiuccia
Punta di a Malandrina 994
Forêt Dom. de Vero
Punta Peccuraghja 1039
Sari-d'Orcino
Bocognano
Bossu
Capannelle
Forêt Communale de Ghisoni
San Giovanni
Sant'Andréa-d'Orcino
Punta Sant'Eliseo 1271
Vero
San Giovanni Église
N 193
Tavera
Monte Renoso
Punta à Votta 2255
2352
Punta Kyrie 1535
Punta di Campiglione 1579
La Liscia
la Liscia
La Cinarca
Calcatoggio
Monte Maio 831
Cannelle
Tavaco
Costeglia
Suaricchio
Ucciani
Carbuccia
Punta d'Isa 1630
Punta a u Picchiu 1580
Punta Scaldasole 2101
Ref. San Pietro di Verde
Col de Verde 1289
Punta di u Prutu 1954
Appietto
Sarrola-Carcopino
Pantano
Flasciu
Albitrone
Punta Caccione 1265
Punta di Chersichini 1341
Punta Piaggiola 2014
Cascade
Plateau d'Ese
Ref. de Prati
Piscia Rossa
Mandriolo
Col de Carazzi 204
Peri
Grotta di Sampiero Corso
Bastelica
Punta Vaccaju 1759
Mt. Giovanni 1950
Punta di a Capella 2042
Pichio
Afa
D 81
Punta di l'Alcudina 1313
Cuttoli-Corticchiato
Punta di Murcicone 1478
Punta di u Murzolu 1872
Punta di a Vena 1788
Palneca
Alata
Pietrosella
Pedi Morella
Punta San Petru 1209
Tolla
Punta d' Alzicciu 1048
San Gavino di-Fium
Ranochieto
N 193
Château de Matoni
Baleone
Monte Aragnascu 888
Ocana
Pont Génois de Zipitoli
D 27
F. Dom. de Pineta
Forêt des Cinq Communes
Forêt Domaniale de Saint-Antoine
Ref. d'Usciol
Mezzavia
Bottacina
Ciamannacce
Punta Bianca 1954
le Finosello
Cagile
Bocca Sant' Alberto 536
Punta di Forca d'Olmo 1438
Tasso
1569 Punta di Malvesa
Église Sta-Lucia
Sampolo
Punta di u Faiu 1568
St-Joseph
Aéroport d'Ajaccio-Campo dell' Oro
Eccica
Cascade de Sant' Alberto
Cozzano
Giovicacce
Aspretto
Ajaccio
AJACCIO
Bastelicaccia
Barraccone
Santa Lucia
Punta d'Urghiavari 1346
Guitera-les-Bains
Vergajo
San Roccu
Monte Occhiatu 1752
Zicavo
Parc Na
Chapelle des Grecs
Marina Viva
Pisciatello
Cauro
Punta Grimaldella 580
Punta di Sarracinaggio 1162
Quasquara
Frasseto
Bains de Guitera
San Petru
D 83
Chapelle San Giacomu
Plage de Ajaccio
Porticcio
Fica
Résidence du Golfe d'Ajaccio
N 196
Santa Maria-Siché
Campo
Zévaco
Corrano
Punta d' Alluccia 1590
Punta di Porticcio
D 555
Col de St. Georges 747
Ampaza
Forêt Dom. du Coscione
CORSE-DU-SUD
Monte Malo 1850
les Hameaux de Porticcio
D 302
Grosseto
Cardo-Torgia
Azilone
D 69
Plage d'Agosta
Agnarellu
Albitreccia
Forciolo
Église St-Georges
1623
Punta di Fraulettu
l'Isolella
Isolella
Cruciata
Bisinao
Zigliara
Olivese
Punta di Poggio Grosso
i Sette Nave
D 55
Guargualé
Urbalacone
Zigliara

Tour 39 Korsika-Süd

Prähistorisches Erbe

Wer in Korsikas Süden unterwegs ist, kann nicht nur tolle Straßen, sondern auch viel Geschichte kennenlernen.

Bonifacio thront ganz im Süden der Insel auf einem Kalkfelsen.

PORTO-VECCHIO Das mittelalterliche Städtchen erhebt sich hoch über dem Golf und ist das wirtschaftliche Zentrum des Südens. Außerdem ist es der nach Bastia wichtigste Fährhafen.

SOLENZARA Der hübsche Badeort liegt im Südosten Korsikas an einem Küstenabschnitt, der Perlmuttküste genannt wird. Einst soll die Küste von Conca bis Solaro reich an Muscheln gewesen sein.

COL DE LARONE Der 608 Meter hohe Pass ist bereits Teil der Anfahrt von Solenzara zum grandiosen Col de Bavella.

COL DE BAVELLA Der 1218 Meter hohe Pass gilt als schönster der Insel. Er bietet fantastische Ausblicke. Das Bergmassiv wird zudem als das spektakulärste und schönste Gebirge der Insel bezeichnet – die unzähligen Felsnadeln mit Steilwänden und Spitzen bilden ein einmaliges Panorama. Die Landschaft um den Pass erinnert an die Dolomiten und heißt Aiguilles de Bavella. Felstürme prägen das Bild. Die Südrampe nach Zonza ist für ihren schlechten Belag berüchtigt.

LÉVIE Der älteste menschliche Fund der Insel ist das rund 9 000 Jahre alte Skelett der „Dame von Bonifacio". Interessierte können es im Museum von Lévie bewundern.

PROPRIANO Der während der Saison quirlige Ort verfügt über eine hübsche Flaniermeile entlang des Jachthafens. Dort findet man zahlreiche Cafés, Restaurants und Boutiquen. Mit seinen vielen schönen Stränden und kleinen und großen Buchten ist der vorgelagerte Golf von Valinco ein ideales Urlaubsziel. Unterwegs also Badesachen nicht vergessen. Zahlreiche vorgeschichtliche Funde zeigen, dass die Region schon früh sehr dicht besiedelt war. Die Ausgrabungsstätte von Filitosa zeigt die bedeutendste prähistorische Anlage Korsikas.

Der hübsche Naturhafen von Bonifacio.

SARTÈNE Der Ort wird auf Korsika als „die korsischste aller korsischen Städte" bezeichnet. Wer sich für das prähistorische Korsika interessiert, besucht das zugehörigen Museum.

BONIFACIO Eine spektakuläre Lage auf den weit ins Meer überhängenden Klippen machen die Stadt mit ihren rund 3 000 Einwohnern zu einem der Höhepunkte jeder Korsika-Reise. Von der Stadtmauer genießt man einmaligen Blick über die Meerenge von Bonifacio bis nach Sardinien oder auch hinab in den Naturhafen der Stadt, der wie ein Fjord aussieht. ◂

Des Motorradfahrers Traum: die korsischen Bergstraßen.

TOUREN-STECKBRIEF

BASISORT
Porto-Vecchio (41.590190, 9.2828)

STRECKENLÄNGE
ca. 271 km

DAUER DER TOUR
1 Tag

ROADBOOK
Porto-Vecchio, Lecci, Solenzara, Col de Bavella, Levie, Aullène, Petreto-Bicchisano, Propriano, Sartène, Bonifacio, Porto-Vecchio

ÜBERNACHTUNG
Hôtel Holzer
12, Rue Jean Jaurès
F-20137 Porto-Vecchio
Das Hotel Holzer mit seinen 30 komplett renovierten Zimmern befindet sich in Zentrumsnähe. Die Zimmer mit Blick auf den Innenhof oder die Straße sind alle klimatisiert, schallisoliert und mit Wlan ausgestattet. Reichhaltiges Frühstücksbuffet, Motorradgarage gegen Gebühr.
www.hotel-holzer.com
(41.590059, 9.276943)

Korsikas Sonnenuntergänge sind legendär.

Frasseto
de Guitera
D 83
Chapelle San Giacomu
Zévaco
Corrano
Punta d' Alluccia
1590
CORSE-DU-SUD
Monte Malo
1850
Forêt Domaniale de
Marine de Solaro
N 198
D 69
Forêt Dom. du Coscione
Punta Mozza
1122
Punta di u Castellu
711
Solenzara
Église de Salenzara
1623
Punta di Frauletu
Église St-Georges
Punta di Tintennaja
2018
HAUTE-CORSE
Plage de Solenzara
Olivese
Punta di Poggio Grosso
1383
2134
Monte Incudine
Col de Larone
608
D 268
Punta di Buccarona
391
Togna
Sari-Solenzara
Punta Mascaraccia
1296
Col de la Vaccia
1193
Castellu d'Ornucciu
1745
Ref. d'Asinao
Régional
Forêt Domaniale de Sambucu
Plage de Cala d'Oru
Argiusta-Moriccio
Coscione
Punta d'Ariola
1456
Punta di Ferriate
1089
Cannella
Anse de Cannella
Punta di i Cavalletti ou Punta di a Carreca
1418
Monte Pianu
723
Chapelle de St-Sébastian
Cantoli
Col de Bavella
1218
Ref. de Paliri
Anse de Favone
Punta di Tacculaja
1332
Punta di Monte Sordu
1117
Riv. de Favone
Favone
Plage de Favone
Aullène
Pt. di a Cuciurpula
1164
Quenza
Punta Velaco
1483
Massif de San Martinu
Plage de tarcu
D 69
Zerubia
Église Ste-Marie
D 420
Zonza
Punta di Quercitella
1461
Anse de Tarcu
Tarcu
Serra-di-Scopamène
Sorbollano
Castellu de Cucuruzzu
de la Corse
Punta d' Ortu
695
Musée de Conca
Conca
N 198
Plage de la Figa
Costa
Cargiaca
D 268
Massif de Barocagio-Marghese
GR 20
Forêt Domaniale de l'Ospedale
Figa
Tour di Fautea
Zoza
Punta di Serradu
1033
San-Gavino-di-Carbini
Paccciunituli
Carabona
Punta di Fautea
Musée de Levie
Altagène
Bocca d'Illarata
Tagliu Rossu
Gualdariccia
991
Mela
Levie
Ste-Lucie de Porto-Vecchio
Olmiccia
Ste-Lucie-de Tallano
Monte Rossu
1058
Plage de Pinarellu
Carbini
D 368
Cascade de Piscia di Gallo
Lecci
Nevatoli
Golfe de Pinarellu
Pinarellu
Pantano
Punta di a Vacca Morta
1315
Agnarone
Barrage de l'Ospedale
Porto-Vecchiaccio
Tour Île de Pinarellu
Orone
Pt. de Finaggia
1058
Castellu d'Araghju
Étangs d'Arassu
Punta Capicciola
Tirolo
D 59
l'Ospedale
N 198
San Cipriano
Punta d'Arasu
Orio
Punta di Forcone
689
Île San Ciprianu
Baie de San Ciprianu
Mégal. Monument
Foce-Bilzese
Ste-Trinité
Cala Rossa
Montagne de Cagna
Phare San Ciprianu
Corse
Marina di Fiori
Plage Cala Rosa
Golfe de Porto-Vecchio
Punta di Compolelli
1299
Pt. di u Corbu
1043
Poretta
Phare di a Chiappa
D 159
Porto-Vecchio
Punta di a Chiappa
Muratellu
Porto-Vecchio
Île de Farina
Punta d' Ovace
1340
Rau d'Orgone
Borivoli
Pianelli
Arca
Site Préhistorique
Île Pietricaggiosa
Tagliu Rossu
Punta Cerbicale
Monte Biancu
914
Ceccia
Pascialello
Île de Maestro Maria
Sotta
Precoggio
Plage de Palombaggia
Chapelle San Ghyuvanni Battista
Capu d'Acciaju
Île Forana
San Gavino
D 859
Village de Vacances
Tarrabucceta
Cancaraccia
Golfe de Santa Giulia
Îles Cerbicale
Poggiale
Étang de Santa Giulia
Chap. San Quilico
Petra Longa Salvini
Île di u Toro
Ogliastrello
Golfe de Porto Novo
Chera
Aérodrome de Figari-Sud-Corse
Chap. Sant'Agostino
Testa di a Carpiccia
137
Zone de tir
Plateau d'Arapa
335
Figari
St. Lucie
Suartone
Tour de Sponsaglia
Tour de Caldarello
Monte Biancu
317
Baie de Figari
Barrage de Figari
Res. Natur. des Tre Padule de Suartone
Golfe di Rondinara
Punta di Rondinara
Punta di Capineru
N 196
Terrain de Manœuvre de Bonifacio
Étang de Balistra
Punta di Ventilegne
Golfe de Ventilegne
Golfe di Santa-Manza
T
Punta di u Capicciolo
FRANCE
ITALIA
N 198
Chapelle Santa Reparata
Plage de Tonnara
Mont de la Trinité
219
Plages de Maora et de Santa Manza
Réserve
Anc. Ermitage de la Trinité
Rau de Candi
Îles Gavetti
Bonifacio
Gurgazu
Capo di Feno
la Madonetta
St-Julien Ancien Couvent
Île Porraggia
Plage de Calalonga
Phare Capo di Feno
Plage de Bonifacio
Port de Bonifacio
Phare de Pertusato
Plage de Piantarella
Île San Bainsu
Grotte Île St-Antoine
Îles Sperduto

Tour 40 Paris

Die Metropole

Verkehrstechnisch ist Frankreichs Hauptstadt ein Albtraum. Trotzdem kann und sollte man sie auf dem Mopped besuchen.

Paris, die Hauptstadt Frankreichs und der bevölkerungsreichsten französischen Region, der Île-de-France, liegt an den Ufern der Seine. Das reine Stadtgebiet hat etwa 2,2 Millionen Einwohner, im Großraum leben zehn Millionen Menschen. Paris ist eine der bedeutendsten Weltstädte. Da Frankreich extrem zentralistisch organisiert ist, liegen hier auch die politischen, wirtschaftlichen und kulturellen Zentren des Landes.

Das kulturelle Angebot in Paris ist schier unüberschaubar. Weltliche und sakrale Bauwerke, mondäne Boulevards und historische Viertel, über 150 Museen, mehr als 100 Theater und weit über 500 Kinos sorgen ebenso für Abwechslung wie Tausende von Restaurants jeglicher Art und Couleur. Kulturelle Veranstaltungen finden täglich in großer Zahl statt. Wem das nicht reicht, der muss einfach nur einige wenige Kilometer aus Paris he-

Erstrahlt im Dunkeln: der Eiffelturm.

rausfahren. Gleich außerhalb des Stadtgebiets liegen die bildschönen und geradezu sagenhaften Schlösser Fontainebleau und Versailles. Sie sind ebenso wie die Pariser Uferpromenade der Seine in das UNESCO-Weltkulturerbe aufgenommen.

Unterhalb von Sacré-Coeur gibt es stimmungsvolle Kneipen.

Mit dem Motorrad in Paris

Das Motorradfahren in der Hauptstadt Frankreichs funktioniert anders als bei uns – als Tourist liebt man es oder man hasst es. Je nach Einstellung und Leidensfähigkeit des Motorradfahrers kann es ein funktionierendes Miteinander sein oder ein heilloses Chaos. Am einfachsten und effektivsten – und auch am reizvollsten – ist es, sich den örtlichen Gepflogenheiten anzupassen. Zwei Dinge sollte man jedoch keinesfalls machen: Zu zögerlich fahren und das GPS vergessen. Beides kann echt Nerven kosten.

Kiki und ich lieben es, einfach ein Ziel in das Navi einzugeben und sich durch das Gewühl der französischen Metropole führen zu lassen. Rechts und links der Straße liegt eine Sehenswürdigkeit nach der anderen. Es locken interessante Läden und urige Gassen, einladende Straßencafés und erholsame Grünanlagen.

Ziele gibt es in Paris genug. Da wäre eine Lichter-Fahrt in der Dämmerung entlang der großartig beleuchteten Seine und über deren Inseln Île Saint-Louis oder Île de la Cité. Am Ende der letzteren liegt übrigens die fantastische Pont Neuf, die älteste Brücke der Stadt und immer wieder ein Hingucker. Spannend ist auch eine Fahrt zum riesigen historischen Gebäude-

Der Arc de Triomphe ist der größte Torbogen der Welt.

Der Louvre mit Pyramide und Stadtschloss.

komplex des Louvre mit seiner illuminierten Glaspyramide. Auf keinen Fall verpassen darf man auch den eleganten Place de la Concorde – einfach ein Muss und das am Besten auch in der Dämmerung. Dessen beleuchteter Brunnen wirkt einfach gigantisch. Na ja, und dann wären da natürlich all die Ziele, die letztlich in jedem Reiseführer beschrieben werden: Champs-Elysées, Arc de Triomphe, Grand Palais und nicht zuletzt der Eiffelturm, der natürlich in der Nacht immer wieder aufs Neue beleuchtet und angestrahlt wird. Es würde den Rahmen dieses Buches sprengen, alle Pariser Sehenswürdigkeiten aufzuzählen.

Aber natürlich gibt es auch ein besonderes Muss in Paris für den kommunikativ eingestellten Motorradfahrer: den Circuit Carole. Nahe des Flughafens Charle-de-Gaulle im Nordosten der Stadt gelegen, ist die Rennstrecke die Antwort auf die jahrelang immer brutaler gewordenen illegalen Motorradrennen auf der Pariser Stadtautobahn: der Peripherique. Die kosteten immer mehr Leben und da Verbote und Kontrollen nichts fruchteten, besann man sich auf ein pädagogisches Konzept. Es entstand eine

Die Motorradszene ist aktiv rund um Paris.

Rennstrecke. Benannt nach einer einst tödlich verunglückten jungen Motorradfahrerin wird die Strecke heute von der Szene selbst verwaltet und erfreut sich eines entsprechenden Zulaufs. Hier treffen sich an sonnigen Wochenenden Hunderte Motorradfahrer und es ist immer etwas los. Im Internet lässt sich der mächtige Veranstaltungsplan einsehen (www.circuit-carole.com).

Praktische Tipps

Hotelzimmer und andere Unterkünfte wie Hostels, Pensionen und Zimmer gibt es in Paris in Hülle und Fülle. Eine sehr große Zahl Unterkünfte lässt sich bereits von zu Hause über www.frankreich-info.de oder die üblichen Portale wie www.booking.com auswählen und buchen, das spart vor Ort eine Menge Zeit und Geld. Eine große Hilfe bei der Suche vor Ort sind die Touristinfos an den Bahnhöfen Gare du Nord, Gare de l'Est und Gare de Lyon sowie in der Rue des Pyramides 25, gleich nordwestlich des Louvre.

Uns hat auch der günstig gelegene Campingplatz International in Maison-Laffitte, 1 Rue Johnson auf einer Insel mitten in der Seine sehr gut gefallen. Er liegt keine 20 Kilometer Luftlinie vom Pariser Zentrum entfernt, sehr freundliche Leitung und für zögerliche Gemüter gibt es auch eine gute Busverbindung in die Stadt.

ACHTUNG Zum Befahren der Umweltzone in der französischen Hauptstadt innerhalb des Autobahnrings ist auch für Motorradfahrer aus dem Ausland die sogenannte Crit'Air Plakette zwingend vorgeschrieben. Die kostet knapp fünf Euro und lässt sich deutschsprachig online unter www.certificat-air.gouv.fr/de ordern.

Ein weiterer Knackpunkt: Derzeit dürfen Motorräder mit einem Zulassungsdatum vor dem 1. Juni 2000 gar nicht in die Zone hineinfahren. Ausnahmegenehmigungen sind möglich, aber in der Regel für Touristen zu aufwendig.

Wer sich vorab über die Hauptstadt informieren möchte, findet auf der Internetseite des Fremdenverkehrsbüros viele hilfreiche deutschsprachige Informationen: https://de.parisinfo.com. ◂

Pilgerstätte: das Grab Jim Morrisons auf dem Friedhof Père Lachaise .

Reisezeit, Klima, Wetter

Für Motorrad-Reisende ist Frankreich das perfekte Ziel vom Frühjahr bis in den Herbst hinein. Im Frühling grünt und blüht es vor allem an den warmen Küsten des Mittelmeeres und das touristische Treiben hält sich dann noch in Grenzen. An der Küste, in den Tälern und im Flachland ist es ab April meist schon recht angenehm, die Sonne sorgt für herrliche Wärme. Allerdings kann dann immer noch das eine oder andere Hotel oder Restaurant geschlossen sein. Dafür ist es auf den Straßen angenehm leer.

Oben auf den Pässen ist es noch frisch, entsprechend warme Klamotten gehören in die Koffer. Geht es richtig hoch und bis ins Hochgebirge gelten für einige Pässe immer noch Wintersperren. Das ist allerdings bisweilen von Jahr zu Jahr unterschiedlich.

Ähnlich ist es im Herbst – wenn es zu Hause schon eiskalt regnet und graue Wolken über den Himmel preschen, ist es in der Provence oder der Camargue oft noch sehr angenehm, gespeist vom warmen Mittelmeer. Die Sonne ist noch nicht im Winterschlaf und der Indian Summer lässt die Laubbäume in den kräftigsten Farben erstrahlen. Ab Mitte September wird es dann deutlich ruhiger, eine ganze Reihe Betriebe haben dann auch schon wieder geschlossen.

Juli und August sind die Haupt-Ferienmonate in Frankreich. Das zentralistisch organisierte Land befindet sich dann geschlossen im Urlaub, es wird richtig voll, die Preise für Unterkünfte, die zudem häufig ausgebucht sind, steigen kräftig. Kräftig steigen auch die Temperaturen an der südlichen Küste, was auf dem Motorrad nicht unbedingt immer ein Vergnügen ist.

Als Winterflucht eignet sich der Süden Frankreichs nur sehr bedingt. Ja, man kann durchaus Glück haben und ein paar trockene und angenehme Tage erwischen. Aber bisweilen regnet es auch über längere Zeit und hoch in den Bergen und auf den Pässen behindert der Schnee die freie Fahrt.

Als Fazit lässt sich festhalten, mit Mai und Juni sowie September und der ersten Oktoberhälfte kann man nicht viel verkehrt machen, sofern es nicht ins Hochgebirge geht.

Anreise

Die Anreisen in die französischen Urlaubsregionen sind so vielfältig wie das Land und die persönlichen Vorlieben. Wer relativ schnell ans Ziel kommen möchte, nutzt das hervorragende französische Autobahnnetz. Frankreich ist zentralistisch mit Paris im Mittelpunkt organisiert. Dies gilt natürlich auch bei den Verkehrswegen. So laufen viele Ost West-Verbindungen in der nördlichen Hälfte des Landes über die Landeshauptstadt und ihre Peripherique, also über den Autobahnring rund um die Stadt. In den Süden ans Mittelmeer führt die Rhônetal-Autobahn.

Wer mehr Zeit mitbringt, nutzt die interessanten Land- und Nationalstraßen des Landes. Dort gibt es mehr zu sehen und das schont auch den Geldbeutel, denn fast alle Autobahnen sind gebührenpflichtig. Wer aus dem Süden Deutschlands in den Süden Frankreichs anreist, kann auch die interessanten Strecken und Pässe über die Schweiz oder über Italien nutzen.

Als Alternative zu langen Anfahrten lohnt sich unter Umständen auch eine Anreise mit dem Autoreisezug. So fährt zum Beispiel der Anbieter Urlaubs-Express derzeit von Hamburg nach Lörrach, durchaus interessant für Nordlichter. Mehr Infos dazu gibt es unter www.urlaubs-express.de.

Aktuell ist der Markt zum Thema Autoreisezug extrem in Bewegung.

Manche Verbindungen existieren nur für eine Saison, neue Verbindungen entstehen schon mal kurzfristig. Die Seite **www.autoreisezug-planer.de** informiert nahezu tagesaktuell über alle existierenden Verbindungen.

Unterkunft

In Frankreich werden alle Arten von Übernachtungsmöglichkeiten angeboten. Einen Platz für die Nacht zu finden, ist relativ einfach. Wir haben damit noch nie ein Problem gehabt. Einzig in den Haupt-Ferienmonaten Juli und August kann die Suche schon mal etwas länger dauern. Dann kann es schon mal hilfreich sein, Unterkünfte vorher zu reservieren. Dies geht problemlos über die oben genannten Internetseiten oder die einschlägigen Portale wie **www.booking.com**. Spontanes Übernachten sollte allerdings ein wenig abseits der Hauptorte das ganze Jahr über möglich sein.

In ganz Frankreich gibt es eine große Zahl sehr schöner Campingplätze in allen möglichen Größen und Ausstattungen. Das reicht vom Fünf-Sterne-Platz mit Rundum-Service am See oder an der Küste bis zum einfachen Zeltplatz und auch hier gilt: Ein wenig abseits des Haupttrubels lässt sich rund ums Jahr immer etwas finden.

Möchte man ein wenig länger an einem Ort bleiben und freut sich über Kontakt mit den Menschen vor Ort, empfiehlt es sich, das immer größer werdende Angebot der Gîtes de France auszuprobieren. Gîtes de France ist mittlerweile das größte Gästehaus-Netz in Europa. Einen intensiveren Einblick in die Region wird man nicht bekommen können. Tipps dazu bekommt man auch in deutscher Sprache unter anderem unter **www.gites-de-france.com**.

In den jeweiligen Kapiteln haben wir hilfreiche Tipps zur Übernachtung angegeben. Sehr hilfreich bei der Suche nach motorrad-freundlichen Unterkünften, auch über Frankreich hinaus, ist übrigens der Biker Betten Tourenplaner. Das Standardwerk kostet 9,95 Euro. Eine Übersicht der Katalog-Stützpunkte gibt es im Internet unter **www.bikerbetten.de**. Dort lassen sich übrigens auch online Unterkünfte suchen.

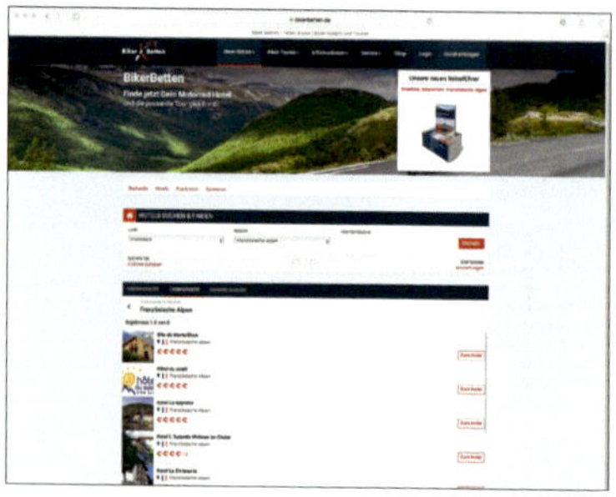

Praktisches

Wer einen Schutzbrief des ADAC oder eines anderen kompetenten Clubs hat, dem wird in der Regel kompetent bei allen Notlagen geholfen. Darüber hinaus helfen im Notfall die Vertretungen der Heimatländer kompetent weiter:

DEUTSCHE BOTSCHAFT
Rue Marbeau 24, Paris
T +331 53 83 45 00

ÖSTERREICHISCHE BOTSCHAFT
Rue Fabert, Paris
+331 40 63 30 63

SCHWEIZER BOTSCHAFT
Rue de Grenelle, Paris
+331 49 55 67 00

Interessante Internetseiten für weitere Informationen:

www.frankreich-tourismus.com
www.frankreich-info.de
www.france-voyage.com

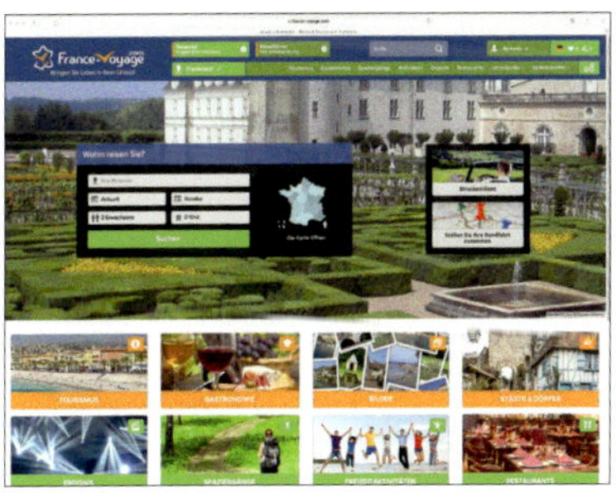

Die Webseite **www.france.fr** ist der offizielle Internetauftritt von Atout

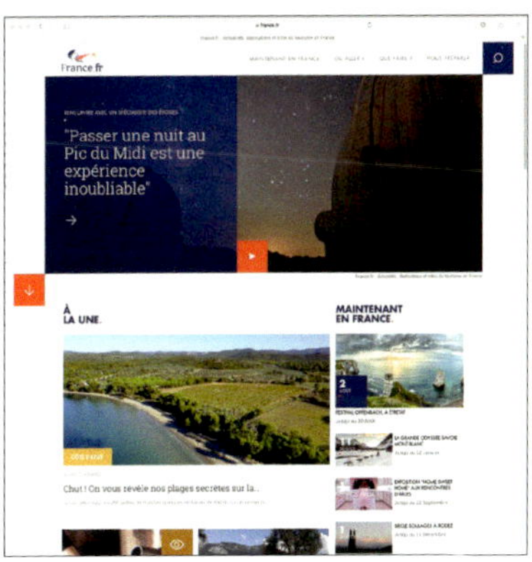

France, der Französischen Zentrale für Tourismus, und hält jede Menge Infos auch in deutscher Sprache bereit.

Sehr hilfreich sind in Frankreich auch die örtlichen Touristinfo-Büros, die in fast jeder etwas größeren Gemeinde existieren. Hier gibt es Infos, Broschüren, Karten, freundliche Hilfe bei der Suche nach Unterkünften und Campingplätzen und mehr.

Reiseführer, Karten

Das Angebot für Straßenkarten in Frankreich ist riesig. Wann immer es geht, versuchen wir Karten von Michelin zu bekommen. Vor allem die LOCAL- und ZOOM-Karten in Maßstäben von 1:200.00 bis 1:150.000 sind zu empfehlen. Sie zeigen so gut wie alle relevanten Strecken mit interessanten Zusatzinfos. Die schönsten Routen sind jeweils mit grün hinterlegt und man sich darauf verlassen, dass die Karten mit viel Sorgfalt erstellt wurden. Zudem gibt es von Michelin auch übersichtliche NATIONAL-Karten im Maßstab 1:1000.000 für den Überblick. Die Karten gibt es vor Ort an vielen Tankstellen, in den Zeitschriftenläden oder Supermärkten. Ein komplettes Verzeichnis kann auch bei **www.travel-house-media.de** heruntergeladen werden.

Unser Standard-Kartenwerk, das wir viel benutzen, ist der **MICHELIN STRASSENATLAS FRANKREICH** mit Spiralbindung. Er bietet zudem genaue Stadtpläne mit Inhaltsverzeichnissen und Ortsverzeichnis. Praktisch an der Spiralbindung ist, dass sich einzelne Seiten heraustrennen lassen, ohne dass die Karten beschädigt werden.

DIN A4 ISBN 978-2-0671-9302-4
DIN A3 ISBN 978-2-0672-0838-4
je 19,99 Euro

Sehr zu empfehlen sind auch die **FOLYMAPS MOTORRADKARTEN FRANKREICH** von **BIKERBETTEN**. Acht beidseitig laminierte und bedruckte Einzelblätter ohne eingezeichnete Touren. Auf den wetter- und reißfesten Karten lassen sich mit einem wasserlöslichen Stift eigene Routen oder Anmerkungen eintragen und später wieder entfernen. Die Karten-Sets werden in einer praktischen Umtasche mit Reißverschluss geliefert. Tourenmaßstab: 1:250.000, weitere Infos unter **www.bikerbetten.de**.

ISBN 978-3-937063-35-5 19,95 Euro

Neben regionalen Reiseführern, die es oft auch vor Ort in deutscher Sprache gibt, ist der **LONELY PLANET** unser Standard-Reiseführer: **LONELY PLANET REISEFÜHRER FRANKREICH**, 1080(!) Seiten.

ISBN 978-3829745420 28,99 Eur o

Weitere Tourenvorschläge gibt es im **MOTORRADKARTEN-SET FRANZÖSISCHE ALPEN** von Biker Betten. Es ist ein Kartenset (Maßstab: 1:250.000) mit acht folierten, wasserabweisenden und reißfesten Karten, alle mit eingezeichneten und beschriebenen Touren sowie vielen an den Routen liegenden Unterkünften

ISBN 978-3937063-13-3 19,95 Euro

Der **PÄSSE ATLAS FRANKREICH** vereint 183 der spannendsten Pässe und Panoramastraßen der Grand Nation

und bietet euch:

- ausführliches Kartenmaterial mit eingezeichneter Route
- praktische Hinweise zur Streckenlänge, Charakteristik, Länge, Scheitelhöhe, Steigung und Wintersperren
- beliebte Attraktionen am Wegesrand – nicht nur für Motorradfans
- GPS-Daten zum Download unter www.bikerbetten.de..

ISBN 978-3937063-83-6 19,95 Euro

5500 m

Kleiner **Sprachführer**

Für eure Motorradreise nach Frankreich sind hier die wichtigsten Begriffe und Redewendungen zusammengestellt.

Hinweise zur Aussprache | Sonderzeichen:

â	dunkler als das dt. a	Bsp. theâtre (Theater)
ç	stimmloses s wie in Tasse	Bsp. ça (das)
é	geschlossenes e	Bsp. étudiant (Student)
è	offenes ä	Bsp. mère (Mutter)
ê	offenes e	Bsp. fenêtre (Fenster)
ô	geschlossenes o	Bsp.: Region Rhône-Alpes
œ	geschlossenes ö	Bsp. cœur (Herz)
û	geschlossenes ü	Bsp. bien sûr (natürlich)

VERSTÄNDIGUNG

ja / nein	oui / non
was / wann / wo/ hier	quoi / quand / où / ici
Sprechen Sie Deutsch?	Vous parlez allemand?
Haben Sie mich verstanden?	Vous avez compris?
Ich habe verstanden.	J'ai compris.
Ich habe das nicht verstanden.	Je n'ai pas compris.

BEGRÜSSUNG | VERABSCHIEDUNG

Hallo	Salut
Guten Tag / Abend	Bonjour / Bonsoir
Wie geht es Dir / Ihnen?	Comment vas-tu / alllez-vous?
Danke, gut. Und Dir / Ihnen?	Très bien, merci. Et toi / vous?
Auf Wiedersehen / tschüss	Au revoir / Salut

KENNENLERNEN

Ich heiße…	Je m'appelle…
Wie heißt Du / heißen Sie?	Comment tu t'appelles / vous appelez-vous?
Woher kommst Du / kommen Sie?	D'où viens-tu / venez-vous?
Ich komme aus Deutschland / Österreich / der Schweiz	Je viens d'Allemagne / d'Autriche / de Suisse.

HÖFLICHKEIT

Bitte	S'il vous plaît
(Vielen) Dank (e)	Merci (beaucoup)
Könnten Sie mir bitte helfen?	Est-ce que vous pourriez m'aider, s'il vous plaît?
Entschuldigen Sie!	Excusez-moi / Pardon!
Das tut mir leid!	Je sui désolé!
Das macht nichts!	Ça ne fait rien!

NOTRUFNUMMERN IN FRANKREICH (generell: 112)

17 (Polizei) | 18 (Feuerwehr) | 19 (Rettungswagen)

UNTERKUNFT

Wo ist die Touristeninformation?	Où se trouve l'office du tourisme?
Können Sie mir ein gutes Hotel / preiswertes Hotel / eine Pension / eine Privatunterkunft empfehlen?	Vous pourriez me recommander un bon hôtel / un hôtel pas trop cher / une pension / une location chez l'habitant?
Wie komme ich dorthin?	Comment est-ce que je peux m'y rendre?
Haben Sie ein Einzelzimmer / Doppelzimmer frei?	Vous auriez une chambre pour une personne / deux personnes?
Wie viel kostet es?	Combien ça coûte?
Ich nehme es!	Je la prends!

WETTER

Was sagt der Wetterbericht?	Que dit la météo?
Es wird schön / warm / heiß / schwül / kalt / schlecht	Il va faire beau / chaud / très chaud / lourd / froit / mauvais.
Es wird regnen	Il va y avoir de la plue.
Es wird ein Gewitter kommen	Il va y avoir un orage.
Sonne	le soleil

RUND UMS BIKEN

Anlasser	le démarreur	Parkplatz	le parking
Auspuff	le pot d'échappement	Reifen	le pneu
Ersatzteil	la pièce de rechange	Reifendruck	la pressions des pneus
Führerschein	le permis de conduire	Schlüssel	la clé
Grenze	la frontière	Straße	la route / la rue
Helm	le casque	links / rechts	gauche / droite
Kreuzung	le carrefour	geradeaus	tout droit
Licht	la lumière	ziemlich weit	assez loin
Maut	le péage	nicht weit	pas loin
Öl	l'huile	zurück	en arrière

FÄHRE

Wann fährt die nächste Fähre nach...ab?	Quand part le prochain ferry pur...?
Wie lange dauert die Überfahrt nach...?	Combien de temps dure la traversée pour...?
Wann legen wir in...an?	Qand est-ce qu'on accoste à...?

UNTERWEGS

Entschuldigung, wo ist...?	Pardon, où est...?
Wie komme ich zu / nach...?	Pour aller à... ?
Können Sie mir das bitte auf der Karte zeigen?	Vous pouvez me le montrer su la carte, s'il vous plaît?
Wie viele Minuten mit dem Motorrad?	C'est à combien de minutes en moto?
Ist das die Straße nach...?	C'est bien la route pour...?
Wie komme ich zur Autobahn?	Comment arriver sur l'autoroute?
Wo kann ich mein Motorrad abstellen?	Où puis-je garer la moto?
Wie viel kostet das?	Ça coute combien?
Tut mir leid, dass weiß ich nicht!	Je suis desolé, je ne sais pas!

ESSEN UND TRINKEN

essen / trinken	manger/ boire
Wo gibt es hier ein preiswertes / typisches Restaurant?	Où y a-t-il ici un restaurant pas trop cher / typique?
Einen Tisch für ... Personen bitte!	Une table pour ... personnes, s'il vous plaît!
Die Speisekarte bitte!	La carte, s'il vous plaît!
Kann ich noch etwas Warmes zu essen bekommen?	Est-ce que je peux encore avoir quelque chose de chaud à manger?
Ich möchte nur etwas trinken.	Je voudrais seulement boire quelque chose.
Suppe	soupe
kalte Vorspeisen	hors-d'œuvre
Fleischgerichte	viandes
Fisch	poissons
Gemüse	légumes
Beilagen	garnitures
Käse	fromages
Getränke	consommations
Bier	bière
Rotwein / Weißwein	vin rouge / vin blanc
Wasser (mit / ohne Kohlensäure)	l'eau (gazeuse / non-gazeuse)
Tasse	la tasse
Glas	le verre
Teller	l'assiette
Messer	le couteau
Gabel	la fourchette
Löffel	la cuillère
Schüssel	le plat

Flasche	la bouteille
Die Rechnung bitte	L'addition, s'il vous plaît!
Frühstück / Mittagessen / Abendessen	le petit déjeuner / le déjeuner / le dîner
bestellen	commander
bezahlen	payer

RUND UM DIE PANNE / DEN UNFALL

Bitte helfen Sie mir!	Aidez-moi, s'il vous plaît!
Ich habe kein Benzin mehr	Je suis en panne sèche.
Wo ist die nächste Tankstelle?	Où se trouve la station-service la plus proche?
Ich habe eine Reifenpanne.	Jai un pneu crevé.
Ich habe eine Motorpanne.	J'ai une panne de moteur.
Die Batterie ist leer.	La batterie est vide.
kaputt	cassé
Wie teuer wird die Reparatur ungefähr sein?	Combien va coûter la réparation, à peu près?
Wann ist es fertig?	Elle sera prête quand?
Wo ist die nächste Werkstatt?	Où est le garage le plus proche?
Es ist nicht meine Schuld!	Ce n'est pas de ma faute!
Ich hatte Vorfahrt!	J'avais la priorité!
Sie sind zu schnell gefahren!	Vous avez roulé trop vite.
Sie haben zu wenig Sicherheitsabstand gehalten!	Vous m'avez collé!
Zeuge	témoin
Es ist ein Unfall passiert!	Il y a eu un accident!
… Personen sind (schwer) verletzt.	Il y a … blessés (graves)
Rufen Sie bitte schnell die Polizei / die Feuerwehr / einen Krankenwagen!	Vite, appelez la police / les pompiers / une ambulance!
Ich bestehe darauf, die Polizei zu rufen!	Je voudrais que l'on appelle la police!

GRUNDZAHLEN

0	zéro	11	onze	40	quarante
1	un/une	12	douze	50	cinquante
2	deux	13	treize	60	soixante
3	trois	14	quatorze	70	soixante-dix
4	quatre	15	quinze	80	quatre-vingts
5	cinq	16	seize	90	quatre-vingt-dix
6	six	17	dix-sept	100	cent
7	sept	18	dix-huit	200	deux cents
8	huit	19	dix-neuf	1000	mille
9	neuf	20	vingt	2000	deux mille
10	dix	30	trent		

ISBN 978-3-937063-83-6 EUR 17,95

PÄSSE ATLAS FRANKREICH

Das Herz zahlreicher Motorrad-Reisenden schlägt für Frankreich. Vor allem sein Alpenanteil hat viele Fans. Kein Wunder, schließlich liegen nicht nur die höchsten Gipfel, sondern auch viele der höchsten Alpenpässe in dieser Region. Aber auch die anderen Gebirgsketten in diesem Teil Europas wissen zu begeistern: vom Zentralmassiv über die Pyrenäen bis hin zu den Vogesen. Zudem verfügt die französische Mittelmeerinsel Korsika nicht nur über einen politischen Sonderstatus, sondern auch über eine landschaftliche Vielfalt, die ihresgleichen sucht.

Der neue Pässe Atlas Frankreich vereint 183 der spannendsten Pässe und Panoramastraßen der Grand Nation und bietet euch:

- ausführliches Kartenmaterial mit eingezeichneter Route
- praktische Hinweise zur Streckenlänge, Charakteristik, Länge, Scheitelhöhe, Steigung und Wintersperren
- beliebte Attraktionen am Wegesrand – nicht nur für Motorradfans
- GPS-Daten zum Download

40 PÄSSE-TOUREN

Für die meisten Motorradreisenden sind die vielfältigen Pässe, die die Alpen – dieses wunderbare Hochgebirge im Herzen Europas – durchziehen, und die Panoramastraßen zwischen Ortschaften, Tälern und Ländern das Highlight ihrer Touren quer durch Deutschland, Österreich, Italien, der Schweiz und Frankreich. Die Pyrenäen gehören zwar nicht zum Alpenbogen, bieten aber grandiose Traumstraßen, weshalb einigen von ihnen ebenfalls ein Kapitel gewidmet wird.

40 Pässe und Panoramastraßen sind in diesem Buch insgesamt beschrieben und zum Nachfahren aufbereitet. Jede von ihnen hat etwas Besonderes und geht unter die Haut – und auf allen ist der Wohlfühlfaktor hoch.

40 ausgearbeitete und ausführlich beschriebene Motorradtouren zum Nachfahren für den Kurztrip oder die längere Reise mit:

- vielen Insidertipps des Autors
- ausführlichem Kartenmaterial mit eingezeichneter Route
- praktischen Hinweisen zu Streckenlänge, Etappen, Charakteristik und den beliebtesten Attraktionen – nicht nur für Motorradfans
- Hotels, die sich auf Motorradfahrende Gäste freuen
- GPS-Daten zum Download

ISBN 978-3-96599-006-7 EUR 27,95

ISBN 978-3-96599-000-5 EUR 17,95

PÄSSE ATLAS ITALIEN

La Bella Italia! Unzählige Motorradfahrer finden Gefallen an Touren auf diesem Stiefel. Und das hat gute Gründe! Es ist nicht nur das legendäre „la dolce vita". Es sind auch das Essen, die Sprache, die Lebensart. Natürlich auch die grandiosen Landschaften und Straßen, über die wir oft genug schimpfen, sie aber dennoch wann immer es geht aufsuchen. Highlights sind selbstverständlich die Pässe und Höhenstraßen, die vor allem im Norden des Landes zuhauf locken.

Der neue Pässe Atlas Italien vereint 204 der spannendsten Pässe und Panoramastraßen im nördlichen Teil des Stiefels und bietet euch:

- ausführliches Kartenmaterial mit eingezeichneter Route
- praktische Hinweise zur Streckenlänge, Charakteristik, Länge, Scheitelhöhe, Steigung und Wintersperren
- beliebte Attraktionen am Wegesrand – nicht nur für Motorradfans
- GPS-Daten zum Download

FRANZÖSISCHE ALPEN

In eurem Motorradurlaub möchtet Ihr euch so richtig schwindelig fahren? Dann seid Ihr in dieser Region mehr als perfekt aufgehoben. Ganz egal, wohin man von einer schmalen Départementstraße in die nächste abbiegt:

Hinter jeder Ecke warten berauschende Kurven, griffiger Asphalt und einzigartige Naturspektakel.

Hinzu kommen einige der höchsten befahrbaren Straßenpässe Europas sowie die legendäre Alpenstraße Route des Grandes Alpes.

Zehn ausführlich beschriebene Motorradtouren zum Nachfahren für einen Kurztrip oder die längere Reise mit:
- vielen Insidertipps des Autoren
- ausführlichem Kartenmaterial mit eingezeichneter Route
- praktischen Hinweisen zu Streckenlänge, Etappen, Charakteristik und den beliebtesten Attraktionen – nicht nur für Motorradfans
- Hotels, die sich auf Motorradfahrende Gäste freuen
- GPS-Daten zum Download.

ISBN 978-3-937063-40-9 EUR 22,95

1. Auflage 2020 | © 2020

HERAUSGEBER

TVV Touristik-Verlag GmbH | Werner Henschel Str. 2 | D-34233 Fuldatal-Ihringshausen
Tel.: +49 - (0) 561/400 85 - 0 | Fax: +49 - (0) 561/400 85 - 21
info@bikerbetten.de | www.bikerbetten.de

Vertretungsberechtigter Geschäftsführer: Peter Schmitz, Jan-Uwe Schmitz
Registergericht: Kassel | Registernummer: 13254
Umsatzsteuer-Identifikationsnummer gemäß § 27 a Umsatzsteuergesetz: DE813611060

REDAKTION Hans Michael Engelke

FOTOS APC alpenpass.com – Eberhard Nowatzki (179, 180, 217, 212, 215, 222), Stephan Fennel (144, 145, 146, 148, 149, 150, 211), Hans Michael Engelke (2, 4, 8, 10, 12, 14, 16, 17, 18, 19, 20, 21, 22, 23, 24, 2 x 25, 26, 28, 30, 31, 32, 33, 34, 35, 36, 56, 2 x 57, 58, 66, 68, 69, 70, 71, 2 x 72, 73, 74, 78, 2 x 80, 81, 82, 83, 2 x 84, 85, 2 x 86, 96, 2 x 97, 98, 100, 2 x 102, 103, 104, 105, 106, 107, 2 x 108, 120, 2 x 122, 123, 124, 125,2 x 126, 127, 128, 154, 2 x 156, 157, 158, 2 x 159, 2 x 160, 2 x 161, 162, 166, 2 x 168, 169, 170, 2 x 171, 2 x 172, 173, 2 x 174, 178, 183, 184, 185, 186, 2 x 187, 2 x 188, 189, 190, 198, 200, 2 x 201, 202, 2 x 203, 204, 2 x 206, 207, 208, 212, 214, 216, 220, 224, 225, 228, 2 x 230, 2 x 231, 232, 2 x 233, 234, 2 x 235, 236, 256, 261, 264, 2 x 265, 266, 268, 2 x 269, 2 x 270, 271, 272, 273), Peter Schmitz (40, 2 x 41, 42, 49, 52, 53, 54, 62, 63, 93, 94, 2 x 113, 134, 136, 137, 179, 219, 221, 2 x 243, 244, 2 x 245, 246, 248, 2 x 250, 251, 252, 2 x 253, 254, 257, 258, 260, 262), Tanja Schmitz (Umschlag, 44, 2 x 45, 46, 48, 49, 50, 53, 63, 92, 93, 112, 116, 117, 118, 132, 138, 140, 141, 142, 194, 2 x 195, 196), Shutterstock: Edward Haylan (64) - Crobard (114) - Julia700702 (133) - Francois Roux (218) - karp5 (225) - Markus Wissmann (226) - Iolo ap Gwynn (240) - Pecold (241) - Dragan Jovanovic (241) - Pierre Jean Durieu (242)

UMSCHLAGGESTALTUNG TVV Touristik-Verlag GmbH

KARTENBASIS © Kunth verlag GmbH & Co. KG

ROUTEN Hans Michael Engelke, www.engelke.tv

PRODUKTION MoTourMedia, Wuppertal

LEKTORAT Text-o-Pix, Wuppertal

DRUCK UND WEITERVERARBEITUNG Silber Druck oHG, 34266 Niestetal

Die GPS-Daten gibt es zum kostenlosen Download auf **bikerbetten.de**

ISBN 978-3-937063-85-0

WWW.BIKERBETTEN.DE